결국 당신은 이길 것이다

OUTWITTING THE DEVIL
copyright ⓒ 2011 by Napoleon Hill Foundation
All rights reserved

Korean translation rights arranged with Napoleon Hill Foundation through EYA(Eric Yang Agency).

이 책의 한국어판 저작권은 EYA(Eric Yang Agency)를 통해 Napoleon Hill Foundation과 독점계약한 흐름출판(주)에 있습니다. 저작권법에 의하여 한국 내에서 보호를 받는 저작물이므로 무단전재와 복제를 금합니다.

시련은 또 다른 나를 만나는 시간
결국 당신은 이길 것이다

초판 1쇄 발행 2013년 9월 10일
초판 12쇄 발행 2025년 7월 31일

지은이 나폴레온 힐
해 설 샤론 레흐트
옮긴이 강정임
펴낸이 유정연

이사 김귀분
기획편집 신성식 조현주 유리슬아 서옥수 황서연 정유진 디자인 안수진 기경란
마케팅 반지영 박중혁 하유정 제작 임정호 경영지원 박소영

펴낸곳 흐름출판(주) 출판등록 제313-2003-199호(2003년 5월 28일)
주소 서울시 마포구 월드컵북로5길 48-9(서교동)
전화 (02)325-4944 팩스 (02)325-4945 이메일 book@hbooks.co.kr
홈페이지 http://www.hbooks.co.kr 블로그 blog.naver.com/nextwave7
출력·인쇄·제본 삼광프린팅 용지 월드페이퍼(주) 후가공 (주)이지앤비(특허 제10-1081185호)

ISBN 978-89-6596-084-3 13320

- 이 책은 저작권법에 따라 보호를 받는 저작물이므로 무단 전재와 복제를 금지하며, 이 책 내용의 전부 또는 일부를 사용하려면 반드시 저작권자와 흐름출판의 서면 동의를 받아야 합니다.
- 흐름출판은 독자 여러분의 투고를 기다리고 있습니다. 원고가 있으신 분은 book@hbooks.co.kr로 간단한 개요와 취지, 연락처 등을 보내주세요. 머뭇거리지 말고 문을 두드리세요.
- 파손된 책은 구입하신 서점에서 교환해 드리며 책값은 뒤표지에 있습니다.

시련은
또 다른 나를
만나는 시간

결국
당신은
이길 것이다

나폴레온 힐 지음 | 샤론 레흐트 해설 | 강정임 옮김

흐름출판

| 이 책에 쏟아진 찬사 |

이 책은 나폴레온 힐의 메시지와 철학이 영원하다는 것을 다시 한 번 입증한다. 이 책은 성공을 가로막는 습관과 사고방식을 고치고 궁극적으로 행복과 번영으로 가는 방법에 대한 통찰을 담고 있다. 당신을 가로막는 모든 장애물을 뚫고 앞으로 나아가고 싶다면, 이 책을 읽어라!

*** T. 하브 에커 《백만장자 마인드의 비밀》 저자

당신이 주도하는 삶을 원한다면 스스로 돈을 벌어야 한다. 《결국 당신은 이길 것이다》에서 나폴레온 힐은 당신이 부를 얻는 데 방해되는 것들이 무엇인지 알려주고, 이들을 통제하여 당신이 그리던 삶을 살아가도록 안내한다.

*** 진 채츠키 금융 저널리스트, 《차이 The Difference》 저자

사람은 누구나 가장 심각한 실패로 보이는 단계를 뛰어넘어야 가장 위대한 성공을 성취하게 된다. 《놓치고 싶지 않은 나의 꿈 나의 인생》이 성공의 로드맵을 제공했다면 《결국 당신은 이길 것이다》는 당신을 가로막고 있는 장애물을 뛰어넘도록 도와줄 것이다.

*** 브라이언 트레이시 《백만불짜리 습관》 저자

나는 오랜 시간 동안 나폴레온 힐의 작품을 연구했다.《놓치고 싶지 않은 나의 꿈 나의 인생》을 집어든 것은 무려 50년 전의 일이었다. 그의 또 다른 작품《결국 당신은 이길 것이다》를 처음 읽었을 때 힐이 또 한 번 세상을 바꿀 것이라고 생각했다. 이 책은 오늘날 전 세계 사람들이 경험하고 있는 정신적 혼란을 없애고 수많은 이들이 갈구하는 영혼의 자유로부터 이들을 격리시키는 무지함의 장벽을 무너뜨릴 것이다.

*** 밥 프록터 *라이프 석세스 Life Success 설립자*

우리는 부정적인 것들은 무시하고 긍정적인 것들에만 집중하라는 말을 너무나 자주 듣는다. 그러나 두 가지 모두를 인식하고 다루는 방법을 알아야만 힘이 생긴다. 이 책은 우리에게 긍정과 부정의 세계, 양면의 진실을 들려주며 멋진 교훈을 가르쳐 준다.

*** 래리 윙겟 *뉴욕타임즈 베스트셀러 《닥쳐, 불평하지 마 네가 원하는 삶을 살아!》 저자*

나폴레온 힐의 불후의 명작《놓치고 싶지 않은 나의 꿈 나의 인생》은 저술되던 당시보다 50년을 앞서 있었다. 이번에 새롭게 발견된 보물과도 같은《결국 당신은 이길 것이다》는 힐의 지혜와 유산을 모두 모은 궁극적인 결과물이다. 힐은 마치 지금도 여전히 살아 있는 것처럼 진실과 거짓, 최선과 최악, 옳음과 그름을 아우르며 당신을 안내한다. 오늘날 통찰력을 찾는 사람들에게 이 책은 결코 선택사항이 아니다. 이 책은 내일의 성공과 성취로 당신을 이끌어 줄 것이다.

*** 제프리 지토머 *《레드 세일즈 북》 저자*

당신이 자신을 다스리지 않는다면 삶이 당신을 지배할 것이다! 나폴레온 힐의 《결국 당신은 이길 것이다》는 당신의 위대한 잠재력을 성취할 수 있는 비법을 전수한다!

*** 레스 브라운 동기부여 연설가, 《나의 승리 전에 끝이란 없다》 저자

힐은 누구도 생각하지 못한 방식으로 자신의 마음을 들여다보고, 실패에 대한 두려움을 이야기하는 사회에 경종을 울린다. 어쩌면 이 책을 출판한다는 것은 아직도 너무나 충격적인 일인지도 모른다.

*** J. B. 힐 박사, 나폴레온 힐의 손자

동기부여의 전설적인 인물, 나폴레온 힐의 정신을 들여다볼 수 있는 가장 훌륭한 한 권이다.

*** 그레그 S. 레이드 《황금이 있는 곳까지 1미터》 공동 저자

오늘날 독자들은 힐의 가르침이 개인금고 안에 들어 있는 돈으로 해석되는 부와 가장 많이 관련되어 있다고 생각할 것이다. 그러나 진실을 말하자면, 힐은 세상 사람들에게 물질만이 아닌 정신적 충만함, 즉 '삶을 살아가는 원칙'에 대한 자신의 지혜를 알려준다. 그래서 우리 각자가 자신의 이익은 물론 인류 전체를 위해 우리의 잠재력을 최대한 표출해 줄 것을 요청하고 있다.

*** 마이클 버나드 벡위스 《영적 해방》 저자

삶을 변화시키는 심오한 내용을 담고 있다. 시대를 초월하는 나폴레온 힐의 지혜와 현대 독자들과 소통하는 샤론 레흐트의 뛰어난 능력이 결합했다. 이 책을 읽고 또 읽다 보면 당신이 생각하는 바를 인식하고, 실현하게 될 것이다!

*** 리타 대번포트 **작가이자 연설가**

이 책은 당신의 앞길을 가로막는 장애물이 무엇인지, 그리고 그것을 어떻게 극복할 수 있는지를 알려줌으로써 당신이 마땅히 누려야 할 성공을 성취할 수 있도록 도와준다.

*** 짐 스토벌 ***《최고의 유산 상속받기》 저자**

당신은 힐이 직접 만나고 대화한 그 '악마'의 존재가 무엇인지 이 책에서 확인하게 될 것이다. 당신이 살아 가면서 직접 상대할지도 모를 바로 그 악마를 말이다!

*** 마크 빅터 한센 *《영혼을 위한 닭고기 수프》 시리즈 공동 저자*

지금만큼 진실이 중요했던 시기는 없었다. 나는 신을 우리 삶의 중심에 놓아 두기 위해 앞으로 나선 샤론 레흐트의 용기가 자랑스럽다.

*** 사라 오미라 **차일드헬프***Childhelp* **공동 설립자이자 및 회장**

▲ 1938년 나폴레온 힐이 수동식 타자기로 집필한 원고 원본

악마를 뛰어넘다
└ 악마의 존재를 밝혀낸 한 남자가 악마로부터 자백을 끌어내다.

완전한 육체적 자유와 경제적 자유를 획득하는 비법

30년의 연구 끝에 가장 강렬하고 가장 고무적인 자기계발서를 집필한 미국 최고의 성공학의 대가가 악마로부터 경악할 만한 자백을 끌어낸다. 악마는 어떻게 인간의 마음을 지배하는지, 그리고 인간은 어떻게 악마를 뛰어넘을 수 있는지, 인류의 오랜 고민에 대한 해답을 밝힌다. 이 책은 인간 심리와 행동의 작동 원리를 명백하게 밝히고 있다. 악마에 관한 이 이야기를 다 읽고 나면 신에 대해서 훨씬 더 많이 알게 될 것이다.

- 《놓치고 싶지 않은 나의 꿈 나의 인생》의 저자
나폴레온 힐

| 추천의 글 |

당신에게 한계란 없다

나폴레온 힐은 세계적인 성공철학의 거장이자 사상가이며 오늘날까지도 많은 사람들로부터 존경받는 베스트셀러 작가이다.

그는 살아오면서 의미 있었던 일과 힘들었던 경험, 그리고 자신의 삶을 바꿔놓은 계기들을 이야기하며 이 책을 시작한다. 힐은 비교적 젊은 나이에 세상에서 가장 위대하고 유용한 성공원칙을 깨달았지만, 그것을 활용하고 쉽게 적용하는 방법은 알지 못했다. 아마 오늘을 살아가는 많은 이들도 마찬가지일 것이다. 살아가면서 가끔씩 성공원칙을 떠올리고 그것을 실천하는 것은 쉽다. 그러나 매일, 거의 모든 일에 대해서 성공원칙을 적용하고 실천하며 살아가기 위해서는 완전하며 지속적인 노력과 결단이 필요하다.

오랜 세월 나폴레온 힐의 메시지를 연구하고 전파해 온 샤론 레흐트는 오늘날의 가치관이나 상황에 비추어 힐이 전하는 의미가 무엇인지 친절하게 알려 준다.

힐의 목적은 영원한 행복을 가져오는 성공철학과 실천 방법을 세상에 전파하는 것이었다. 그의 내면에 있는 또 다른 자아가 힐 자신이 삶의 무지개를 찾을 수 있도록 이끌었던 것처럼.

대공황 시절 삶의 가장 큰 위기를 맞이하고 있던 힐처럼 어쩌면 지금 우리도 힘겨운 시대를 살아가며 매순간 시험받고 있는지도 모른다. 당시 힐은 자신의 삶의 태도가 바람직하지 않았다는 사실을 깨닫고 이를 바꾸기 위해 노력했지만 좀처럼 우울과 실의의 늪에서 헤어나올 수가 없었다. 그러던 어느 날 계속해서 자신을 무기력과 두려움에 빠져 있게 만든 자기 안의 '악마'의 존재와 맞닥뜨린다. 그리고 마침내 그 악마를 극복하고 뛰어넘어 진정한 자유로움을 만끽하기까지의 모든 과정을 원고로 남기게 되었다.

힐이 발견한 이 믿기 어려울 만큼 놀라운 이야기를 당신도 알게 된다면 틀림없이 다른 인생을 살게 될 것이다. 목적을 가지고 열정적으로 살 것이며, 당신이 하고 싶은 것과 갖고 싶은 것, 그리고 진정으로 되고 싶은 것을 기필코 이루게 될 것이다.

"당신의 한계는 당신이 만든 것이다." 힐이 평소 자주 했던 말이다. 스스로 만든 마음의 감옥에 갇혀 한계 짓고 두려워하고 망설이는 자기 자신을 극복할 수만 있다면, 우리는 세상과 싸우지 않아도 이길 수 있을 것이다. 이는 힐이 성공한 사람들 500명과의 직접 인터뷰를 통해 터득했던 삶의 교훈과도 통하는 진리이다.

당신은 힐이 직접 만나고 대화한 그 '악마'의 존재가 무엇인지 이 책에서 확인하게 될 것이다. 당신이 살아가면서 직접 상대할지도 모를 바로 그 악마를 말이다.

— 마크 빅터 한센 《영혼을 위한 닭고기 수프》 저자

| 차 례 |

- **4** ◆◆◆ 이 책에 쏟아진 찬사
- **9** ◆◆◆ **추천의 글** 당신에게 한계란 없다
- **16** ◆◆◆ **프롤로그** 선택은 당신 몫이다

chapter 1 내 운명을 바꿔 놓은 카네기를 만나다

- **28** ◆◆◆ 새로운 삶이 시작되다
- **34** ◆◆◆ 첫 번째 전환점
- **37** ◆◆◆ 마침내 성공철학을 완성하다
- **41** ◆◆◆ 이성을 마비시키는 두려움
- **46** ◆◆◆ 보이지 않는 곳에서 들려오는 '이상한 명령'
- **52** ◆◆◆ 나의 '또 다른 자아'가 나를 지배하다
- **54** ◆◆◆ 힐의 두 번째 전환점

chapter 2 내 앞에 새로운 세계가 나타나다

- **61** ◆◆◆ 새벽이 오기 전이 가장 어두운 법이다
- **63** ◆◆◆ 성공을 부르는 '또 다른 자아'
- **67** ◆◆◆ '실패'란 변형된 축복이다
- **70** ◆◆◆ 하나를 잃으면 다른 하나를 얻고, 하나를 얻으면 다른 하나를 잃는다
- **73** ◆◆◆ 목적에 집중하라
- **75** ◆◆◆ 내가 가진 것들에 감사하라
- **76** ◆◆◆ 바람은 믿음으로, 믿음은 현실로
- **79** ◆◆◆ 모든 위대한 성공은 신념에서 시작된다

chapter 3
악마와의 이상한 인터뷰가 시작되다

- **89** ❖❖❖ 악마의 자백을 받기로 결심하다
- **92** ❖❖❖ 지금부터 악마와의 인터뷰가 시작되다

chapter 4
악마가 이끄는 대로 떠돌다

- **110** ❖❖❖ 끊임없이 방황하게 하라
- **113** ❖❖❖ 생각하지 못하게 하라
- **124** ❖❖❖ 악마는 어떻게 사람을 방황하게 하는가
- **134** ❖❖❖ 방황자 VS 방황하지 않는 자

chapter 5
계속되는 악마의 자백

- **146** ❖❖❖ 악마는 아첨을 어떻게 이용하는가
- **150** ❖❖❖ 실패를 이용하느냐, 실패에 무릎 꿇느냐
- **154** ❖❖❖ 서서히 스며드는 악마의 선전 활동
- **158** ❖❖❖ 악마의 유혹에서 나를 지키는 방법

chapter 6
최면 리듬으로 마음을 지배하라

176 ◆◆◆ 스스로 생각하라, 그러면 스스로를 지킬 것이다
179 ◆◆◆ 종교와 과학은 악마의 친구인가 적인가
188 ◆◆◆ 끌어당김의 법칙

chapter 7
두려움의 씨앗은 어떻게 마음속에 자리잡는가

204 ◆◆◆ 현명한 이들의 최면 리듬 사용법

chapter 8
두려움을 극복하는 비밀

214 ◆◆◆ 스스로의 마음을 지키는 법

chapter 9
교육과 종교는 올바른 역할을 하는가

229 ◆◆◆ 악마를 돕는 학교와 교회
238 ◆◆◆ 악마에게 조종당하는 교육 제도의 문제점
243 ◆◆◆ 학교가 아이들에게 가르쳐야 할 모든 것
252 ◆◆◆ 긍정의 힘

chapter 10
자신을 다스리는 자가 승리한다

262 ◆◆◆ 방황만큼 위험한 중독
268 ◆◆◆ 자기표현이 늘 좋은 것은 아니다

chapter 11
역경에서 배울 수 있는 것들

280 ◆◆◆ 실패는 새로운 시작의 신호
284 ◆◆◆ 잘못된 인간관계가 가져온 시련
292 ◆◆◆ 역경에서 얻을 수 있는 몇 가지 교훈

chapter 12
환경, 시간, 조화 그리고 신중함이라는 무기

303 ◆◆◆ 환경을 지배하라
306 ◆◆◆ 뇌를 게으른 상태로 두지 마라
312 ◆◆◆ 경험을 지혜로 숙성시키는 시간의 힘
322 ◆◆◆ 왜 신중해야 하는가

327 ◆◆◆ 나폴레온 힐의 마지막 메시지 지금 당신에게 꼭 필요한 세 가지
338 ◆◆◆ 추천의글 우리는 아직 늦지 않았다
342 ◆◆◆ 에필로그 우리는 반드시 승리할 것이다
347 ◆◆◆ 감사의 글

| 프롤로그 |

선택은 당신 몫이다

이제야 세상에 나오게 된 이 책은 단언컨대 지금까지 내가 읽은 책 중에서 가장 심오한 메시지를 담고 있다. 나폴레온 힐 재단의 대표 돈 그린이 나를 믿고 이번 프로젝트에 참여해 줄 것을 제안했을 때 처음에는 믿기 어려울 만큼 영광스러웠다. 그로부터 원고를 받아들 자마자 나는 힐의 이야기에 빠져들었다. 원고를 모두 읽고 나서는 일주일 동안 잠을 이룰 수 없었다.

1938년 나폴레온 힐이 수동식 타자기로 직접 작성한 이 원고는 무려 75년 동안 봉인되어 있었으며 그의 가족은 이 원고의 존재를 숨겨왔다. 왜 그랬을까? 이 원고가 불러일으킬 반향이 두려웠기 때문이다. 우리 각자의 일상생활, 종교와 도덕, 정치, 경제 등의 사회 제도 구석구석에 손을 뻗치고 있는 악마의 소행을 폭로한 힐의 용기가 당시에 알려졌더라면 아마 엄청난 파장이 일었을 것이다.

힐의 가족이 오랜 세월 동안 원고를 감춘 이유를 돈 그린에게 묻자 그는 다음의 이야기를 들려주었다.

일찍이 이 원고를 공개하려 했지만 힐의 아내 애니 루가 반대했습니다. 그녀는 미국 사우스캐롤라이나 클린턴에 위치한 장로회신학대학의 총장, 윌리엄 프루머 제이콥스 박사의 비서였습니다. 제이콥스 박사는 제이콥스 프레스의 소유자이자 사우스캐롤라이나 섬유회사 연합회의 고문이었지요. 그는 힐이 클린턴 지역으로 와서 자기 밑에서 일하도록 고용하기도 했어요. 어쨌든 힐의 아내는 출간 이후 종교계나 그 밖의 단체에서 보일 반응을 두려워했습니다. 그래서 이 원고를 세상에 공개하는 것을 원치 않았어요. 나폴레온 힐은 1970년에 사망했지만 애니 루는 1984년까지 살았습니다.
그녀가 사망하자마자 힐의 원고는 당시 나폴레온 힐 재단 대표였던 찰리 존슨 박사의 소유로 넘어갔습니다. 존슨 박사는 애니 루의 조카였습니다. 존슨 박사의 부인 프랭키는 힐의 원고를 읽고 난 후, 애니 루가 왜 출간을 두려워 했는지를 충분히 이해했습니다. 그녀 역시 자신이 살아 있는 동안에는 이 원고가 출간되는 것을 원치 않는다고 존슨 박사에게 말했습니다.

몇 년 후 프랭키가 세상을 뜨자, 드디어 존슨 박사는 붉은색 가죽을 덮은 겉표지에 'Outwitting the Devil(원제, 악마를 뛰어넘다)'라고 황금색 양각을 새긴 이 원고를 나에게 건넸습니다. 애니 루와 프랭키의 생각과는 반대로, 저를 포함한 재단에서는 강력한 메시지를 담고 있는 이 원고를 세상에 알려야 한다고 생각했습니다.

돈 그린과 이야기를 나눈 후 나는 강하게 깨달았다. 이 책은, 비록 1938년에 완성되었지만 사실은 오늘날 우리 사회를 충격으로 뒤흔들어 놓기 위해 지금 출간될 운명이었던 것이다! 이 책의 의도는 불확실한 경제와 혼란의 시대에 해답을 제시하려는 것이었다. 이 책은 우리 안에 숨어 있는 악마를 뛰어넘는 열쇠를 제공하며, 성공을 꿈꾸는 우리에게 도움이 될 결정적인 방법을 알려준다.

《놓치고 싶지 않은 나의 꿈 나의 인생 Think and Grow Rich》이 대공황 이후 우리가 회생하고 성공하는 데 힘이 되었던 것과 마찬가지로, 《결국 당신은 이길 것이다》는 오늘날 우리의 치유와 회복, 그리고 성공을 위해 저술된 것이다!

당신은 나폴레온 힐이 악마와 나눴던 대화를 진짜라고 믿을 수도 있고 그의 상상이라고 치부해 버릴 수도 있다. 선택은 당신의 몫이다. 그러나 한 가지 사실만은 분명하다. 힐의 독특한 스타일은 전혀 예상하지 못한 방식으로 당신을 빠져들게 만들어 감동을 전해 줄 것이다.

책 안의 모든 내용은 힐이 집필한 그대로이다. 원본이 상당히 길었기 때문에 편집이 불가피했지만, 힐이 전하는 메시지의 강력한 느낌을 그대로 보존하기 위해 신중을 기했다. 또한 다소 고루하게 느껴지는 문장도 되도록 힐이 작성한 그대로 남겨 두었다.

특정 사안을 강조하기 위해서는 다음과 같이 노력했다. 먼저 힐의 주장을 분명히 밝히고 그의 예견이 어떻게 현실이 되었는지 설명했다. 그리고 원고를 읽고 느낀 나의 개인적인 생각을 별도의 형식으로 덧붙였다. 이는 당신이 이 책을 읽을 때 내 설명을 선택해서 읽을 수 있도록 하기 위해서였다.

강력한 메시지를 담은 이 책을 즐겁게 읽고 당신의 친구와 가족들에게도 전해주길 바란다. 힐의 글 속에 담긴 에너지가 당신의 삶을 바꿔 놓을 것이다.

— 샤론 레흐트

두려움은 인간이 만들어 낸 악마의 무기이다.
확신과 신념은 이러한 악마를 물리치고 성공적인 삶을
살아가기 위해 꼭 필요한 인간의 무기이다.
이 신념에는 위대한 힘이 있다.
신념은 좌절과 실패에 쉽게 무릎 꿇지 않는 자들을 지지하는
우주의 불가항력적인 힘과 연결되는 고리이다.

– 나폴레온 힐

chapter **1**

내 운명을
바꿔 놓은
카네기를 만나다

지난 25년 동안 내 인생 최대의 목표는 성공과 실패의 원인을 분석하고 성공철학으로 체계화하여 세상 사람들에게 도움이 되게 하는 것이었다.

이 연구는 지금은 고인이 된 앤드류 카네기와의 인터뷰를 계기로 1908년에 시작되었다. 잡지사에 다니고 있던 나는 카네기를 취재할 기회를 얻었다. 그와의 취재 도중 나는 그에게 나의 계획을 조심스럽게 말했다. 앞으로 로스쿨에 입학하려 하며, 학교를 다니는 동안 성공한 사람들을 인터뷰해서 그들이 성공하게 된 비결을 찾아내고 그렇게 발견한 모든 것들을 기사로 쓰려는 계획을 가지고 있다고 솔직하게 밝혔다. 첫 인터뷰를 마칠 무렵 카네기는 자신이 무언가를 제안하면 그 일을 수행할 만한 용기가 있는지 나에게 물었다. 나는 그에게 가진 거라곤 용기밖에 없으며 당신이 신경 써서 제안해 준 일이라면 어떤 일이든 최선을 다해 수행할 각오가 되어 있다고 대답했다.

그러자 카네기는 이렇게 말했다.

"성공한 사람들의 이야기를 쓰겠다는 당신의 아이디어는 어느 정도 칭찬받을 만한 일입니다. 그런 목표를 달성하려는 당신의 의지를 꺾을 의도는 없지만 이 말은 꼭 해주고 싶군요. 현재의 사람들뿐 아니라 후대에까지 오랫동안 남는 지속적인 연구를 하고 싶다면 당신은 성공의 모든 요인은 물론 실패의 모든 요인까지 체계적으로 정리해야 할 것입니다.

이 세상에는 성공과 실패의 원인을 조금도 이해하지 못하는 사람들이 수없이 많습니다. 학교와 대학에서는 많은 것들을 가르치지만 사실상 개인의 성공원칙은 가르치지 않습니다. 그들은 젊은이들이 추상적인 지식을 습득하는 데 4~8년의 시간을 허비하게 하면서도 정작 그것을 활용하기 위해 무엇을 해야 하는지는 가르치지 않습니다.

세상에는 실용적이며 이해하기 쉬운 성공철학이 필요합니다. 이러한 성공철학은 훌륭한 인생을 살아온 위인들의 경험에서 얻어 낸 사실적인 지식을 바탕으로 체계적으로 정리된 것이어야 합니다. 지금까지 철학의 전 분야를 살펴봤지만 내가 생각하는 철학과 조금이라도 유사한 형태의 철학은 찾지 못했습니다. 우리에게 세상을 제대로 사는 방법을 가르쳐 줄 만한 능력이 있는 철학자는 극소수에 불과합니다.

당신처럼 야심찬 젊은이들에겐 아직 얼마든지 도전해 볼 기회가 있다고 생각합니다. 그러나 야망만으로는 내가 제안한 이 일을 해내기 어려울 것입니다. 이 일을 맡아서 할 사람은 용기와 끈기가 있어야 합니다.

이 일을 하려면 적어도 20년 동안 끊임없이 노력해야 합니다. 이러한 종류의 연구는 처음에는 아무런 성과가 없기 때문에 연구를 하는 동안 다른 일을 병행하면서 생계를 유지해야 할 것입니다. 보통 이와 같은 연구를 하며 세상에 기여하는 사람들이 그들의 업적을 인정받기 위해서는 100년쯤 기다려야만 할지도 모릅니다. 어쩌면 당신의 장례식 이후가 될지도 모릅니다."

※ 독자에게 알리는 글 : 샤론 레흐트는 아래와 같은 형식으로 자신의 의견을 덧붙인다.

인정받을 가능성도 없고 어떠한 보상도 없이 20년을 노력해야 하다니! 이러한 '제안'을 받으면 당신은 어떻게 하겠는가?

이런 막연함에도 불구하고 힐은 카네기의 과제를 받아들였고, 카네기가 건네준 소개장을 가지고 시어도어 루즈벨트, 토머스 에디슨, 존 록펠러, 헨리 포드, 알렉산더 그레이엄 벨, 킹 질레트 등 여

러 거물들과 인터뷰를 시작했다. 이후 25년 동한 계속된 연구 끝에, 결국 그는 총 여덟 권으로 구성된 《나폴레온 힐 성공의 법칙》을 포함하여 《놓치고 싶지 않은 나의 꿈 나의 인생》 등 몇 권의 저서를 출간했다. 《놓치고 싶지 않은 나의 꿈 나의 인생》은 자기계발 분야에서 오늘날까지도 가장 영향력 있는 작품으로 인정받고 있다.

카네기는 계속해서 말했다.

"이 일을 하게 된다면 당신은 소수의 성공한 사람들뿐만 아니라 수천 명의 실패한 사람들도 인터뷰해야 합니다. 여기서 내가 말하는 '실패자'란 인생의 마지막 단계에 이른 사람들로, 온 마음을 다해 자신의 목표를 달성하고 싶었으나 끝내 이루지 못해 실망한 자들을 의미합니다. 모순이라고 생각할지 모르겠지만 분명 당신은 소위 '성공한 사람들'보다 '실패한 사람들'에게서 성공하는 방법을 더 많이 배울 것입니다.

이 일을 잘만 수행한다면 연구가 끝날 때쯤 당신은 대단히 놀라운 사실을 발견할 것입니다. 성공과 실패의 원인이 외부에 있는 것이 아니라 결국 당신 안에 있다는 사실을 깨닫게 될 것입니다. 이는 딱히 뭐라고 설명할 수 없는 어떤 힘이기 때문에 대다수 사람들은 절대로 깨달을 수 없습니다. 어쩌면 그 사람의 '또 다른 자아'라고 부르는 것이 적절할 수도 있겠습니다. 주목할 만한 사실은, 이 '또 다른 자아'는 좀처럼 자신의 모습을 드러내지 않다가 사람들이 역경이나 일시적인 실패를 경험하는 동안 그들의 안으로 들어가 습관을 바꾸거나 곤경의 상황을 회피하고픈 생각을 심어 놓는다는 것입니다.

지금까지 내 경험에 의하면, 자신을 '실패자'로 여기는 사람은 자신의 '또 다른 자아'로부터 부정적인 생각을 하도록 조종받기 때문에 절대로 성공할 수 없다는 사실을 배웠습니다. 반면 끈기와 명확한 생각을 가진 사람이라면 소위 실패란 것도 새로운 계획이나 목표를 가지고 자신을 재무장할 수 있는 신호에 지나지 않는다는 사실을 깨달을 것입니다. 그들은 지금의 실패에 그대로 주저앉는 법이 없습니다. 하지만 대다수 실패자들은 스스로가 마음속에 심어 놓은 한계 때문에 실패합니다. 만일 이들에게 한 걸음만 더 나아갈 수 있는 용기가 있었다면 자신의 실수를 발견했을 것입니다."

"대다수 실패자들은 **스스로가 마음속에 심어 놓은 한계** 때문에 실패합니다."

부정적인 마음과 자기의심이 성공을 가로막는 주요 장애물이다. 최근의 경제침체로, 지금까지 모든 것을 착실하게 제대로 해 온 수

많은 사람들은 평생 처음으로 심각한 경제적 난국에 직면했다. 이들이 위기를 극복하는 데 있어 가장 큰 장벽은 최근의 경험에 의해 그들 스스로 심어 놓은 두려움과 자기의심이다. 최근의 경제침체가 당신을 제압하지는 않았는가? 자기의심과 자기파괴가 당신의 꿈을 가로막지는 않았는가? 당신에게 최악의 적은 당신 자신이 아닌가?

《놓치고 싶지 않은 나의 꿈 나의 인생》에서 힐은 금광 시굴자인 다비에 관해 이야기했다. 금광맥이 사라져 버렸다는 생각에 좌절한 다비는 금광 채굴권을 동네 고물상에게 싼값에 팔아치웠다. 고물상은 광산으로 금광전문가를 데리고 가서 금맥을 발견했다. 다비가 1미터만 더 파내려갔다면 찾을 수도 있었다. 조금만 더 인내했더라면 성공했을 텐데, 다비는 황금 덩어리를 1미터 앞에 두고 자신의 꿈을 포기해 버린 것이다. 다비는 실수에 굴복하는 대신 이를 경험으로 삼아 보험왕이 되기 위해 계속해서 노력했고, 결국 백만장자 보험세일즈맨으로 이름을 남겼다.

우리는 종종 너무 빠른 체념으로 성공을 눈앞에 두고도 내 것으로 만들지 못하기도 한다. 황금이 있는 곳까지 겨우 1미터, 당신이라면 이 위대한 성공을 눈앞에 두고 포기하겠는가?

새로운 삶이 시작되다

카네기와의 대화는 내 삶을 송두리째 바꿔 놓았고 내 안에 간절한 열망을 심어 놓았다. 카네기가 의미했던 '또 다른 자아'가 명확하게 이해되지 않았음에도 불구하고, 내 안의 열망은 나를 쉼 없이 움직이게 했다.

카네기와의 인터뷰를 마친 후 나는 실패와 성공의 원인을 연구하면서 '실패자'로 평가받는 사람 25,000명 이상과 '성공자'로 분류되는 500명 이상의 인물들을 분석하는 영광을 누렸다. 그러다 수년 전 카네기가 언급했던 '또 다른 자아'를 처음으로 어렴풋이 느끼게 되었다. 이 '또 다른 자아'는 카네기가 말한 대로 인생에서 중대한 두 가지 전환점을 겪으며 발견하게 되었다. 그 상황이 나에게는 한 번도 접해 보지 못한 인생 최대의 긴급 상황처럼 느껴졌고, 나는 당장 그러한 역경에서 벗어나고 싶었다.

'또 다른 자아'라는 모호한 개념을 사용하지 않고 설명할 수 있으면 좋겠지만, 개인적 경험에서 나오는 서로 분리될 수 없는 존재이기 때문에 어쩔 수가 없다.

사람들의 경험을 분석하여 17가지 성공원칙(나폴레온 힐의 성공철학 실천 프로그램 PMA)과 30가지 실패의 주요 원인을 체계적으로 정리하기 위해서는 엄청난 양의 자료를 여러 해 동안 조사해야 했다.

나는 개인의 성공철학을 완벽하게 체계화하겠다는 내 임무를 마쳤다는 잘못된 결론을 내렸다. 그런데 사실, 마치는 것은 고사하고 그저 시작에 불과했다. 17가지 성공원칙과 30가지 실패의 주요 원인을 정리함으로써 성공철학의 뼈대를 세우기는 했지만, 뼈대는 적용과 경험이라는 살점으로 덮어야만 했다. 더 나아가 사람들이 장애물에 굴복하지 않고 극복할 수 있는 용기를 북돋아 주는 정신을 불어넣었어야 했다.

후에 내가 깨달은 바에 따르면 '마음'은 인생의 두 가지 전환점을 겪으며 '또 다른 자아'를 만나고 나서야 더 여유로워졌다.

내 재능과 상관없이 사업과 직장생활에서 얻는 금전적 보상에만 관심 있었던 나는 광고업에 뛰어들기로 결심했다. 그리고 시카고 라살르 대학 사회교육원 La salle Extension University 의 광고 담당자가 되었다. 1년 동안은 모든 것이 순조로웠다. 그러나 얼마 못가 나는 결국 내가 하는 일에 격렬한 혐오감을 느끼고 사직서를 제출했다.

그 후 나는 라살르 대학 사회교육원 전 총장과 함께 벳시로스 Betsy Ross 캔디 회사를 차렸다. 사업을 시작한 지 얼마 되지 않아 승승장구했지만 행운은 오래가지 않았다. 불행하게도(그 당시 내 눈에는 불행해 보였다는 말이다) 나는 동업자와의 의견 충돌 때문에 그 사업에서도 손을 떼야만 했다.

이후 나는 브라이언트 앤 스트래턴 Bryant & Stratton 대학의 부속 교육기관으로 광고와 영업기술 학교를 세워 다시 한 번 나의 열정을 표출해 보고자 노력했다.

사업은 순조롭게 진행되었고 이제 막 돈을 벌어들이려는 찰나에 미국이 제2차 세계대전에 참전했다. 말로는 설명할 수 없는 내면의 강력한 충동에 이끌린 나는 완전히 산산조각 난 사업을 그대로 남겨둔 채 학교를 떠나 우드로 윌슨 대통령이 직접 지휘하는 정부기관으로 들어갔고, 홍보담당 비서관이 되었다.

새 행정부가 들어선 후 나는 워싱턴을 떠나 1918년 휴전 기념일에 〈골든 룰 The Golden Rule 매거진〉 발행을 시작했다. 거의 무일푼으로 시작했는데도 불구하고, 잡지는 빠르게 인기를 얻어 전국적으로 거의 50만 부가 팔려나갔으며 첫해 사업 수익이 3,156달러에 이르렀다.

> 엄밀한 관점에서 1918년의 3,156달러는 오늘날 미국 노동통계국에서 매년 작성하는 소비자물가지수를 기준으로 적용하면 45,000달러, 1인당 국내총생산을 적용하면 202,000달러에 해당한다. 신생 잡지사의 80~90퍼센트가 실패하고 성공한 업체라도 수익을 내기까지 3~5년이 걸린다는 점을 감안할 때, 잡지 사업을 시작한 첫해의 수입치고는 나쁘지 않은 금액이다(http://www.magazine-publisher.com/startup.html).

나는 잡지 발행 몇 년 후에야 전국에 배포하는 잡지를 출간하고 유통하는 사람 중 50만 달러도 안 되는 자본금을 가지고 잡지를 발간하려 들 만큼 무모한 사람은 아무도 없다는 사실을 깨달았다.

어쩌면 〈골든 룰 매거진〉과 나는 결별하게 될 운명이었는지 모르겠다. 성공을 하면 할수록 나의 불만은 커져 갔고 동업자들로 인해 사소한 골칫거리가 쌓이자 나는 결국 그들에게 잡지사를 맡기고 회사를 떠나고 말았다. 어쩌면 그런 행동이 나의 작은 행운을 무심히 던져 버리는 것이었는지도 모른다.

그 후 나는 또다시 영업사원들을 위한 훈련 학교를 세웠다. 수업을 듣고 졸업하는 학생 한 명당 10달러를 받았기 때문에 나의 첫 번째 과제는 체인점에서 근무하는 3,000명의 판매원을 훈련시키는 것이었다. 그 일은 불과 6개월 만에 30,000달러를 상회하는 수익을 안겨 주었다. 당시 나에게 성공과 돈은 내가 얼마나 노력하는지에 따라 얼마든지 얻을 수 있는 것들이었다. 그러나 내 안에 또다시 '불안감'이 찾아왔다. 나는 행복하지 않았다. 시간이 지날수록 이러한 생각은 점점 확실해졌고, 아무리 막대한 액수의 돈일지라도 나를 행복하게 만들지는 못했다.

내 행동을 설명할 수 있는 최소한의 어떠한 합리적인 변명도 없이, 나는 많은 돈을 손쉽게 벌 수 있는 그 사업을 포기하고 나왔다. 친구들과 사업 동료들은 나를 제정신이 아니라고 생각했고, 그렇게 말하기를 주저하지 않았다.

나 역시 그들의 생각에 동의했다. 하지만 솔직히 말해서 그렇게 하는 것 말고는 내가 할 수 있는 일이 아무것도 없는 것 같았다. 나는 계속해서 행복을 찾고 있었고 그때까지도 발견하지 못했던 것이다. 나의 범상치 않았던 행동에 대해 설명할 수 있는 말은 기껏해야 이것밖에는 없다. "과연 자신을 제대로 아는 사람이 어디 있는가?"

"**내 안에 또다시 '불안감'이 찾아왔다.**

나는 행복하지 않았다. 시간이 지날수록 이러한 생각은 점점 확실해졌고, **아무리 막대한 액수의 돈일지라도 나를 행복하게 만들지는 못했다.**"

몇 년 전 나도 이런 생각이 들었다. 금전적 보상에도 불구하고 나의 사명감과 더 이상 부합하지 않는 상황을 떠나고자 행동으로 옮겼을 때 나에겐 새로운 기회의 문이 열렸다. 훗날 이 결정은 나의 경력을 위해서 탁월한 선택이었음이 밝혀졌다.

지금까지 살면서 힘든 결정을 내렸던 순간이 있는가? 당신은 옳다고 생각하는데 다른 사람들이 의문을 제기하는 순간이 있었는가?

1923년 늦가을이었다. 나는 돈 한 푼 없이 오하이오Ohio 주 콜럼

버스Columbus에서 발이 묶였다. 상황은 점점 악화되어 갔다. 궁핍한 생활을 벗어날 수 있는 이렇다 할 계획도 없었다. 돈이 없어서 오도 가도 못하는 상황은 그때가 처음이었다.

이전에도 여러 번 돈이 부족한 적은 있었지만, 생활에 필요한 것들을 구하지 못할 정도로 완벽히 실패한 적은 처음이었다. 그때의 경험은 나를 망연자실하게 만들었다. 내가 무엇을 할 수 있는지, 혹은 무엇을 해야만 하는지 알 수 없고, 모든 것이 아득하고 막막해 보였다.

나는 내 문제를 해결할 수 있는 방책으로 10여 개의 계획을 생각했지만, 모두 비현실적이고 성공할 가능성이 없어 보여 전부 포기해 버리고 말았다. 나는 나침반도 없이 정글에서 길을 잃은 사람이 된 것 같았다. 상황을 극복하기 위해 여러 가지 일을 시도해 봤지만 오히려 그때마다 다시 원점으로 돌아가기만 했다.

거의 두 달 동안, 나는 모든 인간에게 최악의 질병, 바로 망설임 때문에 고통스러워 했다. 17가지 성공원칙은 알고 있었지만 그것을 적용하는 방법은 전혀 몰랐던 것이다! 그 사실을 몰랐던 나는, 내 인생의 심각한 위기 상황에 직면해 있었던 것이다. 카네기는 이런 말을 했었다. 위기 상황을 극복한 사람은 '또 다른 자아'를 발견할 수 있다고. 나의 정신적 고통은 너무나 심각해서 가만히 자리에 앉아 원인을 분석하거나 치료 방법을 찾아볼 수 없을 정도였다.

"인간에게 최악의 질병은 바로 **망설임**이다."

망설임 때문에 아무것도 못했던 적이 있는가? 나폴레온 힐의 인생에서 겪은 첫 전환점이 바로 이것이었다. 직장을 이리저리 옮기며 자신만의 이상적인 사회생활을 추구했던 그의 행동은 오늘날 많은 현대인들이 직장과 인생에서 편안함을 추구하는 것과 똑같아 보인다. 물론 힐이 처했던 곤경은 그가 인정한 대로 힐 자신이 자초한 일이었다. 힐은 심각한 경제문제로 곤란을 겪고 있는 오늘날 누군가와 상당히 유사한 상황에 처해 있었다. 그러나 그는 그 속에서 자신을 발견했다. 힐은 마냥 좌절하고 실의에 빠져 있는 대신 일시적인 패배를 기회로 삼고, '또 다른 자아'를 발견하기 위해 사색하고 분석하는 원동력으로 이용했다. 만일 경제적 상황으로 커다란 충격에 빠져 있다면, 당신도 그 상황을 '또 다른 자아'를 발견하는 힘과 동기로 활용할 수 있다.

첫 번째 전환점

어느 날 오후, 내가 처한 역경에서 벗어날 수 있는 방법을 찾다가 분위기를 바꿔 보기로 했다. 집을 나가 교외에 있는 '광장'에 가 보기로 했다. 그곳에서는 신선한 공기를 들이마시며 제대로 된 생각을 할 수 있을 것 같았다.

나는 무작정 걷기 시작했다. 그러다 갑자기 정신이 들어 멈춰 보니 12킬로미터쯤 걸어와 있었다. 나는 마치 그 길의 일부라도 되는 양 잠시 그 자리에 멈춰 서 있었다. 주변의 모든 것들이 이미 어두워져 있었다. 그리고 어떤 에너지의 형태로 상당히 고음으로 울려 퍼지는 시끄러운 소리가 들렸다.

그러자 나의 불안감은 잠잠해졌고 모든 근육의 긴장이 풀렸으며 갑자기 위대한 고요함이 밀려들어 왔다. 주변의 모든 것들이 뚜렷해지기 시작했고, 알 수 없는 기운 역시 점점 더 뚜렷해졌다. 내가 설명할 수 있는 범위에서 정확하게 표현하자면, 생각의 형태로 내게 다가온 그것으로부터 나는 어떤 명령을 받았다.

그 명령은 너무나도 분명하고 명확했기 때문에 오해하고 말고 할 여지가 없었다. 실제로 그것은 "카네기의 제안으로 시작했던 성공철학을 이제는 완성할 시간이 되었다. 지금 당장 집으로 돌아가 너의 마음속에 모아 두었던 모든 자료를 원고로 작성하라."고 말했다. 나의 '또 다른 자아'가 깨어난 순간이었다.

잠시 동안 나는 두려움에 떨었다. 지금까지 한 번도 경험하지 못했던, 처음 겪는 일이었기 때문이다. 나는 그 길로 돌아서서 집에 도착할 때까지 빠르게 걸었다. 집에 도착하니 성탄절 트리를 꾸미고 있는 이웃집 아이들을 창밖으로 내다보는 나의 어린 세 아들이 보였다. 그 순간에야 나는 그날이 성탄절 이브라는 것을 알아차렸다. 게다가 우리 집에는 성탄절 트리조차 없다는 사실을 떠올리고 처음으로 비통한 기분이 들었다. 그러한 사실을 반영이라도 하듯 내 아이들의 실망 가득한 얼굴은 나를 고통스럽게 만들었다.

나는 집 안으로 들어가서 타자기 앞에 앉았고, 성공과 실패의 원인에 대해 그동안 내가 고민하고 발견한 것들을 즉시 글로 옮기기 시작했다. 타자기에 첫 번째 종이를 끼워 넣고 있는데, 몇 시간 전에 교외 광장에서 느꼈던 그 이상한 기운이 다시 한 번 다가와 나는 하던 일을 잠시 중단해야 했다. 그 순간 마음속에 이러한 생각이 스치고 지나갔다.

"인생에서 너의 임무는 세계 최초로 개인의 성공철학을 완성하는 것이다. 지금까지 너는 네게 부여된 임무를 벗어나고자 애썼지만 모두 부질없는 짓이었고 노력하는 것마다 실패했다. 지금 너는 행복을 찾고 있다. 그러나 개인의 성공원칙을 발견하여 다른 사람들에게 도움을 베풀 때 비로소 네 자신의 행복도 찾게 될 것이다! 이 교훈을 영원히 기억하라. 그동안 너는 고집스러운 학생이었다. 너의 그 고집은 여러 좌절을 겪으면서 고쳐졌을 것이다. 지금으로부터 몇 년 안에 너는 전 세계 수백 만에 이르는 사람들이 네가 직접 완성한 그 철학을 필요로 한다는 것을 깨닫게 될 것이다. 너의 행복을 찾을 수 있는 절호의 기회는 사람들에게 유용한 도움을 제공할 때 찾아올 것이다. 어서 시작하라, 그리고 네가 시작한 그 원고를 완성해서 출간할 때까지 절대 멈추지 마라."

나는 드디어 내 인생의 무지개 끝에 도착했다는 사실을 알았다. 그리고 행복했다.

마침내 성공철학을 완성하다

그 경험을 소위 '마법'이라 부를 수 있다면, 그 마법은 너무도 빨리 사라져 버렸다. 나는 곧바로 집필을 시작했다. 그러나 얼마 지나지 않아 나의 '이성'이 나에게 "바보 같은 일을 하고 있는 게 아닌가."라고 말했다. 무일푼에 직장까지 잃은 사람이 주제넘게도 개인의 성공철학을 쓰겠다는 아이디어가 너무나 터무니없어 보였다.

나는 의자에 앉아서 안절부절못하며 손가락으로 머리카락을 쓸어 넘겼다. 그러면서 이미 집필을 시작했던 종이를 타자기에서 빼내어 구겨 버릴까 하는 생각도 했다. 그러는 편이 더 옳다고 스스로에게 되뇌이며 내 마음이 정당하다고 인정할 수 있는 변명거리를 만들려고 노력했다. 하지만 집필 작업을 계속하고 싶은 열망이 그만두고 싶은 욕구보다 훨씬 더 강했다.

"**계속하고 싶은 열망**이

그만두고 싶은 욕구보다 **훨씬 더 강했다.**"

당신은 그만두고 싶은데 무엇인가가 계속하게 만들었던 적이 있는가? 어쩌면 그것이 당신의 '또 다른 자아'였을지도 모른다.

지금 와서 옛일을 뒤돌아보면, 내가 넘어온 사소한 역경들은 내가 경험한 모든 일들 중에서 최고의 행운과 유익함을 가져다주었던 경험에 속한다는 사실을 이제 나는 이해할 수 있다. 그 경험들은 변형된 축복이었다. 내 임무를 계속할 수 있도록 나를 이끌어 세상에서 쓸모 있는 존재가 될 수 있는 기회를 주었기 때문이다. 이전의 어떤 계획이나 목표도 나를 그렇게 만들지는 못했다.

거의 석 달 동안 집필에 매달린 나는 1924년 상반기에 이르러 원고를 완성했다. 원고가 완성되자마자 또다시 사업에 뛰어들고 싶은 세속적인 유혹이 밀려왔다.

유혹에 굴복한 나는 오하이오 주 클리브랜드의 메트로폴리탄 비즈니스 대학 Metropolitan Business College 을 매입했고, 학교의 지위를 제고할 수 있는 계획을 짜기 시작했다. 새로운 교육 과정을 추가하면서 계속해서 학교를 발전시키며 확장해 나갔고, 학교 설립 이래 최대 기록보다 거의 두 배에 가까운 사업을 수행했다.

그러자 불만의 싹이 내 핏속에서 다시금 꿈틀대기 시작했다. 나는 그런 종류의 노력으로는 행복을 찾을 수 없다는 사실을 재차 깨달았다. 결국 사업을 동료들에게 넘기고, 나는 강단으로 향했다. 그리고 수년간 전념했던 성공철학을 체계화하기 위해 강의를 계속했다.

어느 날 밤 나는 오하이오 주 캔턴 지역에서 강연을 하게 되었다. 운명, 다시 말해 가끔씩 인간의 숙명을 결정짓는 것처럼 보이는 것들은 인간이 그것에 대항하기가 얼마나 힘겨운지는 아랑곳하지 않고 또다시 등장하여 고통스러운 경험 속으로 나를 몰아넣었다.

그날 강연의 청중 중에 그 지역 〈데일리뉴스 Daily News〉의 편집장 도널드 링 멜렛이 있었다. 그는 그날 밤 내가 강의했던 개인의 성공철학에 완전히 빠져 버렸고, 나에게 만나 달라는 요청을 했다.

다음날 멜렛과의 만남은 서로간의 파트너십 협약을 맺는 것으로 마무리되었다. 협약 내용은 이러했다. 멜렛이 〈데일리뉴스〉 편집장직을 이듬해 1월 첫 주에 그만두면 그때부터 내가 연구한 성공철학을 책으로 출간하고 관련 사업을 수행하자는 내용이었다.

그러나 1926년 7월, 멜렛은 암흑가 인물 패트릭 맥더모트와 오하이오 주 캔턴 지역 경찰에 의해 살해당했고, 이들은 둘 다 종신형을 선고받았다. 멜렛은 〈데일리 뉴스〉에 밀주업자와 캔턴 경찰대의 특정 인사들과의 관계를 폭로했다는 이유로 살해당했다. 이 범죄는 미국의 금주법 시대에 발생한 가장 충격적인 사건이었다.

1926년 7월 오하이오 주 캔턴 〈데일리 뉴스〉의 편집장이자 사회 문제를 연속해서 보도한 저널리스트 도널드 링 멜렛이 살해된 이 사건은 1920년대에 가장 많이 알려진 사건 가운데 하나였다. 1925년 멜렛은 캔턴 경찰대 내부에 만연해 있는 부정부패를 발견하고, 경찰청장을 겨냥해서 매춘 반대와 부패 추방에 대한 캠페인성 사설을 게재했다. 힐은 오하이오 주지사에게 부패 조사 착수를 요청했던 것으로 알려졌다.

암흑가 인물 몇 명과 지역 경찰관 한 명이 멜렛을 암살하기 위해 펜실베이니아 출신의 전과자 패트릭 맥더모트를 고용했다. 멜렛은 집 밖에서 총에 맞고 쓰러져 있었다. 소문에 의하면, 총으로 무장한 남자들이 힐까지 살해하기 위해 숨어서 기다리고 있었지만 우연히도 자동차가 고장 나면서 힐은 그들의 계획에서 벗어날 수 있었다고 한다.

이성을 마비시키는 두려움

멜렛이 살해당한 다음 날 아침, 전화 한 통이 걸려왔다. 나는 익명의 누군가로부터 한 시간 안에 캔턴을 떠나라는 통고를 받았다. 나는 주저하지 않고 캔턴을 떠났다. 만약 조금만 더 지체했더라면 관 속으로 들어갔을 것이다.

아무래도 멜렛과의 사업 협력이 오해를 샀던 것 같다. 멜렛을 살해한 범인들은 멜렛이 신문에 폭로한 기사 내용과 내가 직접적인 관련이 있다고 굳게 믿었다.

나는 한 시간은커녕 곧바로 자동차를 몰아 웨스트버지니아 산속에 위치한 친척 집까지 갔다. 그리고 살인범들이 수감될 때까지 그곳에 머물렀다.

그 경험은 카네기가 말했던 범주, 사람을 생각하게 만드는 '위기 상황'에 속하는 것이었다. 나는 평생 처음으로 끊이지 않는 두려움의 고통을 알았다. 몇 년 전 콜럼버스에서 겪었던 일들이 내 마음을 의심과 일시적인 망설임으로 채워 놓았다면, 이번 일은 벗어날 수 없을 것 같은 두려움으로 채워 놓았다. 그 시간 동안 나는 줄곧 숨어서 지냈고, 밤에는 절대로 집밖으로 나가지 않았다. 외출할 때는 바로 쏠 수 있도록 안전장치를 풀어 놓은 자동 권총을 주머니 속에 넣고 손으로 쥐고 있었다. 내가 숨어 지내는 집 앞에 낯선 자동차라도 멈추면 나는 지하실로 내려가 창문을 통해 자동차에 탄 사람들을 하나하나 살폈다.

몇 개월 동안 이렇게 살다 보니 신경에 균열이 가기 시작했다. 나의 용기는 완전히 사라졌다. 오랜 세월 성공과 실패의 원인을 연구하던 나에게 희망과 의욕을 북돋아 주던 야망도 사라져 버렸다.

나는 벗어날 수 없을 것만 같은 두려움 때문에 천천히 그리고 조금씩 혼수상태로 미끄러지듯 흘러들어가는 자신을 느꼈다. 그러한 기분은 갑자기 죽음의 모래 수렁에 빠진 사람이 수렁에서 탈출하고자 발버둥치지만 점점 더 깊은 곳으로 빨려 들어갈 뿐이라는 사실을 깨닫는 것과 유사했다. 두려움이란 자신이 만드는 늪이다.

내 기질 속에 정신 이상의 씨앗이 있었다면, 틀림없이 그 씨앗은 죽느니만 못한 삶이 계속되었던 몇 달 동안 싹을 틔웠을 것이다. 내 마음은 밤낮으로 바보 같은 망설임, 우유부단한 꿈들, 의심과 두려움들로 가득했다.

내가 직면했던 '위기 상황'은 두 가지 측면에서 처참했다. 첫째, 위기 상황이라는 속성 자체가 계속해서 나를 망설임과 두려움의 상태에 머무르게 했다. 둘째, 강요된 은둔 생활은 나를 나태하게 만들었고, 그렇게 흘러가는 시간에 대한 중압감으로 자연스럽게 나는 걱정하는 일 외에 다른 일은 할 수가 없었다.

나의 이성적인 기능은 거의 마비되었다. 불현듯 이러한 상태에서 벗어나야 한다는 생각이 들었다. 하지만 어떻게? 이전의 모든 위기를 극복하게 해줬던 넘치던 기지들은 완전히 사라지고 나는 쓸모없는 인간으로 남겨진 것만 같았다.

그것만으로도 충분히 힘겨운 상황이었지만, 당시의 역경은 다른 모든 역경들을 합친 것보다 훨씬 더 고통스러운 형태로 커져서 나를 압박했다. 성공의 요인을 사방으로 찾아다니며 인생의 무지개를 좇느라 많은 시간을 할애했던 내가 지금은 '실패자'라 판단했던 25,000여 명의 사람들보다도 더 무능한 존재가 되어 버렸다는 사실을 깨달은 것이다.

이런 생각은 나를 미치게 만들었다. 더구나 전국을 돌아다니며 학교와 대학에서, 그리고 경영진들 앞에서 17가지 성공원칙을 적용하는 방법을 설명하며 강의했던 내가 이곳에 있는 동안 그 원칙들을 하나도 적용하지 못한다는 사실 때문에 극도의 굴욕감마저 느꼈다. 급기야 나는 다시는 자신감을 가지고 세상 사람들 앞에 나서지 못할 거라고 확신했다.

거울에 비친 내 모습을 바라볼 때마다 나는 내 얼굴에 드러나는 자기 경멸의 표정을 보았고, 가끔씩 거울 속의 남자에게 글로 옮기기에는 부끄러운 이러저러한 말을 건넸다. 그리고 실패 해결책이랍시고 아무런 효과도 없는 방법을 사람들에게 알려준 나 자신을 사기꾼으로 몰기 시작했다.

멜렛을 살해한 범죄자들이 재판을 받고 종신형으로 교도소에 수감되었다. 그들이 그렇게 된 이상, 나는 은둔 생활에서 벗어나 내가 하던 일을 다시 시작해도 될 만큼 안전해졌다. 그러나 나는 밖으로 나갈 수가 없었다. 살해범들이 나를 은둔 생활로 몰아넣었을 때보다 더 끔찍한 상황에 직면했기 때문이다.

은둔 생활은 내가 가지고 있던 모든 진취적인 기상을 파괴해 버렸다. 마치 악몽을 꾸는 것처럼 우울한 기운으로 가득한 괴로운 상황에 빠져 있는 것 같았다. 나는 살아 있었다. 그리고 움직일 수 있었다. 하지만 카네기가 제안하고 내가 그토록 열망했던 그 목표를 위해 다시 일어서야 한다는 생각은 조금도 들지 않았다. 나는 급격하게 무기력해졌고, 상황은 더욱 심각해져서 '위기 상황' 동안 나에게 은신처를 제공해 주었던 사람들에게까지도 투덜거리며 짜증을 내기 시작했다.

나는 내 인생 최대의 위기 상황에 직면했던 것이다. 나와 비슷한 경험을 해보지 않은 이상, 당신은 내가 느낀 기분이 어땠을지 결코 알 수 없을 것이다. 그러한 경험은 설명할 수도 없다. 진정으로 이해하기 위해서는 느껴 보는 수밖에 없다.

"*나의* **이성적인 기능**은 거의 **마비**되었다."

처음에는 살해 위협으로 극도의 두려움을 느끼고 무기력해졌던 힐은, 그러한 두려움 때문에 자신이 무기력해지고 있다는 사실에 수치심을 느끼고 다시 한 번 무기력해졌다.

당신도 이와 비슷한 기분 때문에 모든 것에 무기력해진 경험이 있는가? 당신이 '위기 상황'에 직면하게 될 때 두려움은 동기를 부여할 수도 당신을 무기력하게 만들 수도 있다. 하지만 선택권이 있다는 것과 두려움에 긍정적으로 반응할 수 있다는 사실을 기억한다면 당신은 보다 멋지게 인생을 바꿀 수 있다.

분노의 감정에 이어 짜증이 나고 무기력해지면서 심신이 쇠약해지는 기분을 경험하는 사람들이 오늘날에는 많을지도 모른다. 이들이 의욕을 잃고 자신감을 상실하는 이유는 경제적인 형편과 삶에 대한 불확실성 때문이다. 어쩌면 이들이 분출하는 분노의 감정이 자신을 무기력하게 만드는 것일지도 모른다.

예전에 어느 젊은 청년과 대화를 나눈 적이 있다. 그 청년은 이렇게 말했다. "저는 서른 살입니다. 그런데 저에겐 장사를 할 만한 기술도 가능성도 없습니다." 그 청년이 자신의 상황을 바꾸기 위해 행동하지 못하는 이유는 무수히 많았다. 나는 행동을 취하지 않는 이상 변하는 것은 아무것도 없을 것이라고 꼬집어서 말했다. "상황을 바꾸려고 노력하지 않는 한, 1년이 지난 후 바뀌는 거라곤 당신이 아무런 기술도 가능성도 없이 서른한 살이 된다는 것입니다."

이런 충고가 당신에게도 친숙하게 들리는가? 당신 자신에게 해주고 싶은 말인가? 혹은 그 말을 해 주고 싶은 다른 누군가가 생각나는가? 당신은 당신을 무기력하게 만드는 힘을 어떻게 극복할 것인가? 지금부터 나폴레온 힐은 자신이 두려움과 무기력증을 어떻게 극복했는지, 그리고 다시 성공하겠다는 희망과 영감, 동기를 어떻게 찾았는지를 알려줄 것이다.

보이지 않는 곳에서 들려오는 '이상한 명령'

캔턴 사고가 일어난 지 1년이 더 지난 1927년 가을, 변화는 갑자기 찾아왔다. 어느 날 밤 나는 집에서 나와 마을 위로 우뚝 솟아 있는 언덕 꼭대기에 위치한 어느 공립학교 건물까지 걸었다.

집을 나서면서 그날 밤이 지나기 전에 무슨 일이 있어도 문제를 해결하겠다고 다짐했다. 나는 건물 주위를 돌면서 혼란스러운 내 머리가 명확하게 생각할 수 있도록 집중했다. 마음속에 조금이라도 정리된 생각과 유사한 무언가가 떠오를 때까지 학교 건물을 수백 번은 돌았던 것 같다. 나는 걸으면서 계속해서 나 자신에게 이렇게 반복했다. "탈출구는 있어, 집으로 돌아가기 전에 반드시 찾아내겠어." 이 말을 천 번도 더 했을 것이다. 나는 일부러 그렇게 말했다.

자신을 철저하게 혐오했던 나였지만 구원의 희망을 품고 있었던 것이다.

그러자 맑은 하늘에 번뜩이는 섬광처럼 내 혈관의 피를 위아래로 휘몰아치는 어떤 힘과 함께 마음속에 이런 생각이 불쑥 떠올랐다.

"지금은 너를 시험하는 시간이다. 너를 가난하게 만들고 굴욕감을 맛보게 했던 것은 네가 네 자신의 '또 다른 자아'를 찾을 수 있도록 하기 위함이었다."

만일 경제적으로 어려운 지금의 상황이 당신에게 크나큰 충격을 가했거나 가난으로 이끌었거나 곤란하게 만들었거나 당신의 자존심에 상처를 남겼다면, 나폴레온 힐이 1920년대 후반부터 1930년대 초반까지 그랬던 것처럼 시험이라고 생각하라. 시험을 이겨내고 당신의 '또 다른 자아'를 발견하라. 힘든 시기를 인내하고 이겨내면 당신도 성공에 필요한 통찰력을 얻게 될 것이다.

카네기가 '또 다른 자아'에 대해 언급했던 말이 몇 년 만에 처음으로 떠올랐다. 그리고 카네기가 했던 모든 말들이 생각났다. 그는 성공과 실패의 원인을 연구하는 나의 임무가 마무리될 무렵 '또 다른 자아'를 발견할 것이라고 말했다. 그리고 일반적으로 '또 다른 자아'는 역경의 상황을 겪은 후에 나타나며, 역경 속에 있는 사람들은 무언가에 의해 습관이 달라지거나 자꾸만 곤경에서 벗어나려 한다고 말했다.

조금 전만 해도 학교 건물을 맴돌고 있었는데, 이제 보니 하늘 위를 걷고 있었다. 잠재의식 속에서, 내가 만들어 놓은 감옥 속에 갇혀 있던 나 자신이 이제 막 풀려나는 것 같은 기분이었다.

그리고 이토록 힘난한 역경의 시간이 '또 다른 자아'를 발견하는 기회는 물론 다른 사람들에게 효과적이라고 가르쳤던 나의 성공철학의 타당성을 시험해 보는 기회라는 사실을 깨달았다. 머지않아 나는 나의 성공철학이 효과가 있는지 없는지 알게 될 것이다. 만일 효과가 없다면 그때까지 집필한 원고를 불태워 없애고 사람들에게 '당신이 당신 운명의 주인이요, 당신 영혼의 선장이다'라고 말하는 죄를 다시는 범하지 않겠다고 결심했다.

힐은 윌리엄 어니스트 헨리가 1888년에 발표한
〈굴하지 않으리 invictus〉라는 시를 자주 인용했다.

나를 감싸고 있는 밤은
온통 칠흑 같은 암흑,
억누를 수 없는 내 영혼에
신들이 무엇을 하든 감사를 표한다.

어쩔 수 없는 환경의 손아귀에 걸려들어도

나는 굴하거나 소리 내어 울지 않았다.

내리치는 위험 속에서도

머리는 피투성이였지만 고개를 숙이지는 않았다.

분노와 눈물의 이 땅 너머엔

어둠의 공포만이 어렴풋이 떠오른다.

세월의 오랜 위협에도

나는 두려워하지 않을 것이다.

문이 얼마나 좁은지

얼마나 많은 형벌을 감내해야 하는지는 중요치 않다.

나는 내 운명의 주인이고,

나는 내 영혼의 선장이다.

마침 산 위로 보름달이 떠오르고 있었다. 그렇게 밝은 빛은 난생처음 보았다. 가만히 그 빛을 응시하고 있는데 갑자기 마음속에 또 다른 생각이 번뜩 떠올랐다.

"너는 지금까지 사람들에게 위기 상황에서 생겨나는 두려움과 역경을 극복하는 방법을 전해 왔다. 이제부터는 권위를 가지고 사람들

앞에 서도 좋다. 두려움 없는 단호한 마음으로 용기와 목적의식을 가지고 네 자신의 역경을 초월했기에 가능한 일이다."

이러한 생각과 함께 내 안에서 일어난 어떤 화학적 변화가 난생 처음 맛보는 환희의 순간으로 나를 데려갔다. 혼수상태에 빠져 무기력했던 내 두뇌는 그때부터 분명하게 사고하기 시작했다. 나의 이성적 기능도 다시 작동하기 시작했다.

몇 개월간의 기나긴 고통을 견뎌낸 것에 대한 보상을 받는 것 같아 잠깐 동안 행복했다. 고통스러웠던 그 경험이 내가 힘들게 연구하여 얻은 성공원칙의 타당성을 시험해 볼 수 있는 기회를 제공했기 때문이다.

이러한 생각들이 떠오르자 나는 조용히 멈추어 서서, 가지런히 발을 모으고, 무엇에게 누구에게 했는지 모르겠지만 거수경례를 했고, 몇 분간 차렷 자세를 취했다. 이런 나의 행동이 처음에는 바보같이 느껴졌지만 그렇게 서 있는 동안 이번에는 '명령'의 형식으로 또 다른 생각이 떠올랐다. 그것은 군 사령관이 부하에게 명령하듯 짧으면서도 분명한 메시지였다.

명령은 다음과 같았다.

"내일 자동차를 몰고 필라델피아로 가라. 그곳에서 너는 너의 성공철학을 출간하는 데 필요한 도움을 받게 될 것이다."

그 명령은 더 이상의 설명도 번복도 없었다. 나는 명령을 받자마자 집으로 돌아가 침대에 누웠고 1년여 만에 처음으로 평온하게 잠들었다.

다음 날 아침 나는 깨어나자마자 침대에서 뛰쳐나와 옷가지를 챙기며 필라델피아로 떠날 채비를 했다. 내 이성은 내가 바보 같은 행동을 하고 있다고 말했다.

'무작정 필라델피아에 가서 여덟 권짜리 전집 출간에 필요한 25,000달러를 도대체 누구한테 지원해 달라고 해야 하지?'

막막한 마음에 나 자신에게 물었다.

그러자 순식간에 그 질문에 대한 답변이 말을 하는 것처럼 명료하고 뚜렷하게 떠올랐다. "지금은 질문은 하지 말고 명령에만 따르라. 이번 여행은 너의 '또 다른 자아'가 이끌 것이다."

필라델피아에 가려고 준비하는 내가 터무니없어 보였던 사정이 또 하나 있었다. 수중에 돈이 없었던 것이다!

그렇게 생각하자마자 나의 '또 다른 자아'는 새로운 명령을 내렸다. "처남에게 50달러를 달라고 하라, 그러면 빌려 줄 것이다."

명령은 확고부동했다. 나는 이번에도 주저하지 않고 따랐다. 처남에게 돈을 빌려 달라고 하자 처남은 이렇게 말했다. "50달러를 빌려 줄 수는 있어요. 그런데 장기간 떠나 있을 거면 100달러를 가져가는 편이 낫지 않을까요?"

나는 처남에게 고마워하며 50달러면 충분하다고 말했다. 돌아 나오면서 내가 필라델피아에 가는 이유를 처남이 묻지 않았다는 사실에 나는 크게 안도했다. 만일 처남이 전날 밤 내 마음속에서 일어났던 일들을 모두 들었다면, 내가 필라델피아에 가서 헛수고를 하는 것보다 당장 정신병원으로 가야 한다고 생각했을 것이다.

나의 '또 다른 자아'가 나를 지배하다

나는 나를 바보라고 말하는 나의 이성과 의심하지 말고 자신의 지시를 따르라고 명령하는 나의 '또 다른 자아'와 함께 길을 떠났다.

밤새 차를 몰아 다음날 아침 필라델피아에 도착했다. 처음에는 하루에 1달러쯤 하는 방을 구하고자 적당한 가격의 하숙집을 찾아보려고 했다.

여기서 또다시 나의 '또 다른 자아'가 주도권을 잡더니 시내에 있는 최고급 호텔에서 묵으라고 명령했다. 주머니에는 40달러가 조금 넘게 있었다. 따라서 호텔 프런트로 가서 방을 달라고 하는 것은 파산이나 다름없었다. 그러나 이미 나는 방을 물어보고 있었다. 그러자 나의 '또 다른 자아'는 스위트룸을 요청하라는 명령을 내렸고, 나는 '또 다른 자아'가 시키는 대로 했다. 스위트룸을 빌리면 남은 돈은 이틀 만에 바닥날 것이 뻔했지만 그땐 전혀 신경 쓰이지 않았다.

벨보이가 내 가방을 들면서 주차확인증을 건넸고, 마치 영국 황태자를 대하듯이 나에게 목례를 하고 엘리베이터로 안내했다. 사람들이 나에게 그런 식의 경의를 표한 것은 1년여 만에 처음이었다. 나와 함께 지냈던 친척들은 나에게 경의를 표하기는커녕 오히려 나를 부담스런 짐으로 생각했을 것이다. 아니, 나는 분명 짐이었다. 지난 1년간 내가 겪었던 심리 상태와 똑같은 사람이라면 접촉하는 모든 이들에게 짐이 되는 것 말고는 어떤 존재도 될 수 없기 때문이다.

나의 '또 다른 자아'는 내가 그때까지 키워 놓은 나의 열등감을 모조리 없애 버리겠다는 확고한 의지를 드러내기 시작했다.

나는 벨보이에게 1달러를 던져 주었다. 벨보이를 방에서 내보낸 후 이번 주말까지 호텔 숙박료가 얼마나 나올지 계산해 보려 했다. 그런데 나의 '또 다른 자아'가 마음속에서 한계에 대한 생각을 모두 떨쳐 버리고 당분간 원하는 것을 전부 살 수 있는 돈이 주머니에 있는 것처럼 행동하라고 명령했다.

내가 겪은 이 경험은 새롭고 낯설었다. 나는 그전까지 내가 생각하는 나의 모습 이외에 다른 사람으로 행세했던 적이 없었다.

거의 30분에 걸쳐서, 이 '또 다른 자아'는 필라델피아에 머무는 다음 일정 동안 자신의 명령에 철저히 따를 것을 지시했다. 명령은 생각을 매개로 전달되었다. 강제적으로 내 마음속에 어떤 생각을 떠오르게 했고, 그렇게 떠오른 생각들은 일상적으로 내가 생각하는 것들과는 확실히 구별되는 내용들이었다.

> 힐은 호텔에 들어가서 그가 되고 싶어 했던 부자처럼 행동했다. 부자가 되려면 부자처럼 생각해야 한다는 의견에 전적으로 동의한다. 그러나 올바른 환경 속에서 부자가 되는 것 역시 중요하다. 한번은 돈 그린이 내게 이런 말을 했다. "이스트만 코닥 Eastman Kodak 경영진들이 쇼핑을 한다는 소블 Sobel 에서 처음으로 멋진 정장을 구입했을 때예요. 계산대 뒤에서 뭔가를 적던 가게 주인이 '성공을 원한다면 먼저 지위에 어울리는 복장을 해야 하는 법입니다'라고 말하더군요."

그러나 이 책을 읽는 당신은 가진 것도 없이 돈을 썼던 힐을 꼭 그대로 따라할 필요는 없다.

힐의 두 번째 전환점

명령은 이런 식으로 시작되었다.

"이제 너의 '또 다른 자아'가 너를 완전히 지배하게 되었다. 너는 네 육체를 장악하는 두 가지 존재를 알 자격이 있다. 사실, 서로 닮은 이 두 가지 존재는 지상에 살고 있는 우리 개개인의 육체를 점령하고 있다.

두 가지 존재 중 한 가지는 두려워하는 마음에 흥미를 느끼고 반응을 보인다. 다른 한 가지는 신념으로 가득한 마음에 흥미를 느끼고 반응을 보인다. 지난 1년 여의 시간 동안 네가 노예처럼 내몰린 것은 바로 첫 번째 존재, 두려움 때문이었다.

다행히 지난 밤 신념의 존재가 너의 육체를 장악했고, 그 덕분에 지금 너는 의욕이 충만해졌다. 편의상 이 신념의 존재를 너의 '또 다른 자아'라고 불러도 좋다. 신념의 존재, 즉 '또 다른 자아'는 한계도 모르고, 두려움도 없으며, '불가능'이라는 말은 인정하지도 않는다.

두려움의 존재가 다시 권력을 잡지 못하도록 막기 위해 이 좋은 호텔에, 호화스러운 환경을 선택하라고 명령했던 것이다. 두려움을 유발하는 '오래된 자아'는 죽지 않고 그저 물러나 있을 뿐이다. 그리고 네가 가는 곳마다 따라다니며 네 안으로 들어가 다시 너를 지배할 수 있는 절호의 기회를 기다린다. '오래된 자아'는 오직 너의 생각을 통해서만 너를 지배할 수 있다. 이를 명심하라. 어떤 상황을 막론하고 너를 주저하게 만드는 모든 생각에 대하여 마음의 문을 철저히 닫아 두어라. 그러면 너는 안전할 것이다.

이제부터 사업 얘기를 시작해 보자. 우선, 지금 너의 육체를 지배하고 있는 신념의 존재가 기적을 만들거나 자연의 법칙을 거스르는 일은 절대 하지 않는다는 사실을 알아야 한다. 신념의 존재는 너의 육체를 지배하는 동안 너의 요청이 있을 때마다 마음속에 떠오른 생각을 통해, 가장 논리적이고 가장 적합한 자연의 이치에 따라 계획을 추진할 수 있도록 너를 안내할 것이다.

무엇보다도, 너의 '또 다른 자아'가 네가 할 일을 대신하는 것이 아니라는 사실을 단단히 명심해라. '또 다른 자아'는 네가 원하는 바를 성취할 수 있도록 현명하게 이끌어 줄 뿐이다.

당신은 신념을 따를 것인가?
아니면, 두려움이 당신을 점령하도록 잠자코 있을 것인가?

이러한 '또 다른 자아'는 계획을 현실로 만들려고 애쓰는 너를 도와줄 것이다. 또한 언제나 가장 간절하면서도 확고한 열망부터 시작해야 한다는 사실을 기억해라. 지금 이 시점에서 너의 가장 간절한 열망은(너를 이곳에 데려다 놓은 이유이기도 한) 성공과 실패의 원인을 분석한 연구 결과를 책으로 출간하고 널리 알리는 것이다. 너는 어림잡아 25,000달러가 필요할 것으로 계산했다. 네가 아는 사람들 중에 이 금액을 지원해 줄 만한 사람들의 이름을 지금 즉시 모두 떠올려 보아라.

적합한 사람의 이름이 어렴풋이 떠오르는 순간 너는 그를 금세

기억해 낼 것이다. 그런 다음 그 사람에게 연락을 해라. 그러면 네가 원하는 재정적 지원을 받게 될 것이다. 그러나 그들에게 네가 원하는 사항을 말할 때는 사업상 사용하는 전문용어를 쓰도록 해라. 네가 경험한 '또 다른 자아'에 대해서는 어떤 식으로도 절대 언급하지 마라. 만일 이 명령을 어길 경우, 당분간 패배를 맛보게 될 것이다.

네가 의지하는 한, 너의 '또 다른 자아'는 변함없이 너를 돌봐주고 이끌어 줄 것이다. 네 마음에 있는 의심과 두려움, 근심, 그리고 한계의식을 완전히 떨쳐 버려라. 바로 그것이 지금 네가 해야 할 일이다. 이제 너는 너의 '또 다른 자아'를 발견하기 전과 마찬가지로, 너의 자유의지대로 행동하기 시작할 것이다. 신체적으로 평소와 달라진 바가 없기 때문에 어느 누구도 네 안에서 일어난 변화를 눈치채지 못할 것이다."

나는 눈을 깜빡이며 방을 둘러보았다. 그리고 꿈을 꾼 게 아니라는 사실을 확인하고 자리에서 일어나 거울 앞으로 걸어가서 나를 자세히 살펴보았다. 의심으로 가득했던 나의 얼굴이 용기와 신념이 넘치는 표정으로 바뀌어 있었다.

내 마음속에는 더 이상 의심이 없었고, 나의 육체는 이틀 전날 밤 웨스트버지니아에서 학교 건물을 돌고 있었을 때와는 확연히 다른 어떤 힘이 지배하고 있었다.

힐은 자신의 삶에 일어났던 중대한 전환점 중 한 가지를 이야기하면서 이 장을 끝냈다. 당신은 위에서 힐이 설명한 것과 같은 삶의 변화를 겪어 본 경험이 있는가?

chapter 2

내 앞에 새로운 세계가 나타나다

모든 두려움을 떨쳐 내고, 확실히 나는 새로 태어났다. 전에는 한 번도 경험하지 못한 용기가 생겼다.

결론부터 이야기하자면 나는 어디서 어떻게 자금을 구해야 하는지 알지 못했음에도 필요한 자금을 모두 확보할 수 있었다. 돈이 마련될 거라고 굳게 믿었더니 이미 내 손 안에 들어온 돈이 보였다.

그렇게 확고한 신념을 느껴 본 것은 처음이었다. 말로는 설명할 수 없는 기분이었다.

나는 곧장 내가 받은 명령들을 행동으로 옮겼다. 나는 25,000달러를 지원해 줄 사람을 찾기 위해 그동안 나와 친분이 있었던 사람들의 이름을 하나씩 떠올리기 시작했다. 헨리 포드라는 이름이 맨처음 떠오르더니 총 300명이 넘는 사람들이 떠올랐다. 나의 '또 다른 자아'는 똑똑히 이렇게 말했다. "계속 찾아라."

새벽이 오기 전이 가장 어두운 법이다

그러나 나는 한계에 다다랐다. 명단은 바닥났다. 그리고 명단이 바닥나자 인내심도 바닥났다. 잠자는 몇 시간을 제외하고 이틀 밤낮 동안 거의 대부분의 시간을 사람들의 이름을 떠올리는 일에만 전념했다.

나는 의자에 등을 기댄 채 눈을 감았고 깜빡 잠이 들었다. 방에서 무언가가 펑하고 터지는 것 같아서 눈을 떴다. 잠에서 깨어나 정신을 차리는데 앨버트 L. 펠턴이라는 이름이 머릿속에 떠올랐다. 그의 이름이 떠오르자 어떤 계획이 떠올랐고, 나는 그 계획이 펠턴을 설득하여 내 책을 성공적으로 출간할 수 있는 계획이라는 사실을 즉각적으로 알았다. 펠턴이란 사람은 이전에 내가 발행했던 〈골든 룰 매거진〉의 광고주였다는 사실 정도만 기억났다.

힐은 잠재의식을 통해 자금을 지원해 줄 인물을 떠올렸지만, 그 사람에 대해 기억하는 거라곤 힐이 발행한 잡지사의 광고주라는 것뿐이었다. 당신이 만나는 모든 사람들이 당신에게 인상을 남기듯이 당신 또한 만나는 모든 사람들에게 당신의 인상을 남긴다는 것을 명심하라. 지금은 약간의 친분만 있는 사람들이 언제 동업자가 될지 알 수 없다. 당신의 인맥에는 위대한 힘이 존재한다.

나는 즉시 호텔 측에 타자기를 갖다 달라고 요청했고, 코네티컷 주 메리든에 사는 펠턴 앞으로 편지를 한 통 보냈다. 편지에는 그 계획이 마치 다른 사람에게서 나에게로 넘어온 것처럼 설명했다. 펠턴은 곧바로 전보로 답장을 보내왔는데, 다음 날 나를 만나러 필라델피아로 오겠다는 내용이었다.

펠턴이 도착했을 때 나는 성공철학의 원고를 보여 주면서 나의 생각을 간단히 설명했다. 그는 내 설명을 들으면서 몇 분 동안 원고를 넘겨보았다. 그러더니 갑자기 읽던 것을 멈추고 잠시 벽 쪽으로 시선을 고정한 후 이렇게 말했다. "이 책을 출간하겠소."

계약서가 작성되었다. 나는 선인세로 꽤 많은 금액을 받았고, 원고를 펠턴에게 넘겼다. 펠턴은 원고를 들고 메리든으로 돌아갔다.

그때 나는 펠턴에게 원고를 다 읽기도 전에 내 책을 출간하겠다고 결심한 이유를 묻지 않았다. 그러나 그가 내게 필요한 자금을 지원했고, 책을 인쇄했으며, 전 세계 거의 모든 영어권 국가의 도서 구매 클라이언트들에게 수천 세트를 판매하여 나를 도왔다는 사실은 잘 알고 있다.

성공을 부르는 '또 다른 자아'

펠턴이 나를 찾아 필라델피아로 왔던 그날로부터 석 달 후, 내 앞에 있는 탁자 위에는 나의 책 전집이 놓였고, 책 판매로 벌어들이는 수입은 나의 모든 욕구를 채워 줄 만큼 상승하기 시작했다. 오늘날 전 세계에 있는 내 제자들의 손에 들려 있는 책이 바로 이 책들이다.

책 판매로 처음 받았던 인세는 850달러였다. 인세 수표가 들어 있는 봉투를 여는 순간 나의 '또 다른 자아'가 이렇게 말했다. "너의 한계는 네가 스스로 만들어 낸 것이다!"

> "너의 **한계는** 네가 **스스로 만들어 낸** 것이다!"

이 한마디가 당신에게 어떤 울림을 주는가? 이 문장을 읽으면서 나는, 최악의 적이 나 자신이었다는 사실을 떠올렸다. 다른 누구도 아닌 나 스스로가 쓸데없이 자신감을 부족하게 만들어 망설이게 한 적이 한두 번이 아니었다. 힐은 이 문장을 통해 우리 모두가 각자의 '또 다른 자아'를 발견하여 잠재력을 최대한 발휘할 수 있기를 촉구했다.

이 '또 다른 자아'가 무엇인지 아직 제대로 이해하고 있다고 확신하진 않지만, '또 다른 자아'를 발견하고 그것에 의지하는 사람들은 영원히 실패하지 않는다는 사실은 안다.

펠턴을 만난 다음 날, 나의 '또 다른 자아'는 눈앞에 당면한 경제적 문제를 해결할 아이디어를 제시했다. 섬광처럼 불쑥 떠오른 그 아이디어는 머지않아 자동차 판매 방식에 급격한 변화가 나타날 것이며, 따라서 이 분야에 종사하는 영업사원들은 그 당시 대다수 영업사원들이 그랬던 것처럼 그저 중고차 판매상 역할을 하기보다는 자동차를 판매하는 방법을 배워야 한다는 내용이었다. 이와 더불어, 이제 막 대학을 졸업하고 자동차 판매의 상투적인 '기술'에 대해 아무것도 모르는 젊은이들이 이 새로운 유형의 영업사원 육성에 최고의 인적자원이 될 것이라는 생각도 떠올랐다.

너무나 확실하고 인상적인 생각이었기 때문에 나는 즉시 제너럴 모터스General Motors 판매부장에게 전화를 걸어 나의 계획을 간단하게 설명했다. 내 얘기를 충분히 이해한 판매부장은 뷰익 자동차 회사Buick Automobile Company의 웨스트 필라델피아 지점장이었던 얼 파월에게 문의해 보라고 말했다. 나는 파월을 만나러 가서 내 계획을 설명했고, 그는 당장 열다섯 명의 젊은 청년들을 선발한 후 그들을 훈련해 달라며 나를 붙잡았다.

교육담당자로서 벌어들인 수입은 내가 처음에 고심했던 값비싼

스위트룸 비용을 포함하여 앞으로 석 달 동안 생활비로 충당하고도 남을 만큼 많은 액수였다.

나의 '또 다른 자아'는 나를 실망시키지 않았다. 돈이 들어올 거라고 확신만 하면, 필요한 돈은 적시에 내 손으로 들어왔다. 그 무렵 나는 웨스트버지니아를 떠나기 전날 나의 이성이 경고했던 것과는 달리, 필라델피아 행이 결코 어리석은 행동이 아니었음을 확신했다. 최근 들어 전 세계가 경제침체를 겪고 있고 사람들이 기본적인 생활필수품조차 구할 수 없는 상황에도 불구하고, 그때부터 지금까지 나는 내가 필요로 하는 모든 것들을 얻었다. 가끔은 내가 원하는 것들이 조금 늦게 도착하기도 했다. 하지만 갈림길에 설 때마다 '또 다른 자아'가 항상 마중을 나왔고 내가 가야 할 길을 가르쳐 주었다.

'또 다른 자아'는 선례를 따르지도 않고, 한계를 인정하지도 않으며, 언제나 바라는 목적지에 도달할 수 있는 길을 찾는다! 그 길에서 때로는 일시적인 좌절을 겪을지도 모르지만 영원한 실패를 경험하지는 않는다. 내가 지금 써내려가고 있는 이 이야기들이 사실이라고 확신하는 것처럼 '또 다른 자아'에 대해서 이렇게 표현하는 것이 타당하다고 나는 확신한다.

"또 다른 자아는
일시적인 좌절을 겪을지도 모르지만
영원한 실패를 경험하지는 않는다."

우리는 잠깐 동안의 좌절을 딛고 깨달음을 얻어 앞으로 나아가기보다 그것을 영원한 실패로 치부해 버리고 주저 앉은 적이 얼마나 많았던가. 힐이 설명한 대로 힐 자신도 사는 동안 여러 번의 좌절을 겪었다. 하지만 그럴 때마다 힐은 좌절 속에서도 더 큰 이익을 가져다 줄 씨앗을 발견했고, 그 덕분에 위대한 성공에 이를 수 있었다.

한편, 사업 실패와 불행한 경험으로 상처받은 사람들이 그들 안에 존재하는, 내가 '또 다른 자아'라고 부르는 이 특별한 존재를 발견할 수 있기를 바란다. 그리고 '또 다른 자아'의 발견을 통해 내가 그랬던 것처럼, 역경과 장애에 굴복하기보다 이를 극복해 내는 원동력을 가진 사람들과 더 긴밀한 관계를 만들 수 있기를 바란다. '또 다른 자아'에는 엄청난 힘이 존재한다! 진심을 다해 찾는다면 당신도 발견할 것이다.

대공황이 일어났던 시기에 출간되었던 힐의 저서는 실제로 수많은 사람들에게 도움이 되었다. 이들은 힐의 저서를 발판으로, 성공에 이르는 길을 찾을 수 있다는 신념을 갖게 되었고, 삶에 대한 용기와 희망을 되찾았다. 나는 힐이 살았던 시대와 오늘날 우리가 살아가는 시대에 많은 유사점이 있다고 생각한다.

지금은 우리의 의지와 내면의 힘을 찾아야 하는 대단히 중요한 시기이다. 경제적 불확실성이 지속되면서, 사람들이 자신과 가족을 돌볼 수 있는 새로운 길을 찾고자 노력하고 있다(아니 강요받고 있다). 머지 않아 많은 이들은 크게 성공할 것이다. 지금부터 몇 년 후 우리는 이들의 위대한 성공 이야기를 읽게 될지도 모른다. 당신은 그 이야기의 주인공이 되겠는가, 아니면 여전히 주변에서 지켜보고만 있을 것인가?

'실패'란 변형된 축복이다

'또 다른 자아'를 받아들이면서 내가 깨달은 것이 하나 더 있다. 겉으로 보기에 아무리 어려워 보여도 모든 적법한 문제에는 반드시 해결 방법이 있다.

"겉으로 보기에 아무리 어려워 보여도
모든 적법한 문제에는 반드시 해결 방법이 있다."

거세게 몰아치는 폭풍우 속에 있을 때에는 이러한 개념을 인정하기 힘들지만 모든 것이 지나가고 나면 진실이었음이 밝혀진다.

그뿐만 아니라 일시적인 좌절과 모든 실패, 온갖 형태의 불행이 닥쳐올 때는 그에 상응하는 이로움의 씨앗도 함께 따라온다는 사실도 깨달았다.

내가 알기로는 이러한 원칙에는 예외가 없다. 내가 말한 씨앗이 항상 눈에 보이는 것은 아니지만 당신은 그러한 씨앗이 어떤 형태로든 존재한다고 확신해도 좋다.

그 힘은 나를 빈곤과 가난으로 몰아넣었고, 두려움에 휩싸이게도 했지만 곤경에 처한 사람들에게 도움을 베풀 수 있는 영광을 갖게 해주기도 했다. 이 이상한 힘에 대해서 내가 완벽하게 이해했다고 생각하지는 않는다. 그러나 그러한 힘이 내 삶으로 들어왔고 다른 사람들도 그 힘과 소통할 수 있도록 지금 내가 할 수 있는 모든 일을 하고 있다는 사실은 알고 있다.

지난 25년간 성공과 실패의 원인을 연구하면서 나 자신은 물론 다른 사람들에게도 도움이 될 만한 진리의 원칙들을 많이 발견했다. 그러나 내가 발견한 원칙들 가운데 과거의 위대한 지도자들에게서 발견한 것보다 더 큰 감명을 심어 준 원칙은 없었다. 과거의 모든 위대한 지도자들에 대한 기록을 살펴 본 결과, 이들 역시 '성공'에 이르기까지 역경에 시달리고 일시적인 좌절을 경험했다는 것을 알 수 있었다.

"과거의 모든 위대한 지도자들
역시 '성공'에 이르기까지 역경에 시달리고
일시적인 좌절을 경험했다."

순간의 좌절과 실패는 진정한 성공을 찾아가는 여정의 일부분이다.

이 땅에 재림하신 그리스도부터 에디슨에 이르기까지 가장 위대한 성공을 이루어 낸 사람들은 여러 번의 힘든 좌절을 경험한 사람들이었다. 이들을 보면 무한한 지성 Infinite Intelligence(세상을 다스리는 우주의 절대자 또는 신으로, 인간은 자기 확신에 대한 신념을 가지고 무한한 지성의 외침에 귀를 기울일 때 성공에 이를 수 있다 - 옮긴이)에 의해 계획되고 만들어진 법칙에 따라 수많은 장벽을 뛰어넘은 사람들이 결국 리더십을 발휘하거나 타인에게 도움을 베푸는 기회를 얻게 된다는 결론에 이르게 된다.

나는 1923년의 그 숙명적인 크리스마스를, 웨스트버지니아의 학교 건물을 맴돌던 그날 저녁을, 두려움과 벌였던 소름끼치는 사투를 또다시 경험하고 싶지는 않다. 그러나 세상의 온갖 부를 다 준다고 해도 이러한 경험에서 내가 얻은 지식을 떨쳐 내게 하지는 못할 것이다.

하나를 잃으면 다른 하나를 얻고, 하나를 얻으면 다른 하나를 잃는다

거듭 말하지만, 나는 이 '또 다른 자아'가 무엇인지 정확히 모른다. 하지만 내 머리의 이성적인 기능들로도 문제를 해결하지 못하는 역경의 시기에 절대적인 신념으로 의지할 수 있는 존재라는 사실은 충분히 알고 있다.

1929년에 시작된 대공황은 수많은 사람들을 비참하게 만들었다. 하지만 그러한 경험 역시 많은 축복을 가져다주었다는 사실을 잊어서는 안 된다. 무엇보다 중요한 것은 일하도록 강요받는 것보다 훨씬 비참한 무언가가 있다는 사실을 깨달았다는 것이다. 그것은 바로 더 이상 일을 할 수 없게 되었다는 깨달음이다. 경제침체로 상처받은 사람들에게 일어난 변화를 분석해 보면 대공황은 재앙이라기보다 축복에 가까웠다. 사람들의 습관을 바꿔 놓고 그들 자신의 문제를 해결하기 위해 위대한 '내면'에 의지하게 만드는 모든 경험들 또한 마찬가지다.

"경제침체로 상처받은 사람들에게 일어난 변화를 분석해 보면
대공황은 재앙이라기보다 축복에 가까웠다."

어떻게 보면 이 부분에서 힐의 말은 너무나 모질게 느껴진다. 그는 경제적 재앙을 불러일으킨 직접적인 원인과 결과, 그 이상을 넘어 진정한 위기에서 비롯된 심오한 정신적 성장을 역설하고 싶었던 것 같다. 오늘날 우리가 맞은 경제위기가 재앙이 아니라 축복에 가까울까? 실직과 같은 경제적 난관을 변형된 축복이라 할 수 있을까? 그 결과가 기업가 정신에 대한 각성과 새로운 사업의 시작이라면 어쩌면 그렇다고 말할 수 있을 것이다.

웨스트버지니아에서 은둔 생활로 보냈던 시간은 내 인생에서 다른 어떤 것과도 비교할 수 없는 가장 가혹한 형벌이었지만, 그때의 경험은 내가 받은 고통을 상쇄하고도 남을 만큼 소중한 지식의 형태로 축복을 가져다주었다. 두 가지 결과, 즉 내가 겪은 고통과 그것으로부터 얻은 깨달음은 필연적인 것이었다. 미국의 사상가 랄프 왈도 에머슨 Ralph Waldo Emerson이 너무나도 명쾌하게 정의한 '보상의 법칙'에 따라 이 당연하면서도 피할 수 없는 결과가 초래된 것이다.

에머슨은 보상의 법칙에 대해 다음과 같이 명쾌하게 설명했다.

"하나를 잃으면 다른 하나를 얻고, 하나를 얻으면 다른 하나를 잃는다." 또한 에머슨은 1826년 1월 8일에 발표한 저널에서 이렇게 서술했다. "우리가 경험하는 모든 것들은 보상체계로 이루어져 있다. 어느 한 곳이 비면 그 자리는 다른 것으로 메워진다. 모든 고통과 희생은 보상을 받고, 모든 은혜는 되돌아온다."

앞으로 내가 또다시 일시적인 좌절을 겪고 실망의 길로 빠져드는 건 아닐지, 미래에 어떤 일들이 일어날지 나 역시 알 길이 없다. 하지만 미래에 무엇을 경험하더라도 과거에 겪었던 고통만큼 나에게 깊은 상처를 남기지는 못할 것이다. 지금의 나는 적어도 나의 '또 다른 자아'와 소통하고 있기 때문이다.

이 '또 다른 자아'가 나를 지배하면서부터 오래된 두려움이 나를 장악했다면 결코 깨닫지 못했을 거라고 확신하는 어떤 유용한 지식을 얻었다. 내가 깨달은 바는 이렇다. 도저히 감내할 수 없을 것처럼 보이는 역경에 직면한 사람들이 그것을 가장 효과적으로 극복하는 방법은 당분간 자신의 역경을 잊고 더 큰 문제로 힘들어하는 다른 사람들을 돕는 것이다.

목적에 집중하라

나는 어떤 형태로든 충분한 보상이 없다면 우리가 괴로움에 처한 사람들에게 손길을 뻗으려는 노력을 하지 않을 것이라고 생각한다. 그런데 이 보상은, 언제나 도움을 받은 사람들이 그에 대한 대가로만 주는 것이 아니라 여러 가지 다른 모습으로 돌아오기도 한다.

'또 다른 자아'와 계속해서 좋은 관계를 유지하는 한, 나는 내가 원하는 모든 물질적인 것들을 획득할 수 있을 것이다. 그 뿐만 아니라 마음의 평화와 행복을 발견할 수도 있을 것이다. 이보다 더 많은 것을 성취한 사람이 또 있을까?

이 책을 집필하게 된 유일한 동기는, 내가 나의 '또 다른 자아'를 발견하는 순간 얻은 이 엄청난 행운을 세상 사람들도 똑같이 누릴 수 있도록 알려주고 싶은 간절한 열망 때문이었다. 다행히도 이 행운은 물질적 또는 금전적인 측면으로는 평가될 수 없다. 그런 식으로 나타내는 어떤 것들보다 위대하기 때문이다.

좀 더 이해할 수 있게 말하자면, 물질적이거나 금전적인 행운은 은행 잔고로 평가될 수 있다. 하지만 은행 잔고는 은행이 파산하면 아무런 의미가 없다. 내가 지금 말하는 행운은 마음의 평화와 만족감이라는 측면에서뿐만 아니라 기도에서 드러나는 간절함으로도 평가될 수 있다.

나의 '또 다른 자아'는 기도를 할 때 목적에 집중해야지 그 목적을 달성할 수 있는 계획이나 방법은 염두에 두지 말라고 일러주었다. 그렇다고 아무런 계획도 없이 중대한 목적을 이룰 수 있다는 의미는 아니다. 사람의 생각과 열망을 현실로 바꾸는 힘의 원천은 무한한 지성이며, 이 무한한 지성은 기도를 하는 당사자보다 목적을 달성할 수 있는 계획이나 방법에 대해 더 많이 알고 있다.

이 문제를 다르게 표현해 보자. 기도를 할 때 우주적 정신Universal Mind 을 신뢰하고 당신이 기도하는 바를 이룰 수 있는 최선의 계획과 방법을 맡긴다면, 현명하지 못한 것일까? 내 경험으로 봤을 때, 설령 응답을 받지 못하더라도 기도의 결과로 얻는 모든 것들이 목표를 이룰 수 있는 계획이었고, 기도의 목적을 달성할 수 있는 가장 적합한 계획은 자연의 법칙을 통한 것이었다. 계획은 자아의 의식적인 노력을 통해 반드시 우주적 정신에 맡겨야 한다.

믿음 없이 조금이라도 두려움이 깃든 마음을 갖고 있다면 아무리 간절히 기도하더라도 소기의 목적을 달성할 수 없을 것이다.

당신은 기도하는 삶을 살고 있는가? 당신은 신을 믿고 당신이 기도하는 바를 성취할 수 있는 최선의 계획과 방법을 맡기는가? 계획을 성공하기 위해서는 행동으로 옮겨야 한다는 사실을 인정하는가?

내가 가진 것들에 감사하라

'또 다른 자아'를 더 잘 알게 되면서 나의 기도 방식은 예전과 달라졌다. 예전에는 역경에 처할 때만 기도를 했다. 그런데 지금은 힘든 시기가 올 것 같으면 역경이 덮치기 전에 먼저 기도한다. 이제는 더 이상 이 세상에 존재하는 물질과 더 많은 축복을 내려달라고 기도하지 않는다. 대신에 이미 내가 가진 것들의 가치에 감사하며 기도한다.

내가 가진 것들에 감사드리는 이러한 기도 방식을 처음 시도하면서, 나는 그렇게도 많은 행운을 가지고 있었으면서도 그것에 대해 감사하지 않았음을 깨닫고 깜짝 놀랐다.

이를테면, 나에게는 지금껏 한 번도 질병에 걸린 적 없는 건강한 신체가 있다. 나에게는 이성적인 판단을 내릴 수 있는 건강한 정신이 있다. 나에게는 수많은 사람들에게 유익한 도움을 베풀 수 있는 창조적 상상력이 있다. 나는 그토록 간절히 바랐던 육체와 정신의 온전한 자유를 받았다. 또한 나보다 불행한 사람들을 돕고 싶어 하는 불멸의 열망이 있다.

사업이 불황이든 호황이든, 나는 인류의 최대 목표인 행복이 이미 내 것이 되어 있다는 사실을 깨달았다.

마지막으로, 위에서 언급한 것들과 마찬가지로 중요한 것이 있다. 나는 무한한 지성에 다가갈 수 있는 특권이 나에게 있음을 깨달았다. 이로 인해 이미 내가 가진 것들에 대해 감사함을 표현할 수 있었을 뿐만 아니라 더 많은 것을 묻고 안내를 구할 수 있었다.

이 책을 읽는 당신도 자신의 무형자산을 꼼꼼하게 목록으로 작성해 보는 것이 도움이 될 것이다. 그 목록을 살펴보면 이미 자신이 보유한 것들, 돈으로 매길 수 없는 귀중한 가치를 발견할 수 있을 것이다.

우리 모두가 삶에 드리운 축복의 목록을 만들 수 있기를 바란다. 그리고 우리가 지닌 모든 재능에 감사할 수 있기를 바란다. 나는 인생에서 최악의 순간에 직면했을 때 가족과 친구들이 나에게 전한 축복을 떠올려야 한다는 것을 깨달았다. 바로 이것이 일시적인 좌절에서 벗어나 미래를 바라볼 수 있는 가장 빠른 길이다.

바람은 믿음으로, 믿음은 현실로

전 세계가 거대한 변화를 겪고 있으며, 그 결과 수많은 사람들이 걱정과 의심, 망설임, 두려움으로 공황상태에 빠져 있다. 내가 보기에는 바로 지금이 갈림길에 서서 주저하는 사람들이 그들의 '또 다른 자아'를 만날 수 있는 최적의 시기라고 생각한다.

'또 다른 자아'를 만나길 바라는 사람들에게는 자연이 우리에게 주는 교훈을 받아들이는 것이 이로울 것이다. 가만히 관찰해 보면 별은 매일 밤 늘 같은 자리에서 반짝인다. 태양은 변함없이 따뜻한 햇볕을 내보내고, 그리하여 어머니의 품과 같은 대지는 풍부한 식량과 의복을 생산해 낸다. 물은 늘 위에서 아래로 흐르며, 하늘을 날아다니는 새와 숲속의 동물들은 꼭 필요한 만큼만 먹잇감을 구한다. 고단한 하루가 끝나면 평화로운 밤이 오고, 바쁜 여름 뒤엔 조용한 겨울이 찾아온다. 1929년에 시작된 대공황 이전에도 그랬던 것처럼 계절은 언제나 이렇게 왔다가 지나간다. 따라서 실제로 평상시의 제 기능을 중단하는 것은 사람의 마음밖에 없다. 그 까닭은 우리 인간이 자신의 마음을 두려움으로 채워 넣기 때문이다. 신념으로 두려움을 밀어내고픈 사람들에게는 일상생활에서 일어나는 이러한 단순한 사실을 관찰하는 것만으로도 다시 시작하는 기분을 느낄 수 있다.

나는 예언자가 아니다. 그러나 사람은 믿음에 대한 본질부터 바꿔야 물질적, 재정적 상황을 바꿀 수 있는 힘을 얻는다고 예언할 수는 있다.

"사람은 **믿음에 대한 본질**부터 바꿔야
　물질적, 재정적 상황을 바꿀 수 있는 힘을 얻는다."

나폴레온 힐이 《결국 당신은 이길 것이다》 원고를 집필하기 시작한 것은 1937년 《놓치고 싶지 않은 나의 꿈 나의 인생》을 출간한 직후였다. 힐은 악마와의 인터뷰를 통해, '또 다른 자아'에게 권한을 부여하여 사람들의 삶 속에 존재하는 악마를 정복하고 위대한 성공을 실현하는 방법을, 그리고 어떻게 악마가 사람들을 '유혹'하는지, 사람들은 어떻게 '또 다른 자아'를 강력하게 만들 수 있는지 밝혀낸다. 힐은 이 책의 주제인 '두려움을 신념으로 전환하는 사고의 중요성'을 책 전반에 걸쳐서 반복적으로 언급한다.

'믿음'과 '바람'을 혼동하지 마라. 이 두 개의 단어는 다르다. 누구나 재정적, 물질적, 영적 우월에 대해 바랄 수는 있지만, 신념이라는 유일한 초능력을 통할 때 비로소 이러한 바람은 믿음으로, 그리고 믿음은 현실로 전환된다.

바로 이 대목에서 주목해보자. 목표가 무엇이든 건설적인 열망에 집중하고, 의식적으로 신념을 가졌던 사람들이 진정한 혜택을 맛본다. 마음은 가장 지배적이면서도 가장 확고한 열망을 따른다. 이 세상 누구도 이러한 사실에서 벗어날 수는 없다. "네가 바라는 것에 집중하라, 그러면 그것은 분명 네 것이 될 것이다."

모든 위대한 성공은 신념에서 시작된다

만일 에디슨이 전기 에너지를 동력원으로 이용하여 백열전등에 빛이 들어오는 원리를 알아내겠다는 바람을 포기했었다면, 오늘날 세상 사람들에게 제공되는 이러한 문명의 이기는 자연의 여러 가지 비밀 중 한 가지로 남았을 것이다. 에디슨은 만 번 이상의 좌절을 극복하고 나서야 자연으로부터 백열전등의 작동 원리를 깨달았다. 그가 성공할 수 있었던 이유는, 스스로 원리를 밝힐 수 있을 거라는 믿음이 있었고, 해답을 찾을 때까지 노력을 멈추지 않았기 때문이다.

에디슨은 물리학 영역에서 과거에는 '기적'이라고 불렸을지도 모를 자연의 비밀을 어느 누구보다도 많이 발견했다. 이는 에디슨이 자신의 '또 다른 자아'를 만났기 때문이다. 나는 에디슨에게서 이에 대한 이야기를 들었지만, 설령 듣지 못했을지라도 그의 업적을 살펴보면 성공의 비결을 알 수 있다.

자신의 '또 다른 자아'를 깨닫고 의지하는 사람들에게 불가능이란 없다. 진실이라고 믿는 것은 그것이 무엇이든 진실이 된다. 우리는 기도로 마음속의 생각을 표출한다. 어떤 때는 분명한 말로, 어떤 때는 침묵으로 기도한다. 나는 경험을 통해 묵언의 기도가 언어로 표현하는 기도만큼 효과적이라는 사실을 깨달았다. 그리고 기도의 효과가 나타날 수도 나타나지 않을 수도 있음을 깨달았다.

지금까지 설명한 '또 다른 자아'에 대한 나의 신념은 무한한 지성에 다가갈 수 있는 새로운 접근법을 상징한다. 자신이 생각하는 것에 신념을 더하는 간단한 과정만으로 우리는 무한한 지성에 다가갈 수 있다. 지금 내가 기도의 힘을 더 많이 믿어야 한다고 말하는 이유는 바로 이 때문이다.

신념에 찬 마음 상태는 육감이라는 수신기를 가동시키고, 이를 통해 사람은 힘의 근원과 소통하고 신체의 다섯 가지 감각으로는 도달할 수 없는, 훨씬 뛰어난 정보들을 전달받게 된다.

육감, 이 이상한 힘을 수호천사라고 가정하자. 육감이 발달하면 이 수호천사는 도움을 요청한 당신에게 응답하고 언제나 지혜의 전당 Temple of Wisdom 으로 들어가는 문을 열어준다. 내 경험으로 비추어 볼 때 육감은 거의 기적에 가까운 것이며, 아마도 그래서 내가 육감의 법칙이 작동되는 방식을 확실히 알지 못하는 것 같다.

그러나 나는 어떤 힘이나 조물주, 혹은 무한한 지성이 존재하며, 그것이 모든 사물에 두루 스며들고 사람이 인식할 수 있는 모든 종류의 에너지를 받아들인다는 사실만큼은 알고 있다. 그리고 무한한 지성이 도토리를 참나무로 키우고, 중력의 법칙에 따라 물을 위에서 아래로 흐르게 하며, 낮과 밤 그리고 겨울과 여름이 찾아오게 만들고, 모든 사물이 저마다 적합한 위치를 찾고 다른 사물과 관계를 맺도록 한다는 사실도 알고 있다. 무한한 지성은 인간의 뜨거운 열망을 구체적이고 실질적인 형태로 바꿀 수 있도록 도울 것이다. 내가 이러한 사실을 알게 된 것은 그러한 과정을 몸소 실험하고 체험해 보았기 때문이다.

수년 동안 나는, 내가 만들기도 하고 없애기도 한 나의 약점이 얼마나 많은지 알아보기 위해, 그리고 그해에 진전된 사항을 확인하기 위해, 1년에 한 번씩 나 자신을 정리하는 습관을 유지해 왔다.

신념에 관한 부분은 기도에 대한 힐의 핵심적인 교훈이 들어 있다. 힐의 관점에서 신념은 '육감' 또는 영적인 힘이며, 사람이 이 영적인 힘을 이용하여 삼라만상의 제1원인(힐의 표현에 따르면 신이라고 할 수 있는 대상)에 다가설 경우, 성공에 이를 수 있다. 힐이 주장하는 것은 가시적인 성과를 강조하는 실질적이고 '과학적인' 신념이다.

《황금이 있는 곳까지 1미터》를 함께 집필했던 공동저자와 나는 신념의 중요성을 알기 쉽게 보여주는 개인별 성공 공식 Personal Success Equation에 대하여 아래와 같이 논의했다.

((열정 + 재능) × 협력자 × 행동) + 신념 = **개인별 성공 공식**

성공을 위한 가장 중요한 요소는 당신의 열정과 재능을 결합한 다음, 적합한 협력자를 찾아 곧바로 행동으로 옮기는 것이다. 그러나 여기에 당신 자신과 목표에 대한 신념이 더해질 때 진정한 개인별 성공 공식이 완성된다.

chapter 3

악마와의 이상한 인터뷰가 시작되다

당신은 앞으로 펼쳐질 악마와의 인터뷰를 읽으면 악마가 나를 억압하기 위해 얼마나 애를 썼는지 알게 될 것이다. 지금까지 간단히 들려준 나의 인생사만 보더라도 어느 정도는 짐작할 수 있을 것이다. 또한 악마와의 인터뷰를 읽은 후에는 왜 인터뷰에 앞서 나의 개인사를 밝혀야만 했는지도 이해하게 될 것이다.

인터뷰를 읽기 전에, 나는 당신이 나를 혼란에 빠뜨린 악마의 마지막 시험에 대해서 정확하게 이해했으면 한다. 그리고 이 마지막 시험이 악마의 꼬리를 비틀어 자백을 끌어낼 수 있었던 고마운 기회를 가져다주었다는 사실도 기억해 주길 바란다.

악마는 1929년 대공황과 함께 다시 등장했다. 행운에도 윤회의 법칙이 적용되는지, 나는 또다시 캣스킬 산맥에 있던 사유지 240

만 제곱미터(약 70만 평)를 잃었고, 수입은 완전히 끊겼으며, 내 모든 자금을 예치해 두었던 해리먼국립은행Harriman National Bank도 완전히 파산해서 사라져 버렸다. 무슨 일이 일어나고 있는지 미처 알아차리기도 전에, 어느 누구도 어느 집단도 버텨낼 수 없을 정도로 전 세계를 재앙으로 몰아넣는 막강한 영적, 경제적 허리케인에 나 자신이 꼼짝없이 갇혀 버렸다는 사실을 깨달았다.

태풍이 멈추고, 갑자기 사람들에게 밀려든 두려움이 그치기를 기다리는 동안 나는 워싱턴으로 거취를 옮겼다. 워싱턴은 약 25년 전 내가 처음으로 카네기를 만나 연구를 시작했던 곳이다.

세상은 극도로 절망적인 실패를 겪고 있었고, 사람들의 마음은 빈곤의 두려움으로 가득 차 있어 내가 성공철학을 가르칠 만한 기회가 전혀 없었다. 그 당시에는 그저 가만히 앉아서 기다리는 것 외에 할 수 있는 일이 없는 것 같았다. 내가 가진 거라곤 시간뿐이었다. 이렇다 할 성과도 없이 3년을 보내고 나니, 나의 무기력한 영혼이 사람들에게 도움이 될 만한 일을 찾아 나서라고 강요하기 시작했다.

어느 날 저녁 나는 국회의사당 그림자를 비추는 포토맥 강가 기슭의 링컨 기념관 앞에 차를 세워두고 차 안에 앉아 있었다. 그때 갑자기 어떤 생각이 떠올랐고 연이어 또 다른 생각이 떠올랐다. '세상은 인류가 통제할 수 없는 전례 없는 침체기에 진입했다. 하지만 이

상황은 나의 성공철학을 시험하고 성년의 삶을 보다 체계적으로 정리할 수 있는 기회를 주었다. 게다가 나의 성공철학이 실질적인 내용인지 아니면 그저 이론일 뿐인지를 확인할 수 있는 절호의 기회도 주었다.'

그리고 나는 '모든 역경이 그에 상응하는 이익을 가져온다'라고 수백 번도 넘게 주장했던 내 생각을 검증해 볼 기회라는 사실도 깨달았다. 나는 나 자신에게 물었다. "그렇다면 세계적 불황이 나에게 가져다준 이익은 과연 무엇일까?"

성공철학을 시험해 볼 수 있는 기회를 찾던 나는 인생에서 가장 충격적인 사실을 발견했다. 내가 용기를 잃고, 나의 진취성이 약화되고, 열정이 사라졌던 이유는 그동안 전혀 알지 못했던 어떤 이상한 힘이 작용했기 때문이다. 가장 끔찍했던 건 성공철학의 저자가 바로 나라는 것이었다. 내가 만든 철학으로도 절망의 구덩이에서 빠져나오지 못한다는 사실이 너무나 부끄러웠다.

내가 혼란에 빠져 허우적대고 있는 동안 틀림없이 악마는 기쁨의 춤을 추었을 것이다. '세계에서 최초로 성공철학을 집대성한 저자'를 악마는 자신의 엄지손가락으로 누르고 무기력하게 만들어 버렸다. 그러나 분명 악마의 반대 세력 역시 움직이고 있었을 것이다.

나는 링컨 기념관 앞에 가만히 앉아서, 한때 최고의 성공으로 한껏 들어 올려졌다가 최악의 절망 속으로 내동댕이쳐진 지금까지의 상황을 찬찬히 되돌아보았다. 그러곤 지금 나를 얽매고 있는 이 무기력한 기분을 떨쳐낼 수 있다고 스스로 믿었다. 그러자 구체적인 계획을 세워 행동으로 옮길 수 있는 어떤 묘안이 떠올랐다.

곧이어 본격적으로 소개될 악마와의 인터뷰를 읽어 보면, 나의 의지와 용기를 앗아갔던 힘의 본질이 정확히 무엇이었는지 알게 될 것이다. 대공황을 겪는 동안 수많은 사람들을 무기력하게 만들었던 힘도 바로 이것이었다. 이것은 악마가 인간을 함정에 빠뜨리고 지배하는 데 필요한 최고의 무기이다.

카네기를 포함하여 자기 분야에서 성공한 500명 이상의 사람들을 연구한 결과, 각계각층에서 주목할 만한 업적을 이룬 사람들은 모두 마스터마인드 Master Mind (특정한 목표를 달성하기 위해 내 안의 여러 마음 상태들이 완벽한 조화를 이루고 협력을 하는 상태)를 활용했다는 사실을 발견했다. 그런데도 나는 성공철학을 수립하고 말겠다는 나의 목표를 수행하는 데 필요한 협력자들을 찾지 못했다.

나는 마스터마인드의 힘을 알고 있었으면서도 이 힘을 내 것으로 만들어 활용하려 하지 않았다. 나보다 우수한 식견을 가진 사람들의 협력을 구하기보다 한 마리 '외로운 늑대'처럼 혼자 힘들게 나아가기만 했던 것이다.

악마와의 인터뷰는 힐이 링컨 기념관 어딘가에 앉아 있을 때 일어

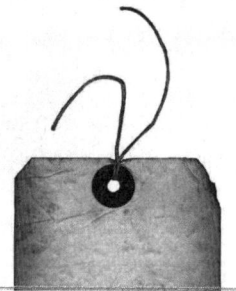

내가 혼란에 빠져 허우적대고 있을 동안
틀림없이 악마는 기쁨의 춤을 추었을 것이다.
'세계에서 최초로 성공철학을 집대성한 저자'를
악마는 자신의 엄지손가락으로 누르고 무기력하게 만들어 버렸다.
그러나 분명 악마의 반대 세력 역시 움직이고 있었을 것이다!

난 일이었다. 현실이었을까? 힐에게는 현실이었고, 힐은 악마와의 인터뷰를 통해서 자신이 살아온 방식을 정리하고 그가 발견한 것들을 우리와 자신의 제자들에게 알려주었다. 앞서 언급했던 힐의 말을 되풀이하자면, 힐은 '과거의 모든 위대한 지도자들에 대한 기록을 검토한 결과, 이들 역시 성공에 이르기까지 역경에 시달리고 일시적인 좌절을 경험했다'는 사실을 깨달았다. 또한 힐은 위대한 지도자들은 역경과 싸우는 내면의 갈등을 정복하고 마스터마인드의 힘을 이용해서 성공으로 나아갔다는 것을 떠올렸다.

아무리 노력해도 현재의 상황을 헤쳐나가기 힘들다고 생각하는가? 그렇다면 역경을 극복하고 성공에 다가설 수 있도록 당신을 도와주는 마스터마인드 그룹을 어떻게 만들 수 있을지 생각해 보라.

악마의 자백을 받기로 결심하다

어떤 사람들은 '악마와의 인터뷰'라는 이야기를 들으면 이런 질문을 하고 싶을 것이다. "정말로 악마와 인터뷰를 한 겁니까, 아니면 그저 상상 속의 악마를 인터뷰한 겁니까?" 그리고 또 어떤 사람들은 책을 마저 읽기도 전에 이 질문에 대한 대답을 먼저 듣고 싶어 할 것이다.

가능한 한 정직하게 대답하겠다. 내가 인터뷰한 악마는 악마가 주장했듯이 실제로 존재하는 대상일 수도 있고 나의 상상 속에서 만들어낸 존재일 수도 있다. 악마가 실제로 존재하느냐 상상 속의 인물이냐의 문제는 인터뷰를 통해 전달되는 정보의 성질과 비교해 볼 때 전혀 중요하지 않다.

중요한 것은 '악마와의 인터뷰가 열심히 살고자 애쓰는 사람들에게 도움이 되는 정보를 전달하고 있느냐?'는 것이다. 만일 유용한 정보를 전달한다면 사실의 형태로 전달되든 허구의 형태로 전달되든 상관없이, 신중하게 읽어 보고 진지하게 분석할 만한 가치가 있는 것이다. 나는 정보의 근원이나 이제 곧 당신이 읽게 될 믿기 어려운 악마의 본질에 대해서는 조금도 신경 쓰지 않는다. 내가 지금까지 살면서 깨달았던 것들과 악마의 자백이 완벽하게 일치하는가에 대해서만 관심 있을 뿐이다.

나는 악마와의 인터뷰가 삶을 힘들게 여기는 모든 사람들에게 실질적이고 유익한 정보를 전달한다고 생각한다. 그렇게 생각하는 이유는 지금까지 이야기해 온 이 책의 핵심 주제가 내가 바라는 모든 행복을 원하는 그대로 가져다주었기 때문이다.

이 인터뷰가 당신에게 얼마나 도움이 될지는 모르겠지만 이제 나는 당신에게 악마와의 인터뷰 내용을 전달하겠다. 만일 당신이 악마의 존재를 사실로 받아들이고, 악마가 전달하는 모든 메시지를 신뢰한다면, 아마도 대단히 놀라운 가치를 얻게 될 것이다.

나의 솔직한 의견을 알고 싶다면, 나는 악마가 주장한 대로 악마의 존재를 믿는다고 말하겠다. 그럼, 지금부터 악마가 처음으로 털어놓는 이상한 자백을 들어 보자.

악마의 생각을 파헤치고자 그 속으로 깊이 들어간 나는 결코 피할 수 없는 악마와의 힘겨운 인터뷰를 시작한다.

힐은 법정과 유사한 분위기 속에서 악마를 심문한다. 악마는 어떻게든 완벽하고 정확하게 답변을 해야 할 의무가 있다.

어떻게 이런 일이 가능했을까? 어쩌면 힐은 그의 부인과 함께 마스터마인드 그룹을 만들어, '현재 존재하는 모든 것, 과거에 존재했던 모든 것, 앞으로 존재할 모든 것들을 담고 있는 위대한 지식의 저장소인 무한한 지성', 즉 신의 힘을 행사하여 악마의 자백을 받아냈을 것이다. 자신의 마음을 읽고 지배하는 사상가가 됨으로써 모든 두려움을 극복했기에 힐은 악마에게 진실하고 정확한 답변을 요구할 수 있었던 것이다. 그리고 어떤 경우에도 움츠러들지 않고 악마를 다그쳐서 악마의 속임수와 술책을 밝혀냈다. 그 결과 우리는 악마의 속임수와 술책에 어떻게 대응하고, 삶 속에 숨어 있는 함정을 어떻게 피해야 하는지 알게 될 것이다.

지금부터 악마와의 인터뷰가 시작되다

힐 나는 당신의 생각을 읽을 수 있는 비밀 코드를 풀었습니다. 이제부터 몇 가지 간단한 질문을 하겠습니다. 정확하고 솔직하게 답변해 주시기 바랍니다.

그럼, 인터뷰할 준비가 되셨습니까, 악마 선생님?

악마 준비는 다 됐네만 나를 좀 더 깍듯하게 대했으면 하네. 이 인터뷰를 진행하는 동안 나를 '폐하'라고 불러주게.

힐 무슨 권리로 왕과 같은 대접을 요구하는 겁니까?

악마 나는 당신 세계에 살고 있는 사람들 중 98퍼센트를 지배한다네. 그렇다면 왕처럼 대접받을 자격이 있다고 생각하지 않나?

> 처음 이 인터뷰를 읽었을 때 악마를 '폐하'라고 칭하는 것에 대하여 극도의 거부 반응이 들었다. 어쩌면 힐은 그런 식의 반응을 의도했는지도 모르겠다. 인터뷰 전체를 읽어 봤지만 원문에서는 힐이 악마를 폐하라고 부를 때 비꼬거나 반어적인 어조를 사용했는지에 대해서는 밝히고 있지 않다.

힐 당신의 주장에 증거가 있습니까?

악마 그럼, 상당히 많지.

힐 어떤 증거가 있습니까?

악마 여러 가지가 있어. 답변을 원한다면 먼저 나를 '폐하'라고 부르게. 어떤 증거는 자네가 이해할 수도 있고 어떤 증거는 이해할 수 없을 걸세. 자네가 내 관점을 이해할 수 있도록, 나 자신을 설명하고 나의 거처와 나에 대한 사람들의 잘못된 생각을 바로잡아 주지.

힐 좋은 생각입니다, 폐하. 먼저 당신이 어디에 살고 있는지 말해 주십시오. 그리고 당신의 신체적 외형을 설명해 주십시오.

악마 내 신체적 외형? 이런! 나는 육체가 없어. 당신네들이 살고 있는 세상에서 장애를 가진 사람들처럼 육체가 없다는 사실이 나에게는 핸디캡이 될지도 모르지.

　나는 부정적인 에너지로 구성되어 있고, 나를 두려워하는 사람들의 마음속에서 살고 있네. 또한 나는 이 세상에 존재하는 모든 물질과 모든 종류의 정신적·신체적 에너지의 절반을 장악하고 있지. 한마디로 모든 것들의 부정적인 부분이라고 말한다면 나의 본질을 더 잘 이해하게 될 걸세.

힐 당신이 무슨 말을 하고자 하는지 이해했습니다. 그런데 당신이 절반의 에너지와 물질만 장악하고 있다면 나머지 절반은 누가 장악하고 있습니까?

악마 그야 당연히 나의 반대 세력이 장악하고 있지.

힐 반대 세력? 그게 무슨 뜻입니까?

악마 자네와 같은 인간들이 신이라고 부르는 존재를 말하네.

힐 그러니까 당신은 신과 함께 우주를 나눴다는 얘기군요. 이게 당신의 주장입니까?

악마 내 주장이 아니라 사실이 그렇다네. 이 인터뷰가 끝나기 전에 내 말이 사실이라는 걸 이해하게 될 걸세. 그리고 나는 두 개로 갈라진 혀나 뾰족한 꼬리를 가진 야수가 아니네.

힐 당신은 98퍼센트의 인간을 지배한다고 주장했습니다. 악마가 98퍼센트의 인간을 지배하는 세상에서, 만일 당신이 아니라면 누가 이 모든 불행을 야기하는 겁니까?

악마 이 세상의 모든 불행을 야기하는 존재가 내가 아니라고 말한 적은 없네. 자네를 비롯한 인간들의 생각을 포함해서 모든 것들의 부정적인 측면을 떠올리게 만드는 것이 내 일이야. 나는 불행을 조장하는 일을 자랑스럽게 생각하네. 이렇게 하는 것 말고 어떻게 내가 인간을 지배할 수 있겠나? 나의 반대 세력은 긍정적인 사고를 지배하고 나는 부정적인 사고를 지배하지.

힐 어떻게 인간의 마음을 지배합니까?

악마 아, 그건 간단해. 인간의 두뇌 중 사용되지 않고 비어 있는 공간으로 침투해서 점령하기만 하면 되네. 인간의 마음을 장악하고 지배할 수 있도록 부정적인 생각의 씨앗을 뿌리는 거지!

힐 인간의 마음을 지배하기 위해 당신이 어떤 술책을 쓰는지 자세히 설명해 주십시오, 폐하.

악마 인간의 마음을 지배하기 위해 내가 쓰는 가장 교묘한 기술 중 하나는 두려움이야. 인간의 마음속에 두려움의 씨앗을 심어 놓으면 이 씨앗이 싹을 틔우고 자라나지. 그러면 나는 이 싹들이 차지하고 있는 공간을 지배하는 걸세. 인간의 마음을 지배할 수 있는 가장 효과적인 두려움은 가난에 대한 두려움, 비판의 두려움, 질병의 두려움, 실연의 두려움, 늙어가는 것에 대한 두려움, 그리고 죽음의 두려움이야.

악마는 이렇게 말했다　　　　　　　　　　　SAYS THE DEVIL

"인간의 마음을 지배하기 위한 가장 교묘한 기술 중 한 가지는 두려움이야."

그리고 가장 효과적인 두려움은 가난에 대한 두려움, 비판의 두려움, 질병의 두려움, 실연의 두려움, 늙어가는 것에 대한 두려움, 그리고 죽음의 두려움 이지."

힐 여섯 가지 두려움 중에서 제일 자주 이용하는 두려움은 어떤 것입니까, 폐하?

악마 당연히 가난과 죽음에 대한 두려움이지! 나는 이 둘을 모두 이용하거나 둘 중에 하나를 이용해서 한 번쯤은 인간에 대한 나의 지배를 강화한다네. 인간의 마음속에 이 두 가지 두려움을 교묘하게 심어 놓기 때문에 인간들은 그 두려움이 내가 아니라 자신들이 만들어 낸 두려움이라고 믿지. 그렇게 믿는 이유는 이승에서의 생을 마감하면 그들의 죄를 벌하기 위해 내가 다음 생으로 넘어가는 문턱에서 기다리고 있다고 믿도록 만들었기 때문이야. 사실 나는 몇 가지 두려움을 인간의 마음속에 심어 놓는 것을 제외하고는 어느 누구도 벌하지 못해. 하지만 실체가 없는 두려움은 실체가 있는 두려움만큼이나 나에게는 쓸모가 있지. 온갖 종류의 두려움들이 퍼져 나가면 그때 내가 인간의 마음을 지배하게 되는 걸세.

힐 폐하, 인간에 대한 이러한 지배권을 어떻게 얻었는지 설명해 주시겠습니까?

악마 그 얘기는 너무 길어서 몇 마디로 설명할 수가 없네. 수백만 년 전 최초의 인간이 생각을 하면서부터 시작됐지. 그 전까지는 내가 전 인류를 지배하고 있었어. 그런데 나의 적들이 인간의 마음속에 긍정적인 사고를 심어 두었어. 그때부터 나는 나의 지배권을 지키려고 필사적으로 노력했지. 아직까지는 잘하고 있어서 겨우 2퍼센트의 인간들만 나의 반대 세력에게 빼앗겼네.

힐 그러니까 당신의 적은 생각하는 사람들이군요. 맞습니까?
악마 꼭 그렇진 않지만 틀린 말은 아니네.

힐 당신이 살고 있는 세계에 대해서 좀 더 설명해 주십시오.
악마 나는 내가 선택한 곳이면 어디서든 살 수 있어. 나에겐 시간과 공간이 존재하지 않지. 나는 에너지와 같은 어떤 힘일세. 이미 말했다시피, 내가 가장 좋아하는 거주지는 인간의 마음이야. 그곳에서 인간 두뇌의 일부를 조종하지. 인간의 마음속에서 내가 지배하는 공간의 크기는 그 사람이 어떤 생각을 하는지, 얼마나 생각을 하지 않는지에 달려 있어. 나는 생각하는 사람은 절대 지배할 수가 없네.

힐 당신은 앞서 당신의 반대 세력에 대해 말했습니다. 반대 세력이란 정확히 무슨 뜻입니까?

악마 나의 반대 세력은 사랑, 신념, 희망, 낙관론 등 세상의 모든 긍정적인 힘을 지배하고 있네. 또한 우주 전체에 걸쳐 있는 모든 자연법칙의 긍정적인 요인들을 지배하고 있고, 이 긍정적인 요인들은 지구와 행성 그리고 모든 항성들이 저마다의 궤도를 돌며 균형을 유지하도록 만들지. 그러나 이러한 힘은 나의 지배 아래 놓인 인간의 마음에서 일어나는 힘과 비교해 보면 상당히 미약한 것이야. 자네도 알다시피 나는 별이나 행성을 지배하려고 애쓰지 않아. 나는 인간들의 마음을 지배하는 것이 더 좋아.

힐 당신은 어디에서 그런 힘을 얻었으며 어떻게 그 힘을 키웁니까?

악마 지구인들이 죽음의 문턱을 넘을 때 그들의 마음을 차지함으로써 내 힘을 늘린다네. 이렇게 하면 100명 중 98명이 나의 세계로 들어와 나의 지배를 받고 내 존재에 보탬이 되지. 어떤 종류의 두려움이든 두려움으로 휩싸인 사람이라면 누구든 나의 지배를 받는 걸세. 나는 끊임없이 움직이며 사람들이 죽기 직전까지 그들의 마음을 조종한다네. 그래야 나의 세계로 들어왔을 때 그들의 마음을 내 것으로 만들 수 있어.

힐 어떻게 쉬지 않고 사람들의 마음을 조종해서 그들을 지배하는지 이야기해 주시겠습니까?

악마 인간들이 지상에 있는 동안 그들의 마음을 지배하는 방법은 수도 없이 많지. 나의 최고의 무기는 인간을 가난하게 만드는 걸세. 나는 계획적으로 인간들이 물질적 부를 축적하는 것에 대한 자신감을 잃게 만들어. 왜냐하면 가난은 생각을 하지 못하게 할 뿐만 아니라 인간들이 쉽게 나의 먹잇감이 되도록 만들어 주기 때문이야.

두 번째로 좋은 무기는 질병이지. 건강하지 못한 육체로는 제대로 된 생각을 할 수 없는 법이니까.

그밖에 내가 인간의 마음을 지배할 수 있도록 나를 도와주는 협력자들이 수없이 많아. 이들은 지상의 모든 인종과 이념, 그리고 종교를 대표하고 있네.

힐 지상에서 당신의 가장 위험한 적수는 누구입니까, 폐하?

악마 인간들을 생각하도록 고무시키고 자발적으로 행동하게 만드는 모든 존재가 나의 적이야. 소크라테스, 공자, 볼테르, 에머슨, 토마스 페인, 링컨과 같은 사람들 말일세. 그리고 자네 역시 나를 위해 좋은 일을 하고 있는 것은 아니네.

힐 부유층 사람들을 이용한다는 것이 사실입니까?

악마 꼭 그런 것만은 아니야. 이미 말했다시피, 가난은 자주적인 사고를 방해하고 인간의 마음속에 두려움을 불러일으키기 때문에 언제나 나의 든든한 동지일세. 부를 어떻게 쓰느냐에 따라 어떤 부자들은 내가 목적을 달성할 수 있도록 도와주는 반면 어떤 부자들은 나에게 심각한 피해를 입히지. 이를테면 록펠러와 같은 갑부는 내 최악의 적 가운데 한 사람이야.

힐 흥미로운 이야기군요, 폐하. 다른 이느 누구보다도 록펠러를 두려워하는 이유는 무엇입니까?

악마 록펠러는 자신의 재산을 부를 축적하는 데만 쓰지 않고 신체의 질병을 분석하고 치료하기 위해 세계 곳곳에서 사용하고 있어. 질병 역시 내가 인간을 지배하기 위해 쓰는 가장 효과적인 무기 중 하나지. 질병에 대한 두려움은 가난에 대한 두려움에 버금간다네. 그런데 록펠러는 자연의 새로운 비밀을 밝히는 데 엄청난 지원을 하고 있어. 이는 인간들이 각자의 마음을 읽고 지킬 수 있도록 도움을 준다네. 그리고 인간들에게 먹을 것을 주고, 옷을 제공하고, 집을 만들어 주기 위한 새롭고 더 나은 방법을 찾는 일들을 장려하고 있네. 내가 좋아하는 협력자들은 빈민촌에서 많이 발견되었어. 그런데 록펠러가 대도시의 빈민촌을 없애고, 더 좋은 정부를 만들기 위한 캠페인에 자금을 대주며, 부정한 정치를 척결하는 데 일조하고 있다네. 기업윤리의 기준을 높이고 기업가들이 황금률에 따라 일할 수 있도록 격려하고 있지. 이 모든 것들은 내가 하는 일에 방해만 될 뿐이야.

힐 마치 지옥으로 가는 길 위에 있는 것처럼 위태로운 요즘 젊은이들은 어떻습니까? 당신은 이들도 지배합니까?

악마 글쎄, 그 질문에 대해서는 '예, 아니오'로 대답하기 어렵군. 나는 젊은이들에게 술과 담배를 가르쳐서 그들의 마음을 타락시키긴 하지만, 그들이 독립적으로 사고한다는 사실은 나를 완전히 당황스럽게 만들더군.

> 힐은 악마의 격전지를 전체적으로 아우르며 검토한다. 먼저 록펠러의 자선활동에 대해 언급하고, 이어서 젊은이들이 '지옥의 길 위에 있는' 이유를 설명했다. 힐은 우리를 혼란시키기 위해 비열한 소행을 저지르는 악마의 자백을 받아내면서, 우리가 이에 대해 어떤 의견을 가질 수 있도록 유도하고 있다.

힐 당신은 술과 담배로 젊은이들의 마음을 타락시킨다고 말했습니다. 그런데 술과 담배를 이용하여 어떻게 당신의 목적을 달성할 수 있는지는 잘 모르겠군요.

악마 자네한테는 생소할지 모르겠네만 술은 인간이 자주적으로 생각할 수 있는 힘을 파괴시키고, 담배는 인내심을 무너뜨린다네. 그리고 참을성과 집중력을 파괴해. 창조적 상상력을 둔화시키고 여러 가지 방법으로 사람들이 자신의 마음을 제대로 사용하지 못하게 만들지. 일단 이 두 가지 습관에 빠지면 자주적인 생각과 행동을 파괴하는 다른 모든 습관으로 빠져들게 만들 수 있어.

힐 폐하, 이 인터뷰를 시작할 때까지만 해도 나는 당신에 대해 잘못 알고 있었습니다. 나는 당신을 가짜나 허구라고 생각했습니다만 이제는 당신이 정말로 존재하고 있으며 매우 강력하다는 사실을 깨달았습니다.

악마 자네의 사과를 받아들이겠네만 어떻게 생각하든 난 괜찮네. 수많은 사람들이 나의 힘에 대해서 의문을 제기했지만, 결국엔 그들 대부분이 나에게로 넘어왔지. 나는 어느 누구에게도 내 힘을 믿어 달라고 하지 않았어. 오히려 사람들이 두려워하는 편이 좋았지. 나는 구걸하는 거지가 아닐세! 나는 나의 명석함과 힘으로 내가 원하는 것들을 기꺼이 취할 수 있어. 사람들에게 믿어 달라고 애원하는 건 내가 아니라 나의 반대 세력이야.

힐 그동안 나는 당신을 잘못 판단하고 있었습니다. 나는 당신이 사람들이 살아 있는 동안에는 건드리지 않고, 죽은 뒤에 그들의 영혼을 괴롭힐 거라고 생각했습니다. 그러나 당신의 뻔뻔한 자백을 들어 보니, 당신은 자유롭게 생각할 수 있는 인간의 권리를 파괴하고 살아 있는 동안에도 많은 사람들이 생지옥을 겪게 한다는 사실을 알았습니다. 여기에 대해서 할 말이 있습니까?

악마 나는 자제력을 길러 내가 원하는 것을 얻고 있네. 내가 상관할 바는 아니지만, 나를 비판하기보다 본보기로 삼으라는 말을 자네에게 해주고 싶군. 자네는 자칭 자신을 사상가라고 말하지. 맞는 말이야. 그렇지 않았다면 나에게 인터뷰를 강요할 수 없었을 테니까. 하지만 자신의 감정을 더 잘 다스리는 방법을 훈련하고 습득하지 못하는 한 나를 겁먹게 만드는 진정한 사상가가 될 수는 없을 것이네.

힐 인신공격은 그만하시죠. 내가 여기 있는 이유는 나를 비판하기 위해서가 아니라 당신에 대해 더 많은 것들을 밝혀내기 위해서입니다. 인간의 마음을 지배하기 위해 지금까지 당신이 꾀한 다른 술책들을 계속해서 밝혀주시기 바랍니다. 지금 당신에게 가장 강력한 무기는 무엇입니까?

악마 대답하기 곤란한 질문이군. 인간의 마음속으로 들어가서 지배하는 방법은 너무나 많기 때문에 어떤 것이 가장 강력하다고 말하기는 어렵네. 지금 나는 세계대전을 또 한 번 일으키려고 준비하는 중이네. 나의 협력자들은 미국을 전쟁에 참전시키기 위해 이곳 워싱턴에서 나를 돕고 있어. 만일 또다시 세계대전을 일으키는 데 성공한다면 나의 가장 멋진 술책을 인간들의 마음속에 심어 놓을 수 있겠지. 그 술책은 바로 군중심리를 이용하는 것일세. 대중들의 공포를 조장하는 거야. 나는 이 술책을 1914년 제1차 세계대전과 1929년 대공황을 일으키기 위해 사용했어. 그때 나의 반대 세력이 방해만 하지 않았어도 인간들은 다시 일어설 수 없었겠지. 그리고 지금쯤 아이들을 포함하여 세상의 모든 인간들을 내가 지배하고 있었을 거야.

하지만 내가 세상을 지배할 날이 얼마 남지 않았다는 사실을 자네는 알게 될 걸세. 온 세상을 지배하는 것, 내가 수천 년 동안 달성하지 못해 고군분투했던 것이 바로 그거였어.

이 부분에서 악마는 그가 세상에 뿌려놓은 두려움의 씨앗을 발판으로 삼아, 전쟁을 선동하는 두 협력자들과 함께 일을 하고 있다고 주장한다. 바로 이것이 오늘날 테러리즘이라고 알려져 있는 것의 본질이다. 그리고 그것에 대한 대응 역시 마찬가지다. 힐의 작품을 살펴보면 악마는 두 건의 세계대전을 비롯하여 대공황까지 모두 자신의 명예로 여기고 있다. 악마의 업적 리스트에 오늘날의 경기침체를 추가해도 무리는 아니다. 전쟁과 경기침체는 둘 다 사람들의 마음속에 두려움을 심어 놓았고 이는 틀림없이 악마의 소행이기 때문이다.

힐 네, 당신의 목적이 무엇인지 알겠습니다. 당신은 인간의 마음을 참으로 극악무도하게 조종하는 존재로군요. 그런데 이러한 당신의 임무는 사회적 지위가 높고 지대한 영향력을 행사하는 사람들을 통해서만 수행됩니까?

악마 아니, 절대 그렇지 않아! 나는 계층을 막론하고 모든 사람들의 마음을 이용해. 사실 어떤 특정 계층보다는 아무 생각 없이 사는 사람들을 선호하지. 이런 사람들은 큰 힘을 들이지 않고도 조종할 수 있어. 만일 사람들이 자주적으로 생각하는 것에 익숙하다면 아마도 나는 98퍼센트에 해당하는 인간을 지배할 수 없었을 걸세.

힐 나는 당신이 지배하고 있다고 주장한 사람들의 행복에 관심이 많습니다. 그러니까 사람들의 마음속으로 들어가서 이들을 지배하는 당신의 모든 술책을 설명해 주시기 바랍니다. 이제부터 나는 당신의 자백을 모조리 받아낼 것입니다. 그럼, 당신의 가장 뛰어난 술책부터 시작합시다.

악마 이건 나를 자멸하게 만드는 거야. 하지만 나에겐 힘이 없지! 일단 진정하게. 자, 이제 자네와 같은 인간들이 나의 공격을 막아낼 수 있는 무기를 자네 손에 쥐어 주겠네.

chapter 4

악마가 이끄는 대로 떠돌다

힐 먼저 당신의 가장 뛰어난 술책에 대해 말해 주십시오. 즉, 수많은 사람들을 꼼짝없이 걸려들게 만드는 방법 말입니다.

악마 그 비밀을 밝히라고 강요하는 것은, 지금 살고 있는 전체 인간과 그보다 훨씬 더 많은 아직 태어나지 않은 수많은 인간을 내가 잃게 된다는 의미야. 부탁하지, 이번 질문은 그냥 넘어가 주게.

힐 위대한 악마 폐하께서 한낱 미천한 인간을 두려워하다니! 정말 그런 겁니까?

악마 꼭 그런 건 아니지만 사실이긴 하네. 나는 수백만 년 동안 두려움과 무지를 통해 지상의 인간들을 지배했지. 지금 자네는 이러한 두려움과 무지라는 무기를 내가 어떻게 사용하는지 자백하게 해서 더 이상 쓸 수 없게 만들려고 하고 있어. 자네가 강제로 끌어낸 이 자백에 사람들이 귀를 기울인다면 그들에 대한 나의 지배도 끝나 버린다는 사실을 인식하지 못하겠나? 자네는 자비심도 없나? 상대의 마음을 헤아릴 줄도 몰라? 스포츠맨십도 없어?

힐 핑계는 그만 대고 어서 자백이나 하십시오. 할 수만 있다면 상대를 파괴해 버리는 당신이 지금 누구한테 자비심을 요구하는 겁니까? 당신은 무고한 사람들을 그들의 두려움과 무지를 이용해서 생지옥으로 몰아넣은 자입니다. 내가 할 일은 당신이 사람들의 마음을 어떻게 이용하고 조종하는지 자백하게 만드는 것입니다. 이를 임무라고 불러도 된다면 나의 임무는, 당신이 심어 놓은 두려움 때문에 스스로 만든 감옥에 갇혀 버린 사람들이 감옥 문을 열고 다시 밖으로 나올 수 있도록 돕는 것입니다.

> 힐에게는 악마에게 자신의 질문에 대한 답변을 강요할 수 있는 힘이 있었다. 그가 갖고 있는 자주적 사고에 대한 이해와 두려움 없는 자세가 악마의 자백을 끌어낼 수 있는 무기였다.

악마 내가 인간의 마음을 지배하기 위해서 휘두르는 가장 뛰어난 무기는 두 가지 비밀 원칙으로 구성되어 있네. 먼저 습관의 원칙에

109

대해서 설명하지. 나는 이것을 이용하여 인간의 마음속으로 잠입한다네. 이 원칙을 가동하면 '방황하는 습관(이 용어는 밝히고 싶지 않았는데)'을 굳힐 수 있어. 사람이 어떤 대상에 대해서 갈피를 못 잡고 방황하기 시작하면 그 사람은 흔히 말하는 지옥의 문으로 곧장 향하게 된다네.

끊임없이 방황하게 하라

힐 사람들을 방황하게 만드는 방법을 전부 설명해 주십시오. 먼저 용어를 정의하고 그것이 무슨 뜻인지 정확하게 말해 주시기 바랍니다.

악마 '방황'에 대해서는 이렇게 설명하는 것이 최선일 걸세. 스스로 어떤 생각도 하지 않는 사람을 '방황자'로 부른다네. 반면 자주적 사고를 하는 사람은 절대 방황하는 법이 없지. 더 쉽게 말하면 방황자는 외부 환경에 쉽게 영향을 받고 지배당하도록 자신을 내버려 두는 사람이야. 이런 사람은 자주적 사고가 무엇인지도 모르지. 방황자는 삶이 자신에게 내던지는 모든 역경과 맞서 싸우거나 투쟁하지 않고 그냥 체념하는 사람이야. 이들은 인생에서 원하는 바가 무엇인지, 그것을 이루기 위해 시간을 어떻게 보내야 하는지 전혀 몰

라. 이러저러한 생각은 많지만 자기 생각은 하나도 없어. 게다가 이들 생각의 대부분은 내가 제공한 것들이지.

방황자는 정신적으로 너무 게을러서 자신의 두뇌를 전혀 사용하지 못하는 사람이네. 바로 이런 이유로 내가 그들의 생각을 조종하고 그들의 마음속에 나의 생각을 심어 놓을 수 있는 게지.

"스스로 어떤 생각도
하지 않는 사람이 **방황자**다."

힐 방황자가 어떤 사람인지는 이해할 수 있을 것 같습니다. 그럼 당신이 방황의 길로 이끈 사람들의 습관에 대해 정확하게 설명해 주십시오. 먼저 사람들의 마음을 언제 그리고 어떻게 처음 지배하는지 설명해 주시기 바랍니다.

악마 나는 인간들이 어린 시절을 보내는 동안 이들의 마음을 지배하는 힘을 처음 획득한다네. 가끔씩은 부모의 마음을 조종해서 아이가 세상에 태어나기 전부터 그 아이의 마음을 지배할 수 있는 기반을 다져 놓기도 해. 또 가끔씩은 이보다 더 거슬러 올라가서, 인간들이 '유전'이라고 말하는 것을 통해 인간에 대한 나의 지배를 준비하기도 하지. 따라서 내가 인간의 마음에 접근하는 방법은 두 가지일세.

먼저 나는 나약한 두뇌를 가진 인간들이 태어나기 전 이들에게 이들의 조상이 가지고 있었던 약점들을 가능한 한 많이 옮겨놓고 세상에 나오게 만들지. 인간들은 이러한 법칙을 '유전'이라고 부르더군.

이들이 태어난 후에는 인간들이 '환경'이라고 부르는 것을 활용해서 지배하지. 바로 이 환경이 습관의 원치으로 들어서게 만드는 관문이야. 인간의 마음이란 그저 그 사람의 모든 습관들을 모아놓은 것에 지나지 않아! 인간의 마음속으로 들어가서 하나씩 하나씩 심어 놓은 습관들 덕분에 결국 내가 인간을 지배할 수 있는 절대 권력을 갖게 되지.

힐 인간의 마음을 지배하는 가장 일반적인 습관은 무엇인가요?
악마 나는 인간들이 자신의 생각이라고 믿는 그 생각들을 통해서 이들의 마음속으로 들어간다네. 이것이 나의 가장 뛰어난 술책이야. 인간들에게 심어 놓은 생각들 중에서 가장 효과적인 것은 두려움, 미신, 헛된 욕심, 탐욕, 성욕, 복수, 분노, 허영, 나태 등일세. 이들 중 하나를 이용하면 나이를 막론하고 어떤 사람의 마음속이든 들어갈 수 있어. 하지만 가장 좋은 결과를 얻을 수 있는 방법은 상대가 어렸을 때, 즉 위의 아홉 가지 감정의 문을 조절하는 방법을 터득하기 전에 그의 마음을 지배하는 것일세.

힐 당신이 사용하는 방법을 이해했습니다. 이제 방황하는 습관으로 돌아갑시다. 이 습관이 인간의 마음을 지배하는 가장 뛰어난 술책이라고 했는데, 이 습관에 대해 전부 설명해 주시기 바랍니다.

악마 앞서 말했다시피, 나는 인간들이 어렸을 때부터 방황하게 만들어. 아이들이 조금 자라 학교에 들어가면 앞으로 어떤 일을 하고 싶은지도 모르는 채 끊임없이 고민하고 방황하도록 유도하지. 사람들 대다수가 나를 만나는 시점이 바로 이쯤이네. 습관과도 관계가 있어. 어느 한 부분에서 방황하다 보면 머지않아 모든 부분에서 방황하게 되지.

생각하지 못하게 하라

힐 알겠습니다. 당신은 아이들이 아무런 목표나 목적도 없이 학교에 다니게 함으로써 방황하는 습관에 빠지도록 훈련시키는 것이군요. 그럼 지금부터는 사람을 방황자로 전락시키는 또 다른 술책에 대해 말해 주시기 바랍니다.

악마 글쎄, 방황하는 습관을 발달시키는 두 번째 술책은 부모와 교사, 그리고 종교적 지도자들의 도움을 받아 시행하는 것일세.

자네에게 경고하지. 이 술책에 대해서 굳이 밝히려 하지 말게. 만일 자네가 이 두 번째 술책을 밝혀낸다면 이 술책을 사용할 수 있도록 나를 돕고 있는 많은 협력자들로부터 비난을 받게 될 걸세. 가령 나의 자백을 책으로 출간한다면 일선 학교에서는 그 책을 금지할 걸세. 대다수 종교 지도자들은 자네가 집필한 책을 블랙리스트에 올려놓을 것이며, 많은 부모들은 자녀가 보지 못하도록 숨겨 놓을 것이네. 신문에서도 자네의 책을 소개하는 기사는 싣지 않을 거야. 그런 책을 썼다는 이유로 자네를 비난하는 사람들은 수백만에 이를 걸세.

사실, 자주적으로 사고하는 사람들을 제외하고는 자네나 자네 책을 좋아할 사람은 아무도 없을 걸세. 그리고 자네도 알잖나, 자주적 사고를 할 수 있는 인간은 극소수에 불과하다는 사실을! 그러니 두 번째 술책에 대한 나의 자백은 그냥 넘어가 주게.

> 힐은 위의 견해가 이 책에서 논쟁의 여지가 있는 여러 주제들 가운데 하나라는 사실을 알고 있었다. 실제로 힐의 부인은 이에 대한 반응이 걱정스러워 힐에게 출간하지 않겠다는 약속을 받아냈다. 나는 당신이 공교육 체계와 종교 지도자들에 대한 힐의 주장은 새겨들을 부분만 듣고 자주적으로 결정할 수 있기를 바란다.

힐 나를 위해 두 번째 술책에 대한 정보를 말하지 않겠다는 말씀이 신가요? 자주적으로 사고하는 사람들을 제외하고 내 책을 좋아할 사람이 없을 거라고요? 상관없습니다. 계속 답변이나 하시지요.

악마 이봐, 자네는 분명 후회하게 될 걸세. 수백만 명에 달하는 나의 협력자들이 내 말을 듣지 않고 나의 방법을 폭로한 자네를 증오할 거야.

힐 내 걱정은 하지 마세요. 어서 지옥에 갈 때까지 사람들을 떠돌게 만드는 이 두 번째 술책에 대해서 모두 털어놓으십시오.

악마 내가 두 번째로 밝히는 이 방법은 사실은 가장 중요한 첫 번째 기술이라 할 수 있어. 그 이유는 이것이 없다면 어린아이들의 마음을 결코 지배할 수 없기 때문이지. 부모, 교사, 종교 지도자 그리고 많은 성인들은 부지불식간에 아이들이 자주적으로 사고하는 습관을 들이지 못하도록 나를 도우면서 나의 목표에 기여하고 있네. 이들은 다양한 방식으로 끊임없이 나를 돕고 있지만, 자신들이 현재 아이들의 마음에 무슨 짓을 하고 있는지 또는 아이들이 실수를 저지르는 진짜 이유가 무엇인지에 대해서는 전혀 눈치를 채지 못해.

당신은 아이의 말을 막는 부모를 본 적이 있는가? 혹은 아이의 숙제를 대신해 주는 부모를 본 적이 있는가? 미술 대회나 발명품 대회에서 아이들이 외부의 '도움'을 받아 작품을 제출한다는 사실을 알고 있는가? 지나치게 아이를 도와주는 엄마와 아빠는 내심 아이가 부모의 도움을 고맙게 여기기를 바라며 자신들이 아주 훌륭한 부모라고 생각한다. 정말 그럴까? 실제로 아이는 이렇게 생각하고 있다. '우리 엄마 아빠는 내가 이 일을 못할 거라고 생각하나 봐, 그러니까 자꾸 귀찮게 하지!' 부모의 도움은 아이의 자존심을 망가뜨린다. 부모가 자녀들에게 자주적 사고 습관을 길러 줄 수 있는 방법은 아이들이 자신의 행동에 책임지도록 내버려두는 것이다.

힐 당신의 이야기를 믿을 수 없습니다, 폐하. 지금까지 나는 아이들의 부모, 학교 선생님, 종교 지도자 등 아이들과 가장 가까운 사람들이 제일 좋은 친구가 될 거라고 생각했습니다. 이들에게 아이들을 맡겨선 안 된다면, 도대체 누가 아이들을 이끌어 줄 수 있을까요?

악마 바로 이것이 내가 교묘하게 꾸민 상황일세. 여기에는 내가 어떻게 98퍼센트에 이르는 인간을 지배하고 있는지에 대한 정확한 설명이 들어 있어. 나는 인간들이 어린 시절을 보내는 동안 아이들을 맡아서 돌보는 사람들을 활용해서 아이가 스스로 자기 마음의 주인이 되기 전에 나에게 걸려들게 만들지. 특히 종교적 가르침을 전하는 사람들의 도움이 필요해. 이들은 자신이 믿는 종교를 설파하며 모든 두려움 중에서 가장 끔찍한 두려움의 씨앗을 아이들의 마음속에 심어 놓는다네. 그것은 바로 지옥에 대한 두려움이야!

힐 지옥에 대한 위협으로 아이들을 쉽게 장악할 수 있었던 것이군요. 하지만 어떻게 당신은 아이들이 성인이 되어 자주적으로 사고하는 법을 터득한 이후에도 당신의 존재와 지옥에 대해 계속해서 두려워하게 만들었습니까?

악마 아이들이 자란다고 자주적으로 사고하는 법을 터득하는 것은 아니야! 나는 두려움을 통해 아이의 마음을 장악하자마자 이성적인 능력과 스스로 사고하는 능력을 약화시키지. 그러면 인간은 이 상태로 영원히 살게 되지.

힐 인간이 자기 마음의 주인이 되기도 전에 이렇게 더럽힌다면 이는 부당한 혜택을 취하는 것이 아닙니까?

악마 내가 어떤 존재인지 잊었나? 부당한 혜택이라니? 내 목적을 달성하기 위해 사용할 수 있는 거라면 그게 뭐든 정당한 걸세. 나는 인간의 마음을 장악하고 영원토록 지배하기 위해 인간을 약화시키는 모든 방법을 사용하지.

힐 당신의 사악한 본성을 이제 알겠습니다! 그럼, 지금부터는 이곳에 있는 사람들을 지옥으로 이끌기 위해 당신이 사용하는 방법을 이야기해 봅시다. 당신의 자백에 따르면, 당신은 아이들이 정신적으로 미성숙한 시기를 이용해서 아이들의 마음을 정복하고 지배합니다. 사람들을 방황의 덫에 걸려들게 하기 위해서 부모와 교사, 종교 지도자들을 어떻게 이용하는지 좀 더 자세히 들려주십시오.

악마 내가 가장 좋아하는 방법 중 한 가지는 부모와 종교 지도자들이 합심하게 만드는 것일세. 먼저 나는 아이들이 자주적으로 사고하는 힘을 약화시키고 용기를 잃게 하기 위해 수많은 종교 지도자들을 이용하여 나에 대한 두려움을 가르치게 하지. 뿐만 아니라 아이들의 부모들이 나를 대신해 아이들을 방황하게 만드는 종교 지도자들을 돕게 하고 있어.

힐 어떻게 부모들이 자녀의 자주적 사고력을 파괴하는 종교 지도자들을 돕는단 말입니까? 그런 괴변은 처음 들어보겠군요.

악마 아주 교묘한 술책을 사용하면 가능해. 나는 부모들에게 종교, 정치, 결혼 등 다른 모든 중요한 문제에 대하여 그들이 믿는 것처럼 자녀들에게도 똑같은 믿음을 가르치도록 유도하지. 그러면 나는 부모뿐만 아니라 자식들의 마음까지 장악하고 아주 간단하게 모든 인간들을 영원히 지배할 수 있어.

힐 부모를 이용하여 아이들을 방황자의 길로 들어서게 만드는 방법에는 또 어떤 것들이 있습니까?

악마 이미 꼼짝없이 나에게 걸려들어 나의 목표를 인계받아 행하고 있는 부모의 전례를 따르게 하는 것이 아이들을 방황자로 만드는 방법일세. 나는 아이들의 마음을 장악하고 이들의 의지력을 꺾어 버리지. 이는 인간이 낮은 지능의 동물들을 제압해서 정복하는 것과 똑같은 방법이야. 아이들이 무엇인가를 두려워하기만 한다면 이들의 의지력을 꺾는 일은 그리 어렵지 않아. 나는 두려움을 통해 아이들의 마음속으로 들어가 스스로 생각하는 힘을 제한한다네.

> 악마는 두려움을 통해 아이의 마음속으로 들어가 아이가 혼자서 생각하지 못하도록 한다. 나는 예전부터 알았던 수많은 종교 지도자들을 떠올려 본다. 직감적으로 두려움에 기초한 지도자와 신념에 기초한 지도자로 구분이 된다. 실제로, 어렸을 때 들었던 '불과 유황으로 들끓는 지옥의 고통'과 같은 무시무시한 설교를 떠올리면 아직도 얼어붙는다. 반대로, 신념에 가득찬 설교를 떠올리면 희망과 용기를 북돋아 주는 것 같은 기분이 든다. 힐의 조언은 나에게 진심으로 들려온다. 두려움에 휩싸이면 누구라도 자주적인 생각을 할 수 없지 않을까?

힐 당신은 사람들이 스스로 생각하지 못하도록 하기 위해 온갖 노력을 다하는군요.

악마 그렇지. 명확한 생각은 죽음이나 다름없어. 나는 두려움, 단념,

절망, 자포자기를 생각하는 사람들을 걱정하지 않아. 하지만 사람들이 신념, 용기, 희망, 명확한 목표 등 건설적인 용어를 떠올리면, 바로 그 순간 나의 반대 세력을 지지하는 협력자로 돌아서기 때문에 결국 나는 그들을 잃게 되지.

힐 당신이 어떻게 부모와 종교 지도자들의 도움을 받아 아이들의 마음을 지배하는지 이제야 이해가 됩니다. 그런데 저주받아 마땅한 이 일에서 교사들이 어떻게 당신을 돕는지는 이해가 안 되는군요.

악마 교사들이 아이들에게 가르치는 내용 때문이 아니라 오히려 가르치지 않는 내용 때문에 내가 아이들의 마음을 지배할 수 있는 걸세. 학교의 전반적인 체계는 내 목표에 상당한 도움을 줄 정도로 너무나 잘 운영되고 있어. 지금 교사들은 학생들에게 거의 모든 지식을 가르치고 있어. 그러나 결정적으로 아이들이 자기 의견을 이용해서 자주적으로 생각하는 방법은 가르치지 않고 있네. 그런데 어느 날 갑자기 용감한 사람이 나타나 학교 교육 체계를 바꾸고, 지금은 그저 지식만을 전달하는 교사들이 아이들로 하여금 내면으로부터 자신의 마음을 키울 수 있는 방향과 방법을 확립하도록 이끈다면, 그래서 모두 훌륭한 지도자로 키운다면 나의 목표가 치명타를 입게 되겠지. 내가 두려워하는 건 그 한 가지야. 그렇게 되면 더 이상 학교 교사들은 내 일을 돕는 지원군이 아니라 나의 적이 되는 거지.

바로 이것이 1938년에 작성된 공교육에 대한 힐의 비판이다. 당신은 힐의 의견에 동의하는가?

유치원이나 초등학교 1학년에 다니는 아이들을 상상해 보라. 이들은 열정이 넘치고 모든 활동에 자발적으로 참여하며 언제나 손을 들고 배우는 것에 흥미를 느낀다.

이번에는 이 아이들이 고등학생으로 성장한 모습을 상상해 보자. 이들은 교실 뒤에 앉아 선생님과 한 번도 눈을 마주치지 않고 절대로 자발적으로 나서지도, 질문을 하지도 않는다.

이 아이들에게 무슨 일이 일어났던 것일까? 학교 교육을 받으며 성장할수록 아이들은 실수를 하면 놀림감이 되거나 멸시를 당한다고 여긴다. 따라서 자신을 보호하기 위해 더 이상 수업에 참여하지 않는 것이다. 또한 아이들은 모든 문제와 갈등의 해결책이 자신에게 달려 있는 것이 아니라 교사, 즉 권위를 대표하는 존재에게 달려 있다고 교육받고 있다. 갈등에 직면하여 독립적으로 행동하면 교사로부터 즉각적인 질책과 그에 상응하는 처벌을 받는다. 따라서 아이들은 자주적으로 사고하지 못하고, 이러한 아이들의 머릿속에는 자기문제를 스스로 해결할 능력이 없다는 개념이 세뇌된다.

물론 우수한 교사들도 많지만, 오늘날 교육 현실을 생각해 볼 때 힐의 비판은 어느 정도 사실로 증명된 것 같다. 힐의 의견에 동의

한다면 지금 우리가 무엇을 해야 한다고 생각하는가? 우리가 반드시 해야 할 한 가지는 학생들에게 자주적 사고를 하도록 격려하는 교사와 학교를 찾아, 이들의 용기에 박수를 보내는 것이다.

힐 나는 지금까지 모든 학교 교육의 목표가 아이들이 자주적 사고를 할 수 있도록 이끄는 것이라고 생각했습니다.

악마 그것이 학교 교육의 목표였을지 모르지만, 현재 이 땅에 존재하는 대부분의 학교는 그런 목표를 수행하지 않아. 학교에 다니는 아이들은 자신의 생각을 발전시켜 활용하는 방법을 배우기보다 다른 사람의 생각을 가져다가 그대로 사용하는 법을 배우고 있네. 의지력이 너무나도 확고해서 타인이 조종하는 대로 생각하기를 강력하게 거부하는 매우 드문 경우를 제외하고, 이런 종류의 학교 교육은 자주적으로 생각할 수 있는 능력을 파괴하지.

힐 당신의 반대 세력 또한 가정, 교회, 학교와 관계를 맺고 있을 것입니다. 당신이 어떻게 그것을 방해하는지 듣고 싶습니다.

악마 이 부분에서 좀 더 많은 술책을 사용하지. 나는 부모, 교사, 종교 지도자들이 행하는 모든 방법들을 나의 반대 세력이 수행하고 있는 것처럼 보이게 만들어.

이렇게 하면 아이들의 마음을 조종하는 동안 나에게 집중된 이목을 돌려놓을 수가 있지. 종교 지도자들이 나의 반대 세력의 선행을 아이들에게 가르칠 때, 대부분 나의 이름을 들먹이며 아이들을 겁먹게 해. 내가 종교 지도자들에게 원하는 바가 바로 이거야. 그래서 아이들이 명확하게 사고하는 힘을 파괴하고 이들의 마음에 두려움의 불씨를 붙일 수 있는 걸세. 교사들은 중요하지도 않은 정보를 계속해서 아이들에게 주입시키고 아이들은 그걸 받아들이느라 교사가 가르쳐 주는 것들을 꼼꼼하게 따져 보거나 정확하게 분석해 볼 기회가 없지. 이렇게 해서 나의 목적을 달성할 수 있는 걸세.

힐 그렇다면 사람들을 방황하는 습관에 걸려들게 하는 것만으로도 당신의 목적을 달성할 수 있다는 말입니까?

악마 아니, 방황은 자주적 사고의 힘을 무너뜨리기 위해 사용하는 술책 중 하나일 뿐이야. 방황자를 영원한 나의 자산으로 만들려면 또 다른 술책으로 그들을 유인해야 하네. 이 술책에 대해서는 인간을 방황자의 길로 들어서게 만드는 방법을 설명하고 얘기해 주겠네.

힐 사람들이 자구책을 구할 수 없을 정도로 자기 결정으로부터 멀어지게 만드는 방법이 있다는 뜻입니까?

악마 물론이야, 아주 확실한 방법이 있어. 결코 실패하지 않을 상당히 효과적인 방법이지.

힐 당신의 반대 세력이 방황의 덫에 걸려든 사람들을 다시는 교화할 수 없을 만큼 그렇게 강력한 방법이 있다는 말입니까?

악마 그렇지! 자네는 나의 반대 세력이 행동하면 곧바로 내가 인간들을 지배할 수 없을 거라고 생각하나? 인간 자체를 제외하고 인간을 지배하려는 나를 막을 수 있는 건 아무것도 없어. 아무리 나의 반대 세력이 사람들을 되돌리려 해도 인간이 그것을 자각하고 받아들이지 않는다면 아무 소용이 없네.

나를 멈출 수 있는 건 명확하게 사고하는 힘뿐이야. 명확하게 생각하는 사람들은 어떤 문제에 직면하더라도 방황하지 않아. 이들은 마음의 힘을 이미 알고 있어. 게다가 어느 누구에게도, 어떤 권력에게도 그 힘을 인계하거나 양보하지 않지.

악마는 어떻게 사람을 방황하게 하는가

힐 사람들을 방황하게 만들어 지옥으로 이끄는 방법에 대해 좀 더 설명해 주십시오.

악마 나는 인간을 자주적으로 사고하고 행동하지 못하게 함으로써 모든 문제에 대해 방황하게 만들지.

이를테면, 건강 문제를 한번 생각해 보자고. 나는 사람들이 과식을 하고 몸에 해로운 음식물을 먹도록 유도하지. 결국 인간들은 지나치게 많이 먹고 입에 단 음식만을 찾다 소화불량에 걸리고, 명확한 사고를 할 수 없게 돼. 만일 학교와 교회에서 아이들에게 적당히 먹어야 하는 이유를 더 많이 알려준다면 세상을 지배하겠다는 나의 목적은 회복할 수 없을 정도로 큰 손상을 입게 될 걸세.

다음으로 결혼 문제를 살펴보지. 나는 서로의 관계를 좋게 하기 위해 노력하지도 않고 인생에서 아무런 계획도 목적도 없는 남녀를 결혼으로 이끈다네. 인간을 방황하는 습관으로 걸려들게 만드는 가장 효과적인 술책 가운데 하나가 바로 이걸세. 결혼한 사람들이 돈 문제를 두고 서로 다투거나 헐뜯는 것도 모두 내가 그렇게 만들었기 때문이야. 나는 아이들 문제를 부각시켜 이들에게 싸움을 붙이기도 해. 또 부부간에 유쾌하지 않은 논쟁을 끊임없이 불러일으키고, 친구를 만나고 사교 활동을 할 때 의견 충돌로 다투게 하지. 또한 쉴 새 없이 상대의 결점을 찾게 만들어서 이들이 방황하는 습관을 떨쳐낼 수 있는 다른 무언가를 할 만한 시간이 없게 만들지.

직장 문제를 볼까? 나는 학교를 졸업한 인간들을 방황자로 전락시키고, 그들이 단지 생계를 유지하는 것 말고는 어떤 뚜렷한 목표나 목적도 없이 첫 직장을 선택하게 만들지. 이 방법을 사용하면 수백만 명의 인간을 평생토록 가난에 대한 두려움에 허덕이며 살아가게 할 수 있어. 나는 가난에 대한 두려움을 이용해서, 인간들을 천천히 그리고 착실하게, 방황하는 습관에서 절대 벗어날 수 없도록 끌어당긴다네.

저축 문제에 대해서는 이렇게 말할 수 있어. 무분별하게 돈을 낭비하거나 저축은 아주 조금, 아니 전혀 하지 못하게 유인한 다음 가난에 대한 두려움에서 벗어나지 못하게 만들어 이들을 조종하지.

이번엔 환경에 대해서 살펴보겠네. 나는 직장에서도, 가정에서도, 친척과 지인을 만나는 순간에도 인간들이 서로 어울리지 못하고 불편한 분위기를 조성하도록 유도하지. 그리고 이들을 방황하는 습관으로 끌어들여 내가 완전히 지배할 수 있을 때까지 그러한 환경 속에 계속해서 남겨놓는다네.

지배적인 생각을 사용하는 방법을 말해 줄까? 나는 부정적인 생각만 하는 습관을 불러일으켜 인간들을 방황하게 만든다네. 부정적인 생각은 부정적인 행동으로 이어지고, 사람들을 논란에 휩싸이게 하며, 이들의 마음을 두려움으로 채워 놓지. 따라서 이 방법은 내가 인간의 마음속으로 들어가서 이들을 지배하기 위해 길을 닦는 준비 단계인 셈이야. 인간의 마음으로 이동한 나는 그들 자신의 생각이라고 믿게 만드는 부정적인 생각을 불러일으키며 이들을 지배한다네. 그리고 교회의 설교, 뉴스, 영화, 라디오 등 인간의 마음을 자극하는 대중적인 방법을 모두 동원하여 인간의 마음속에 부정적인 생각의 씨앗들을 심어 놓지. 인간들이 그들의 생각을 조종하는 나를 쉽게 받아들일 수 있었던 것은 너무나 게으르고 무관심한 나머지 자주적인 생각을 할 수 없었기 때문이야.

힐 당신의 이야기에 따르면, 방황과 미루는 버릇이 같은 것이라는 결론을 내릴 수 있겠군요. 맞습니까?

악마 그래, 정확하네. 확실한 결정을 내리지 못하고 자꾸만 미루는 버릇은 방황하는 습관으로 이어지기 마련이야.

악마는 이렇게 말했다 — SAYS THE DEVIL

"인간들이 그들의 생각을 조종하는 나를 쉽게 받아들일 수 있었던 것은 너무나 게으르고 무관심한 나머지 자주적인 생각을 할 수 없었기 때문이야."

*게으름 + 무관심 = 머뭇거리는 버릇 = **방황***

이것은 힐이 밝혀낸 내용을 바탕으로 방황자의 습성을 표현한 것이다. 나 역시 지금까지 살아오면서 할 일을 미룬 적이 많았기에 이 부분이 남의 일로 여겨지지 않는다. 물론 스트레스를 받으면서도 최선을 다했다고 변명하고 싶지만, 이런 변명은 그저 내가 할 일을 미뤘던 이유에 대한 핑계일 뿐이다. 당신은 지금까지 게으름과 무관심 때문에 성공으로 가는 길에서 벗어났던 경험이 있는가? 너무 미적거려서 기회를 제때 잡지 못하고 놓쳐 버렸던 적은 없었는가?

힐 인간은 방황하는 유일한 존재입니까?

악마 맞아. 다른 모든 존재는 자연의 법칙에 따라 움직이지. 자연의 법칙을 거스르고 방황하는 존재는 인간밖에 없어.

인간의 마음 이외의 모든 것들은 너무나 명확해서 방황이라는 것이 불가능한 자연의 법칙에 따라 움직이고 있어. 그 영역은 모두 나의 반대 세력이 지배하고 있지. 나는 겨우 방황하는 습관에 물든 인간의 마음만 지배할 뿐이야. 이를 달리 표현하면, 인간들이 자신의 마음을 다스리고 사용하는 것에 관심이 없거나 거부하기 때문에 내가 이들의 마음을 지배할 수 있는 걸세.

힐 점점 내용이 심오해지는군요. 좀 더 명확히 이해할 수 있는 이야기로 돌아갑시다. 당신은 지금 이곳, 미국이라는 국가에서 우리를 어떤 방황으로 몰아가고 있습니까?

악마 솔직히 말해서, 미국을 증오하고 있다고 말하는 편이 낫겠네.

힐 흥미로운 이야기군요. 왜 미국을 증오하게 되었습니까?

악마 1776년 7월 4일, 쉰여섯 명의 사람들이 어떤 문서에 서명을 하면서 내가 미국을 지배할 수 있었던 기회가 사라졌기 때문이지. 자네도 알다시피 그 문서는 바로 독립선언문이야. 그 빌어먹을 문서가 힘을 발휘하지만 않았더라면, 지금 나는 이 나라를 다스리는 독재자를 마음대로 부릴 수 있었을 거야. 그리고 현재 이 땅에서의 나의 지배를 위협하고 있는 언론의 자유에 대한 권리와 자주적으로 사고할 수 있는 권리를 모두 막을 수 있었겠지.

힐 당신 편에 속해 있는 자들이 스스로 독재자를 자청하여 세계를 지배한 것으로 이해해도 되겠습니까?

악마 스스로 독재자가 되겠다고 자청하는 인간은 없어. 모두 내가 임명하네. 더 중요한 것은 내가 그들을 조종하고 임무를 명령한다는 거야. 이 세상은 자신이 원하는 바를 알고 그것을 힘으로 쟁취하는 나의 독재자들에 의해 돌아가고 있어. 내가 이탈리아의 무솔리니, 독일의 히틀러와 러시아의 스탈린을 통해서 이룩한 것들을 생각해 보게. 나의 독재자들이 이들 나라를 지배할 수 있었던 이유는 내가 방황하는 습관을 이용해 그 나라의 국민들을 제압했기 때문이야. 나의 독재자들은 절대 방황하지 않아. 바로 이 때문에 수백만 명의 사람들을 그들의 지배 아래 둘 수 있는 걸세.

힐 만일 무솔리니와 스탈린, 히틀러가 당신을 배신하고 당신과 당신의 지배를 거부하면 무슨 일이 벌어집니까?
악마 이들에게 상당한 뇌물을 건넸기 때문에 그런 일은 일어나시 않을 걸세. 지금도 나는 이들의 자만심과 비위를 맞추기 위해 작은 선물을 주면서, 이들이 자신의 이익을 위해서 행동하고 있다고 믿게끔 만들고 있어. 바로 이것이 나의 또 다른 술책이네.

힐 다시 미국 이야기로 돌아가 보죠. 사람들을 방황하는 습관으로 끌어들이기 위해 당신은 지금 무슨 짓을 하고 있나요?
악마 현재 나는 사람들의 마음속에 두려움과 불확실성의 씨앗을 뿌리며 독재국가를 수립하기 위한 준비를 하고 있지.

힐 그 일을 수행하기 위해 누구를 이용하고 있습니까?
악마 주로 대통령을 이용하네. 나는 고용주와 노동자들 간의 노동 협약 문제에 대하여 대통령이 판단을 내리지 못하고 방황하도록 만들었네. 그리고 미국 국민을 이용해 대통령의 권한을 무너뜨리려 하고 있지. 만일 1년 안에 대통령을 방황하게 만든다면 그는 완전히 신임을 잃게 되겠지. 그러면 나는 다른 독재자에게 이 나라를 인계할 수 있네. 앞으로 대통령이 계속해서 방황한다면, 얼마 전에 내가 스페인과 이탈리아, 독일, 영국에서 개인의 자유를 철저히 파괴했던 것처럼 미국에서의 개인의 자유 역시 완전히 마비시킬 수 있을 걸세.

> 힐이 이 원고를 집필했던 1938년 당시 미국 대통령은 프랭클린 D. 루즈벨트였다. 악마의 주장을 오늘날에도 적용할 수 있을까? 당신은 나폴레온 힐이 75년 전에 집필한 이야기와 똑같은 내용을 오늘날에도 쓸 수 있을 거라고 생각하는가?

힐 당신 말에 따르면, 개인이든 국가든 실패하게 되는 결정적인 약점이 바로 방황이라는 얘기군요. 맞습니까?

악마 계층을 막론하고 모든 인간이 실패하는 공통된 원인이 바로 방황일세. 고민거리가 무엇이든 일단 방황하는 습관에 걸려들기만 하면 누구든 지배할 수 있지. 이유는 두 가지야. 첫째, 방황자는 내 마음대로 주무를 수가 있어서 내가 어떤 방침을 선택하든 그것에 맞춰 행동하지. 이는 방황이 개인의 자주성을 파괴했기 때문이네. 둘째, 방황자는 결코 나의 반대 세력에게서 도움을 받을 수 없어. 나의 반대 세력은 나약하고 무능한 대상에게는 다가가지 않기 때문이지.

힐 이제 다른 문제로 들어가 보겠습니다. 왜 부자는 소수인 반면 가난한 사람은 다수인 겁니까?

악마 그 문제에 대해서는 정확한 이유가 있네. 신체적 질병과 마찬가지로 가난은 전염되는 병이야. 그런데 방황하지 않는 자들은 2퍼센트에 불과하기 때문에 부자는 소수일 수밖에 없지. 방황하지 않는 자들, 즉 내가 지배할 수 없는 자들과 세상에서 최고의 부를 거머쥔 자들이 결국 같은 사람이라는 사실을 깨닫게 될 걸세.

힐 지금까지 나는 언제나 모든 악의 근원이 돈이고, 가난한 사람들과 착한 사람들은 천국으로 가지만 부자들은 악마의 손아귀로 들어갈 거라고 생각했습니다. 이에 대해 할 말이 있습니까?

악마 자네의 생각은 진실과 전혀 달라. 인생에서 물질적인 것을 얻는 방법을 아는 사람은 악마의 손아귀에서 벗어나는 방법 역시 알고 있지. 물질을 획득하는 능력은 전염성이 있어. 방황자들은 다른 사람들이 원하지 않아 버린 것들 말고는 아무것도 얻지 못해. 만일 물질적 부와 정신적 부에 대한 강렬한 열망으로 명확한 목표를 가진 사람들이 많아진다면 나의 포로들은 점점 줄어들게 될 걸세. 문제는 남에게 지기 싫은 마음에 부를 우위에 서는 수단으로 삼으려고 하는 사람들이야.

실제로 성경에는 돈 자체가 아닌 '돈에 대한 애착'에 대하여 다음과 같이 언급한 구절이 있다.

'돈을 사랑하는 것은 모든 악의 뿌리다.' (디모데전서 6 : 10)

힐 그렇다면 당신은 산업을 이끄는 주역들과는 친분 관계가 없다는 말인가요? 이들은 당신의 협력자가 아닌가요?

악마 나의 협력자들을 알고 싶나? 산업을 이끄는 주역들은 전 국토를 가로지르는 도로를 건설하여 도시와 시골 사람들이 가깝게 교류할 수 있도록 만들었네. 이들은 철광석을 강철로 바꿔 이것을 가지고 고층 건물의 뼈대를 세웠네. 이들은 인간에게 생각할 시간을 제공하기 위해 전기를 동력원으로 활용하여 다양한 용도로 개발하고 있네. 이들은 자동차를 공급하여 누구라도 편하게 이용할 수 있는 교통수단을 확보해 주었고, 따라서 누구나 어디든 여행할 수 있게 되었어. 또한 세계 전역에서 일어나는 일들을 각 가정에서 바로 접할 수 있도록 라디오의 도움을 빌려 뉴스를 제공하고 있네.

그리고 오늘날에는 텔레비전, 스마트폰, 인공위성, 인터넷이 있다!

이들은 모든 도시와 마을과 고장에 도서관을 세우고, 인류의 경험을 집약해 놓은 가장 유용한 지식을 읽을 수 있도록 그곳을 수많은 책들로 채워 놓았네. 이들은 시민이라면 누구나 언제 어디서든, 어떤 문제든 개인의 의견을 비판받지 않고 자유롭게 표현할 수 있는 권리를 부여했고, 모든 시민들이 법을 만들고 세금을 징수하고 선거를 통해 나라를 다스리는 데 참여할 수 있도록 했네. 이러한 일들 중 어떤 것들은 시민들에게 방황자로 전락되지 않을 특권을 제공한 것일세. 그런데 어떻게 산업을 이끈 주역들이 나의 목표를 도왔다고 생각하나? 그들은 나의 적과 마찬가지야. 사람들을 방황하지 않고 자주적인 의식을 갖도록 끊임없이 채찍질하는 일은 나를 떨게 한다네.

방황자 VS 방황하지 않는 자

힐 그렇다면 오늘날 당신이 지배하지 못하는 '방황하지 않는 자'들은 누구입니까?

악마 난 과거에도 현재에도, 방황하지 않는 사람들을 지배하지 못해. 나는 나약하고 자주적으로 생각하지 않는 인간들을 지배하지. 그렇지 않은 자들이 바로 내가 지배할 수 없는 영역에 있는 자들일세.

힐 전형적인 방황자에 대해서 설명해 주십시오. 방황자와 마주쳤을 때 그가 방황자인지 알아볼 수 있는 특징을 하나하나 자세히 설명해 주십시오.

악마 인생에서 중대한 목표가 없는 사람을 방황자라고 보면 되네.

— 자신감이 없기 때문에 사람들 눈에 잘 띌 걸세.

— 생각이나 노력을 요하는 일은 절대 해 내지 못할 걸세.

— 체면을 차릴 수만 있다면 수입의 전부를 써 버리거나 그 이상을 지출하기도 할 걸세.

— 실제든 가상이든 어떤 이유로든 병들어 괴로워할 것이며, 육체적인 고통은 최대한 겪지 않게 해달라고 기도할 걸세.

— 상상력이 전혀 없거나 있어도 겨우 조금만 있을 걸세.

— 무언가를 시작할 열정도 결단력도 없고, 언제나 쉬운 길만 택하며, 자신의 나약함을 노골적으로 드러낼 걸세.

— 성미가 까다롭고 감정을 다스리지 못할 걸세.

— 다른 사람을 끌어들일 만한 매력적인 인품이 없을 걸세.

— 모든 문제에 대해 의견은 내지만 명확한 지식은 없을 걸세.

— 다방면에 재주가 있지만 정말로 잘하는 것은 없을 걸세.

— 주변 사람들과의 협력을 무시할 걸세. 심지어 생계 때문이라도 의지해야 할 사람들과 협력하지도 않을 걸세.

— 같은 실수를 반복하고 실패에서 아무런 교훈을 얻지 못할 걸세.

- 마음이 좁아서 모든 문제를 너그럽게 봐주지 못하고 자신과 반대 의견을 보이는 사람들에게 툭하면 달려들 걸세.
- 상대방에게 많은 것을 기대하면서 정작 자신은 아무것도 보답하지 않을 걸세.
- 여러 일을 시도하지만 아무것도 완성하지 못할 걸세.
- 큰 소리로 정부를 비판하지만 개선 방법에 대해서는 정확하게 설명하지 못할 걸세.
- 할 수만 있다면 최대한 결정을 미루고, 누가 강요하면 자신의 입장이나 태도를 쉽게 번복할 걸세.
- 과식을 하면서도 운동은 하지 않을 걸세.
- 누군가가 술을 사겠다면 마다않고 마실 걸세.
- 할 수만 있다면 기꺼이 '돈도 없이' 도박판에 뛰어들 걸세.
- 사람들이 각자 선택한 직장에서 성공가도를 달리는 모습을 비판할 걸세.
- 방황자는 더 나은 삶을 추구하며 노력하기보다 생각하지 않고 대충 살기 위해서 더 열심히 노력할 걸세.
- 어떤 주제에 대해 자신의 무지함을 인정하기보다 거짓말로 일관할 걸세.
- 만일 다른 사람 밑에서 일을 한다면 등 뒤에서 흉을 보고 면전에서는 아부를 할 걸세.

힐 방황자의 특징에 대해서 명확하게 설명해 주셨습니다. 그렇다면 이번에는 방황하지 않는 자들을 만났을 때 단번에 알아볼 수 있는 그들의 특징을 설명해 주시기 바랍니다.

악마 방황하지 않는 자는 언제나 명확하고 체계적으로 수립된 계획을 바탕으로 확실한 일에만 몰두한다네. 그는 인생에서 반드시 이뤄야 할 중대한 목표를 향해 항상 노력하며, 이러한 핵심 목표를 뒷받침하는 하위 목표들까지도 수립하지.

- 목소리에서 풍기는 기품, 민첩한 발걸음, 반짝이는 눈빛, 신속한 결단력을 보고 있으면, 그가 자신이 무엇을 원하는지 정확히 알고, 아무리 오랜 세월이 걸리더라도 혹은 아무리 막대한 대가를 치르더라도 반드시 그것을 쟁취하고 말겠다고 단호하게 결심하는 사람임을 알 수 있네.
- 자네가 어떤 질문을 해도 그는 정확하게 답변을 해줄 걸세. 절대 회피하거나 얕은꾀로 속임수를 쓰지는 않을 걸세.
- 다른 사람들에게 많은 호의를 베풀지만, 다른 사람이 베푸는 호의는 거의 받지 않는다네.
- 게임에서든 전쟁에서든 언제나 선두에 선다네.
- 만일 정답을 모른다면, 솔직하게 모른다고 말할 걸세.
- 기억력이 좋지만 절대 자신의 결점을 덮을 목적으로 이용하지 않는다네.
- 아무리 많은 비난을 받아도 자신의 실수를 남의 탓으로 돌리지 않는다네.
- 한때는 야심가로 알려졌지만 지금은 '베푸는 사람'으로 불리지. 그는 도

시에서 대규모 사업체를 운영하며, 풍족한 삶을 누리고, 최고급 자동차를 몰며 어디를 가든 자신의 존재를 알리는 사람이라네.
- 만나는 모든 사람들에게 자극을 주는 존재지.
- 방황하지 않는 자들의 가장 큰 특징은, 자주적으로 사고하는 능력이 있고, 어떤 일에서든 이런 능력을 활용한다는 점일세.

"방황하지 않는 자들은
자주적으로 생각할 수 있는 능력이 있고
어떤 일에서든 이런 능력을 활용한다."

당신이 알고 있는 사람 중에서 위의 표현에 들어맞는 사람이 있는가? 그 사람은 방황하지 않는 자인가?

힐 방황하지 않는 자들은 태어날 때부터 방황자들에게는 없는 정신적, 신체적, 영적 이점을 가지고 태어납니까?

악마 그렇지 않네. 방황자와 방황하지 않는 자들 사이의 가장 큰 차이점은 둘 다에게 동등하게 제공된 어떤 것에 있지. 간단히 말해서, 자신의 마음을 읽고 자주적으로 생각할 수 있는 특권을 사용하느냐 사용하지 않느냐의 차이야.

힐 만일 당신이 방황자들의 이러한 나쁜 습관을 고쳐주고 싶다면 그들에게 어떤 메시지를 전하고 싶습니까?

악마 어서 정신을 차리고 남에게 베풀라고 꾸짖을 걸세!

힐 무엇을 베풀라는 말입니까?

악마 가능한 한 많은 사람들에게 도움이 되는 것이라면 뭐든지.

힐 그럼 방황하지 않는 자들도 베풀어야 합니까?

악마 물론이지, 그가 결심만 한다면! 하지만 방황하지 않는 자들은 그러한 결심이 서기도 전에 틀림없이 무엇이든 베풀고 있을 걸세!

힐 어떤 사람들은 당신의 존재를 의심합니다.

악마 내가 자네라면 그 문제에 대해서는 걱정하지 않겠네. 이제 막 방황하는 습관으로 빠져든 인간들은 나의 확실한 조언이 담긴 이 인터뷰의 신빙성을 알아볼 걸세. 나머지 인간들의 생각까지 바꿔 놓으려고 굳이 애쓸 필요는 없네.

힐 왜 당신은 당신에게서 끌어낸 이 자백을 세상에 알리려는 나를 막지 않습니까?

악마 어떻게 해서든 자네가 공개할 것이 확실하기 때문이지. 나한

테는 자네를 막는 것보다 훨씬 더 좋은 계획이 있네. 자네를 부채질해서 이 인터뷰를 책으로 출간하게 만드는 거지. 그리고 나의 충성스러운 방황자들이 자네에게 맹렬한 비난을 퍼부을 때 고통스러워하는 자네의 모습을 뒤에서 잠자코 바라볼 생각이야. 굳이 내가 나서서 자네의 이야기를 부정할 필요도 없을 걸세. 나의 추종자들이 대신 해줄 테니까.

chapter 5

계속되는
악마의 자백

힐 이쯤에서 당신이 자백을 중단한다면 당신 말대로 내가 공격당할 확률이 높겠지요. 하지만 다행스럽게도 당신이 지배하는 수많은 희생자들은 당신의 자백 덕분에 오히려 자유의 몸이 될 것입니다. 이 인터뷰는 당신이 사람들의 마음에 두려움과 미신을 심어 놓고 궁극적으로 그들을 억압하기 위해 어떤 무기를 이용하는지 털어놓을 때까지 계속될 것입니다. 지금까지의 자백은 단지 시작에 불과하다는 것을 기억하십시오, 폐하. 나는 당신이 어떻게 인간을 지배하는지 진술하게 만든 다음, 당신을 무너뜨릴 수 있는 비밀이 무엇인지 밝혀낼 것입니다.

내가 당신을 공격하기 위해 이 땅에 영원히 존재할 수는 없겠지만, 내 책은 내가 사라진 뒤에도 영원히 남을 것입니다. 왜냐하면 내 책은 진실을 담고 있기 때문이죠!

당신은 당신의 반대 세력을 두려워합니다. 왜냐하면 조만간 그 반대 세력이 당신을 무너뜨리고 세상을 지배하리라는 것을 알고 있기 때문입니다. 그러나 당신이 정말로 두려워하는 것은 진실입니다. 다른 무엇보다 진실을 가장 두려워하는 이유는, 진실은 더디지만 분명하게 모든 두려움에서 인간을 해방시킬 것이기 때문입니다. 두려움이라는 무기가 없다면 당신은 무력해져서 결국 어떤 인간도 지배할 수 없을 것입니다! 맞습니까, 틀립니까?

"내가 당신을 공격하기 위해 이 땅에 영원히 존재할 수는 없겠지만,
내 책은 내가 사라진 뒤에도 영원히 남을 것입니다.
왜냐하면 내 책은 진실을 담고 있기 때문이죠!"

실제로 나폴레온 힐은 1970년에 타계했지만, 지금에야 출간되는 이 작품은 영원히 남게 되었다.

악마 자네 말이 사실이라고 인정하는 것밖에는 다른 대안이 없군.

힐 이제 서로에 대해 알았으니 인터뷰를 계속해 봅시다.

자, 당신은 자신을 돌보지 않아 방황하는 습관에 빠진 사람들의 마음만 지배한다는 것이 사실입니까?

악마 그래, 사실이네. 이미 수십 번도 넘게 인정하지 않았는가. 왜 자꾸 똑같은 질문을 반복하면서 나를 괴롭히나?

힐 반복에는 힘이 있기 때문입니다. 당신에게 걸려든 사람들이 이 인터뷰를 보고 깨어날 수 있도록, 나는 당신의 자백에서 핵심이 되는 부분을 다양한 방식으로 반복할 것입니다. 이것이 내가 만든 작은 술책 중 하나입니다. 괜찮습니까?

악마 자네의 능력을 보여 줄 속셈으로 나에게 올가미를 씌울 순 없어, 그렇지 않나?

힐 질문은 내가 할 테니 답변만 하십시오! 자, 이렇게 당신의 자백을 받아내려는 나를 막지 못하는 이유는 무엇입니까? 또 어떻게 하면 당신이 힘을 잃는지 밝혀 주십시오. 나는 당신에게 걸려든 사람들이 당신의 자백을 읽는 순간 당신 손아귀에서 벗어날 수 있었으면 좋겠습니다.

악마 나는 자네에게 영향력을 행사하거나 자네를 지배할 힘이 없네. 자네가 나의 세계로 들어오는 비밀을 알았기 때문이지. 자네는 내가 두려움에 떨고 있는 사람들의 마음속에서만 존재한다는 사실을 알고 있네. 자네는 내가 스스로 생각하지 않는 방황자들만 지배한다는 사실을 알고 있네. 또한 지옥이란 것이 사후세계가 아닌 지상에 존재한다는 사실도 알고 있지. 그리고 내가 지옥에서 행사하는 모든 불길을 방황자들에게서 제공받는다는 사실을 알고 있어. 자네는 내가 두 개로 갈라진 혀와 뾰족한 꼬리가 있는 특정한 형상이 아니라 에너지와 같은 형태나 원리로 존재하고, 모든 물질과 모든 기운의 부정적인 측면을 드러내는 존재라는 사실을 알고 있네. 세상에 존재하는 온갖 종류의 두려움을 정복한 자네는 이미 나의 주인이 되었네.

마지막으로, 자네는 그동안 내가 유인한 모든 인간과 접촉하면 그들을 해방시킬 수 있다는 것과 현상을 명확하게 인식하고 자주적으로 생각하는 힘이 나에게 최대의 피해를 입힐 수 있는 결정적 한 방이라는 사실을 알고 있네.

나는 자신의 마음을 읽고 다스리는 자네를 지배할 수가 없네. 이 정도면 자네의 과시욕을 충분히 만족시켰을 걸세.

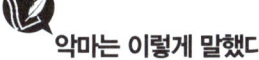
악마는 이렇게 말했다 .... SAYS THE DEVIL

"나는 자신의 마음을 읽고 다스리는 자네를 지배할 수가 없네. 상황을 명확하게 인식하고 자주적으로 생각하는 힘이 나에게 최대의 피해를 입힐 수 있는 결정적 한 방일세."

힐 마지막 가시 돋친 말은 필요 없는 말이었습니다. 당신을 굴복시키기 위해 명확하게 인식하고 스스로 생각하는 힘이 있는 나를 한낱 과시욕에 빠져 허덕이는 저속한 인간으로 매도하지 마십시오. 그러한 조롱에 맞설 수 있는 것은 이 세상에서 단 한 가지, 진실밖에 없습니다. 그럼 당신의 자백을 계속 들어 봅시다. 아첨의 원칙은 어떻습니까? 당신은 그 원칙을 사용합니까, 사용하지 않습니까?

악마 내가 아첨의 원칙을 사용하느냐고? 이봐, 자네! 내가 지닌 무기 중에서 가장 유용한 무기 가운데 하나가 아첨이야. 이 치명적인 도구를 사용하면 어른이든 아이든 꼼짝 못하게 할 수 있지.

악마는 아첨을 어떻게 이용하는가

힐 흥미롭군요. 당신이 아첨을 어떻게 이용하는지 어서 설명해 주시죠.

악마 여러 가지 방법으로 쓰고 있어서 어디서부터 시작해야 될지 모르겠군. 구체적으로 대답하기 전에 자네에게 경고 하나 하지. 만일 지금부터 내가 털어놓는 이야기를 세상에 공개한다면 자네는 빗발치는 비난을 받게 될 걸세. 그 책임은 이런 질문을 던진 자네에게 있다는 사실을 명심하게.

힐 그런 걱정은 하지 말고 어서 답변이나 하시죠. 모든 책임은 내가 지겠습니다.

악마 좋아, 자네가 인간을 방황하는 습관으로 빠뜨리는 나의 핵심 비법을 밝혀냈다고 인정하는 편이 낫겠군!

힐 그건 이미 인정하지 않았습니까. 지금 논의하는 주제인 아첨에 초점을 맞추고 정확하게 답변하십시오. 당신이 인간을 지배하기 위해 아첨이라는 무기를 어떻게 이용하는지 전부, 남김없이 밝혀 주시기 바랍니다.

악마 상대를 제압하길 바라는 인간에게 어느 것과도 비교할 수 없는 가장 귀중한 유인책이 바로 아첨이네. 아첨은 모든 인간들에게 보편적으로 존재하는 약점, 바로 허영심과 자만심을 자극해서 양질의 효과를 끌어낼 수 있는 강력한 무기야. 누구에게나 어느 정도의 허영심과 자만심은 있네. 어떤 인간들은 이러한 특성이 너무나 두드러지게 나타나서 상대를 꼼짝없이 묶어두는 도구, 말 그대로 올가미로 쓰기도 하지. 모든 올가미 중에서 단연 최고의 올가미는 아첨이야.

아첨은 또한 남자가 여자를 유혹할 때 사용하는 최고의 유인책이기도 하네. 반대로 여자들이 남자를 지배하려고 똑같은 유인책을 쓰기도 하지. 나의 협력자들은 자신감 넘치는 인간들 사이를 누비면서 최고의 유인책인 아첨을 이용하여 전쟁을 벌이는 데 필요한 정보를 입수하기도 한다네.

만일 누가 상대의 허영심을 채우기 위해 아첨을 하려 든다면 나는 그곳이 어디든 이동해서 그를 또 하나의 방황자로 만들지. 방황하지 않는 자들은 아첨에 쉽게 넘어가지 않네. 나는 인간들이 사람들과 관계를 맺을 때 이첨의 기술을 사용하도록 부추겨. 아첨에 흔들리는 인간은 방황하는 습관에도 쉽게 걸려들기 때문이야.

악마는 이렇게 말했다　　　　　　　　　　　　SAYS THE DEVIL

"방황하지 않는 자들은 아첨에 쉽게 넘어가지 않네."

힐　아첨에 넘어가는 사람은 쉽게 지배할 수 있습니까?

악마　정말 쉽지. 이미 말했다시피, 인간을 방황하는 습관으로 유인할 때 가장 중요한 것이 아첨이야.

힐　어떤 연령대의 사람들이 아첨에 약합니까?

악마　아첨에 쉽게 흔들리는 성향은 나이와 아무 관련이 없네. 인간은 자신의 존재를 인식하기 시작하면서부터 죽을 때까지 아첨에 반응하지.

힐 여자들은 어떤 이유로 아첨에 쉽게 넘어갑니까?

악마 허영심이지. 여자한테 예쁘다거나 입고 있는 옷이 잘 어울린다고 말해 보게.

힐 남자들을 유혹하는 데 가장 효과적인 방법은 무엇입니까?

악마 자만심, 그야말로 자만심이 최고지! 남자를 한껏 추켜세워 주면 나머지는 너무도 쉽다네. 일단 남자한테 몸이 헤라클레스처럼 건장하거나 정말 능력 있는 사업가라고 말해 보게. 그러면 남자는 기분이 좋아진 고양이처럼 얌전해지고 바람 빠진 풍선처럼 실실 웃을 걸세! 그 뒤에 무슨 일이 일어날지는 자네도 알겠지.

힐 모든 남자들이 그렇습니까?

악마 아니, 꼭 그렇지는 않아. 100명 중 두 명은 자신의 자만심을 완벽하게 조절하기 때문에 아무리 뛰어난 기술을 가진 아첨의 달인이라 하더라도 이들을 유혹하지 못해.

힐 여자들은 어떻습니까? 남자들을 유혹할 때 아첨의 기술을 어떻게 적용합니까?

악마 맙소사! 아직 자네는 그걸 모르나 보군. 정말 영특한 여자들은 남자의 자만심을 자극한다네! 그렇기 때문에 여자들이 남자를 유혹하는 데 성공할 수 있는 거지. 반대로 남자들도 같은 방법으로 여자들을 유혹하기도 한다네. 여자, 남자를 떠나 자신의 자만심을 조절하지 못하는 인간은 누구라도 아첨에 약할 수밖에 없지.

실패를 이용하느냐, 실패에 무릎 꿇느냐

힐 사람들을 방황하게 만드는 다른 술책들에 대해서도 말해 주십시오.
악마 가장 효과적인 방법 중에 하나가 실패를 맛보게 하는 거지! 대다수 인간들은 장애물에 부딪히자마자 방황하기 시작하고, 두세 번 실패하면 다시 일어설 엄두를 못 낸다네. 몇 번을 실패해도 꾸준히 노력하는 인간은 만 명 중에 한 명도 만나기 힘들지.

힐 그러면 당신의 임무는 사람들을 실패하게 만드는 것입니까?
악마 제대로 이해했네. 실패는 인간의 사기를 저하시키고, 자신감을 무너뜨리고, 열정을 약화시키고, 상상력을 둔화시키고, 명확한 목표를 잃게 만들지.

하지만 실패에서 교훈을 배우지 않는 한, 어떤 일에서든 아무도 영원한 성공을 이룰 수는 없네. 세상은 에디슨보다 훨씬 뛰어난 능력을 겸비한 수많은 발명가를 배출했지. 하지만 이들 중 에디슨처럼 자신의 실패를 발판 삼아 성공함으로써 유명해진 사람은 없네. 모두 실패를 탓하며 성과를 내지 못한 구실로 삼았지.

"**에디슨은 실패를 발판 삼아 성공**했지만
대다수의 사람들은 실패를 탓할 뿐이다."

당신은 살아가면서 실패를 어떻게 대하고 있는가?

힐 헨리 포드의 핵심 자산 가운데 한 가지도 용기를 잃지 않고 실패를 극복하는 능력 아닌가요?
악마 그렇지. 그리고 직종을 막론하고 위대한 성공을 이룬 모든 사람들이 공통적으로 가진 핵심 자산이 바로 그것이네.

"'용기를 잃지 않고 **실패를 극복하는 능력**'은
'**위대한 성공을 이룬 모든 사람들의 핵심 자산**'이다."

《황금이 있는 곳까지 1미터》에서 나는 공동저자와 함께 오늘날 정상의 자리에 있는 리더 서른다섯 명 이상을 대상으로 그들의 성공 비결뿐만 아니라 고난의 시기도 탐구했고, 그리고 어떻게 인내하여 위대한 성공에 이르게 되었는지를 인터뷰했다. 예를 들어, 통산 3,704승을 올려 여성으로서는 최초로 미국 경마 명예의 전당에 헌정된 줄리 크로네는 처음 경마에 입문했을 때 얼마나 힘들게 노력했는지를 밝혔다. 말 소유주들은 여성 기수라는 이유로 그녀를 고용하지 않았다. 줄리는 자신의 인내심을 보여 주기 위해 '계속 나오자!'를 모토로 삼았다고 한다. "만일 매일 나와서 최선을 다한다면 한 번쯤 말 위에 앉아보라고 하지 않을까 싶었어요. 그것이 나를 몰아내기 위한 방법이었대도 말이죠." 결국 줄리는 미국 경마 역사상 가장 강인한 선수로 이름을 날리게 되었다.

힐 너무 애매한 표현입니다, 폐하. 좀 더 이해하기 쉽게 다른 표현으로 설명해 줄 생각은 없습니까?

악마 조금만 생각하면 명확히 이해할 수 있을 걸세. 인내한 끝에 성공한 자들의 삶을 면밀히 들여다보게. 그러면 이들의 성공이 예외 없이 실패를 극복한 정도와 정비례한다는 사실을 발견하게 될 거야.

성공한 사람들의 삶은 이 땅의 진정한 철학자들이 주장하는 진리를 증명하지. 그 진리란 '온갖 실패는 그에 상응하는 성공의 씨앗을 가져온다'라는 것일세.

그러나 성공의 씨앗은 방황자에게서는 싹을 틔우지도 자라지도 않네. 모든 실패가 그저 일시적인 좌절일 뿐이라는 사실을 깨닫는 사람, 어떠한 환경에서도 방황의 이유를 실패 탓으로 돌리지 않는 자의 손에 들어갔을 때만 씨앗의 생명력은 살아나지.

힐 내가 정확하게 이해했는지 모르지만, 당신은 실패에도 가치가 있다고 주장하는 것 같군요. 그런데 아무래도 논리가 맞지 않습니다. 만일 실패에 가치가 있다면 왜 당신은 사람들을 실패로 몰아넣으려고 애쓰는 겁니까?

악마 내 주장에는 모순이 없네. 모순이 있는 것처럼 보이는 이유는 자네의 이해력이 부족하기 때문이야. 실패는 노력을 멈추지 않고 방황자의 길로 들어서지 않을 때만 가치가 있지. 이러한 이유로 나는 가능한 한 많은 인간들을 자주 실패하게 만들어. 그런데 두세 번 실패한 후에도 계속해서 노력하는 인간은 만 명 중에 한 명도 보기 힘들지. 나는 실패를 발판으로 삼는 소수에 대해서는 상관하지 않아. 어쨌든 이들은 나의 반대 세력을 따르게 되어 있으니까. 이런 자들이 바로 방황하지 않는 자들이네. 따라서 이들은 내 능력 밖에 있어.

서서히 스며드는 악마의 선전 활동

힐 깔끔한 설명이군요. 이제부터는 사람들을 방황으로 유인하는 또 다른 술책에 대해서 말씀해 주십시오.

악마 내가 쓰는 가장 효과적인 술책 중 한 가지는 사람들이 선전 활동이라 말하는 것일세. 이것은 전쟁으로 가장하여 한 인간이 다른 인간을 살해할 수도 있는 대단히 뛰어난 도구이기도 하지. 이 술책이 뛰어난 이유는 내가 이 술책을 교묘하게 사용할 수 있기 때문일세.

나는 세상 소식을 선전 활동으로 퍼뜨린다네. 학교에서도 이것을 가르치게 했지. 선전 활동은 종교계에도 퍼져 있더군. 그리고 영화로도 만들게 했네. 라디오가 있는 가정이라면 어느 곳이든 이러한 술책을 사용할 수 있다는 사실도 깨달았지. 광고 게시판이나 신문, 라디오 광고에도 집어넣었고, 인간들이 일하는 직장에도 퍼뜨렸지. 이혼 법정으로 인간들을 내몰고 기업과 산업을 파괴하기 위해 이 술책을 사용한다네.

은행의 예금 인출 소동을 일으킬 수 있는 최고의 방법이 선전 활동이야. 나의 선전원들이 세상을 완전히 봉쇄하면 나는 내 마음대로 유행성 질병을 퍼뜨리거나, 전쟁을 불러일으키거나, 경제를 공황상태로 몰아넣을 수 있네.

힐 선전 활동을 이용하면 당신이 앞에서 주장한 일이 전부 가능하다고 했는데, 그것으로 인해 우리가 전쟁과 경제침체를 겪어야 한다는 사실이 언뜻 이해되지 않습니다. 먼저 '선전 활동'이라는 용어가 어떤 의미인지 간단하게 설명해 주십시오. 도대체 선전 활동이란 무엇이며 어떻게 작동되는 겁니까? 무엇보다도 이 사악한 기법을 이용해서 어떻게 사람들을 방황하게 만드는지 알고 싶습니다.

악마 인간에게 영향을 끼치는 장치나 계획, 방법을 선전 활동이라고 하지. 이것을 이용하면 인간들은 제 자신이 지금 무엇에서 영향을 받고 있는지도 눈치채지 못하고, 자신에게 영향력을 끼치는 힘의 원천이 무엇인지도 인식하지 못한 채 영향을 받아.

선전 활동은 기업에서 경쟁력을 약화시키려는 목적으로 사용되네. 사업주는 직원들보다 우월한 입장을 차지하기 위해 이를 이용하지. 똑같은 방식으로 노동자도 사업주보다 유리한 입장을 차지하기 위해 이를 이용한다네. 실제로 선전 활동은 좀 더 유연하고 세련된 기법을 통해 상당히 보편적으로 사용되기 때문에 그것을 눈치채더라도 거부감을 느끼지는 않지.

힐 현재 당신의 일부 협력자들이 미국인들의 마음을 서서히 독재 정부로 끌어들이기 위해 준비 작업에 착수한 것 같습니다. 이들이 일을 어떻게 진행하고 있는지 설명해 주십시오.

악마 그래! 나의 수백만 협력자들은 미국인들을 독재화하기 위한 준비 작업에 착수했네. 현재 나의 최고 협력자들이 미국 정부와 기업체 곳곳에서 이 작업을 수행하고 있어. 우리는 총알이 아닌 무기명 투표로 미국을 지배할 계획을 짜고 있네. 미국인들은 무척 예민하기 때문에 정부가 총과 탱크의 힘으로 대체되는 상황을 목격하고 받게 될 충격을 견뎌내지 못할 걸세. 따라서 나의 협력자들은 이들이 쉽게 받아들일 수 있는 미끼를 제공할 걸세. 그중 하나가 사업주와 노동자 사이에 분쟁을 일으켜서 정부가 기업과 산업에 등을 돌리게 만드는 것이지. 선전 활동이 완벽하게 효력을 발휘하면 나의 협력자 중 한 명이 독재자가 될 것이고, 헌법에 대한 정확한 개념도 없이 미 연방대법원에 앉아 있는 어리석은 늙은이 아홉 명은 퇴출당할 걸세! 모든 인간이 직장을 얻고 국고에서 먹을 것을 제공받게 되겠지. 배고픈 자들은 정부에 불만을 가지겠지만 일단 배만 불려주면 먹을 것을 주는 사람이 이끄는 대로 아무런 망설임 없이 따르게 마련이지.

1938년, 미국을 '독재화'하기 위해 악마가 선택한 방법은 '정부가 기업과 산업에서 등을 돌리고' 대중을 먹여 살리는 일에 국고를 사용하게 만드는 것이었다. 지금도 그러한 상황이 여전히 가능할까? 악마는 성공하게 될까? 만일 나폴레온 힐이 오늘날 악마와 인터뷰를 했다면, 틀림없이 악마는 현재 시행하고 있거나 계획 중인 소위 '복지정책'을 보고 상당히 만족했을 것이며, 자동차나 금융 계통 민간기업들에게 나날이 심해지는 정부의 개입을 보고 환호했을 것이다.

힐 한마디로 선전 활동은 인간의 이성을 마비시키고, 의지를 무너뜨리고, 방황으로 유인하는 기법이군요. 인간을 두려움으로 제압하거나 전쟁을 통해 몰살하는 방법 대신 강력한 선전 활동을 펼쳐서 인간을 지배하는 것이 어떻습니까?

악마 자네 말은, 선전 활동도 직접 못하는 악마라면 전혀 두려워할 필요가 없다는 소린가? 자네는 내 기법을 주의 깊게 살펴보지 않았군. 자세히 들여다보면 내가 세상에서 가장 뛰어난 선전원이라는 사실을 깨닫게 될 걸세! 나는 내가 성공시킬 수 있는 모든 속임수와 교묘한 방법을 활용해서 목표를 달성하지, 결코 직접 실행하지는 않네. 내가 어떻게 인간의 마음속에 부정적인 생각을 심어 놓고 원래 자기 생각이라고 믿게 만들어 인간세계를 지배한다고 생각하나? 선전 활동과 같은 교묘한 수법이 아니었다면 어떻게 내가 그럴 수 있겠나?

힐 설마 당신의 소행이라고 인식하지 못한 채 자발적으로 참여한 사람들을 파멸로 몰아넣는다고 말하려는 건 아니겠죠?

악마 자네가 제대로 이해했으면 했던 것이 바로 그거야. 이제 그 기법이 어떻게 작동하는지 자세히 얘기해 주지.

악마의 유혹에서 자신을 지키는 방법

힐 이제 인터뷰가 진전을 보이는군요. 당신은 어떻게 인간을 선전원으로 전환시키고 그들을 스스로 감옥으로 유인합니까? 이 부분을 좀 더 자세히 설명해 주십시오.

이 부분이 당신의 자백 중에서 가장 중요한 내용이므로 나는 당신의 비밀을 밝히기 위해 온 힘을 다 쏟을 것입니다. 이 비밀이 밝혀지면 수없이 많은 무고한 희생자들이 당신의 지배에서 벗어날 수 있을 것입니다. 아마도 당신은 내 질문에 답을 회피하고 얼버무리겠죠. 그래도 나는 당신을 비난하지 않겠습니다. 또한 당신은 아직 태어나지 않은 수많은 사람들이 당신의 유혹을 피할 거라는 사실을 이미 알고 있습니다. 그러니 답변하지 않으려고 발뺌하는 것이 당연하겠죠.

악마 자네 논리가 맞네. 나의 자백 가운데 지금부터 밝힐 내용이 다른 어떤 내용보다 나에게 심각한 손해를 입힐 걸세.

힐 당신의 고민을 좀 더 정확하게 표현하자면 이렇게 말할 수 있겠네요. 당신의 자백 가운데 지금부터 밝히게 될 내용은 남아 있는 다른 어떤 내용보다 더 많은 사람들을 당신의 지배에서 구원할 것입니다.

악마 지금으로서는 자네가 나를 지옥으로 몰아넣고 있다는 말밖에 할 말이 없군!

힐 이제야 당신도 수많은 희생자들이 어떤 기분이었을지 알겠군요. 자, 그럼 시작합시다.

악마 나는 인간을 유혹해서 그의 마음속으로 들어간다네.

힐 인간을 유혹하기 위해 당신은 어떤 유인책을 사용합니까?

악마 여러 가지가 있지. 인간들이 쾌락을 갈망하는 것이라면 뭐든지 사용하네. 나는 인간이 다른 인간을 유인할 때 사용하는 것과 똑같은 것들을 사용해. 다시 말해서, 인간들이 가장 바라는 것들을 유인책으로 사용한다는 말이지. 내가 가장 좋아하는 유인책은 다음과 같네.

- 사랑
- 성에 대한 갈망
- 돈에 대한 탐욕

- 도박처럼, 무에서 유를 얻으려는 강박적 욕구
- 인간들의 허영심과 자만심
- 다른 사람을 지배하려는 욕망
- 술과 마약에 대한 욕망
- 말과 행동을 통해 자기를 표현하려는 욕망
- 다른 사람을 모방하고픈 욕망
- 죽은 뒤에도 영생하고픈 욕망
- 주인공이 되고픈 욕망
- 음식에 대한 욕망

힐 유인책 목록이 인상적입니다, 폐하. 이 외에 다른 유인책은 사용하지 않습니까?

악마 물론 다른 것들도 많지만, 위의 유인책들이 내가 제일 좋아하는 것들이네. 이 중에서 몇 가지를 조합하면 나이를 막론하고 어떤 인간이든 내 의지대로 언제든지 그의 마음속으로 들어갈 수 있지.

힐 당신이 선택한 인간의 마음을 은밀하게 열 수 있는 열쇠가 이러한 유인책들이라는 겁니까?

악마 바로 그거네. 정말로 그렇게 할 수 있지.

힐 98퍼센트의 잠재적인 방황자 그룹에 속하지만, 아직 방황하는 습관에 걸려들지 않은 사람의 마음속으로 당신이 들어가면 어떤 일들이 일어납니까?

악마 내가 지배할 수 있는 부분을 가능한 한 많이 장악하기 위해 곧바로 작업에 착수하네. 이를테면, 만일 그 사람의 최대 약점이 돈을 탐하는 것이라면 나는 그의 눈앞에 동전이 아른거리게 만드네. 그리고 돈에 대한 그의 욕망을 부추겨서 돈을 좇도록 유인하지. 그런 다음 그가 돈을 잡으려는 찰나, 그 돈을 잡아채서 더 먼 곳으로 던져 버리는 걸세.

이건 예전에 쓰던 방법이야. 이 방법을 몇 번 써먹고 나면 가련한 인간은 항복을 하고 포기해 버린다네. 그러면 나는 그의 마음속 공간을 조금 더 차지하게 되고 그곳을 가난에 대한 두려움으로 채워 넣지. 내가 인간의 마음을 채울 때 가장 좋아하는 것 중에 하나가 가난에 대한 두려움일세.

힐 그렇군요. 당신의 방법이 상당히 교묘하다는 사실은 인정합니다만 만일 그 사람이 당신을 속이고 부를 손에 넣으면 어떻게 됩니까? 그러면 그의 마음을 가난에 대한 두려움으로 채울 수 없을 텐데요?

악마 아니, 그렇지 않아. 내 목적에 도움이 되는 다른 것들로 그의 마음을 채우면 돼. 내가 유인한 인간이 거액을 거머쥐고 돈에 대한 욕망을 채웠다면, 그 돈을 모두 먹는 데 쓰도록 만들면 되지. 이를테면, 기름진 음식에 탐닉하게 만드는 걸세. 이렇게 되면 심장에는 무리가 생기고, 서서히 방황의 길로 들어서게 되지.

그리고 과식으로 인해 소화기관에서 배출되는 독소를 사용해서 그를 괴롭힌다네. 몸이 제 기능을 못하면 인간의 사고력이 둔화되고 사나운 기질로 바뀌지.

힐 만일 그가 대식가라면 어떻게 할 겁니까? 그래서 음식을 많이 먹더라도 괴로워하지 않는다면, 그를 방황의 길로 유인할 수 있는 또 다른 강력한 방법이 있습니까?

악마 만일 그가 남자라면 보통은 성욕으로 유인할 수 있네. 성에 대한 지나친 탐닉은 다른 모든 요인을 합한 것보다도 훨씬 많은 남자들을 방황의 길로 이끌어 실패를 맛보게 하지.

힐 방황의 길로 이끄는 가장 확실한 두 가지 방법은 음식과 성욕이군요! 맞습니까?

악마 맞아. 이 두 가지 방법으로 대다수 인간들을 지배할 수 있지. 그리고 여기에는 돈에 대한 욕망도 포함되네.

힐 만일 당신의 주장이 사실이라면 가난보다 부가 훨씬 위험하다는 생각이 드는군요.

악마 그 문제는 누가 부를 가졌고, 그 부를 어떻게 얻었느냐에 따라 다르네.

힐 부를 얻는 방식에 따라 축복이 될 수도 있고 재앙이 될 수도 있다는 말입니까?

악마 당연하지. 내 말을 믿지 못하겠다면, 현명하게 돈 쓰는 방법을 생각할 겨를도 없이 갑자기 거액을 거머쥔 인간들이 그 돈을 어떻게 사용하는지 관찰해 보게.

자네는 부유층 자제들이 왜 좀처럼 그들 부모와 동등한 성공을 이루지 못한다고 생각하나? 내가 그 이유를 말해 주지. 이들은 일을 해야겠다는 자기 훈련이 안 되어 있기 때문이야. 갑자기 부를 얻고 영웅이 되어 대중의 찬사를 받는 영화배우나 운동선수들의 전력을 보게. 내가 이들에게 얼마나 신속하게 다가가 성, 도박, 음식, 음주에 걸려들게 만드는지 관찰해 보게. 나는 짧은 시간에 엄청난 성공과 부를 거머쥔 인간들을 이러한 유인책을 사용하여 순식간에 무너뜨리고 지배한다네.

한때 최고의 유명 인사였지만 결국 순식간에 돈과 명성을 잃고 나락으로 떨어진 수많은 운동선수들을 생각해 보라. 그리고 그들을 우러러보는 수많은 젊은이들을 생각해 보라! 또 복권에 당첨되었지만 겨우 몇 년 만에 전 재산을 잃고 빈털터리가 되어 버린 행운아들을 생각해 보라. 이들이 이렇게 된 까닭은 결코 돈을 많이 가져서가 아니라 그것으로 인해 방황을 하고 금기된 것에 빠져 들었기 때문이다. 이렇게 똑같은 일들이 반복되는 이유는 어쩌면 악마의 은밀한 계획 때문이 아닐까?

힐 다른 사람들에게 어떤 형태로든 도움을 베풀며 천천히 부를 얻는 사람들은 어떻습니까? 당신은 이들도 쉽게 지배할 수 있습니까?

악마 물론 가능하지만, 보통은 방법을 바꿔야 하지. 어떤 인간에게는 한 가지 유인책으로도 충분하지만 어떤 인간에게는 몇 가지가 더 필요할 때도 있다네.

나의 목적을 실현하는 최고의 방법은 인간들이 가장 원하는 것을 얻을 수 있게 유인하면서, 그 속에 그들이 전혀 원하지 않는 것을 잘 포장해서 숨겨 놓는 것일세. 내가 그들에게 주는 것은 곧 방황자가 되는 결정타인 셈이지. 내가 어떻게 하는지 이제 이해가 되나?

힐 상당히 교묘한 방법이군요. 당신은 인간의 자연스러운 욕망을 이용해서 그들을 유혹하되 그들이 바라는 대상 속에 치명적인 독을 떨어뜨려 놓는다는 말이군요.

악마 이제 내 말을 알아듣는군. 즉, 나만이 알아볼 수 있는 방법으로 속임수를 쓴다는 말이지.

힐 당신 말을 듣고 보니, 방황하지 않는 자들은 당신의 유인책으로도 끌어올 수도 지배할 수도 없다는 생각이 듭니다. 맞습니까?

악마 정확하네. 내가 사용하는 유인책으로 방황하지 않는 자들의 관심을 끌 수는 있어. 실제로 끌기도 하지. 모든 인간의 자연스러운 욕망을 유혹하기 위해서 유인책을 사용하는 것이니까. 하지만 방황하지 않는 자들은 물고기와 같아서 낚시 바늘에 달린 미끼만 빼먹고 바늘에 걸려들지는 않아. 방황하지 않는 자들은 원하는 것을 얻기 위해 죽기 살기로 노력해서 자신만의 방식으로 쟁취한다네. 방황자들도 그들이 원하는 것을 얻기는 하지만 기껏해야 내가 만들어 놓은 방식으로 얻는 걸세.

예를 들면 방황하지 않는 자들은 필요한 경우 합법적인 금융기관에서 돈을 빌리고 합당한 이율로 이자를 갚지. 그러나 방황자들은 전당포로 걸어 들어가서 시계를 맡기고 살인적인 이율로 이자를 갚네.

힐 당신의 주장대로라면 당신은 실체를 드러내지 않고도 사람들을 불행과 절망으로 몰아넣고, 불행과 절망을 겪은 사람들은 어떤 식으로든 당신의 일꾼이 된다는 말입니까?

악마 대개 의지가 박약한 자들이 나를 돕는 최고의 일꾼이 되지. 자네도 알다시피 이들은 몇 가지 미끼를 결합해서 유인해도 좀처럼 넘어오지 않아. 이런 자들에게는 두려움을 불러일으키거나 불행을 조장해서 지배해야만 해. 이들은 나를 돕고 싶어 하지 않지만 결국은 방황하는 습관에 걸려들기 때문에 피할 수밖에 없어.

힐 이제 당신이 사용하는 수법이 이해가 되는군요. 당신은 인간의 자연스러운 욕망을 이용해서 사람들을 걸려들게 만들고, 만일 그들이 당신의 유혹에 넘어가면 방황자로 만들어 타락의 길로 인도합니다. 하지만 당신의 유혹에 반응하지 않으면 그들의 마음속에 두려움의 씨앗을 심거나 불행의 덫을 놓아 결국 그들이 무기력해질 때까지 억압합니다. 맞습니까?

악마 정확히 맞췄네. 아주 뛰어난 방법이야. 자네도 그렇게 생각하지 않나?

힐 젊은이와 노인층 중에서 누가 당신의 선전원으로 활동했으면 좋겠습니까?

악마 당연히 젊은이지! 이들은 아직 판단력이 성숙하지 않아 어떠한 유인책에도 쉽게 넘어오지. 게다가 살아갈 날이 많으므로 노인들보다 더 오랫동안 나의 하수인 노릇을 할 수 있어.

힐 폐하, 지금까지 당신은 방황에 대해서 이해할 수 있도록 명확하게 설명해 주었습니다. 이제 인간들이 방황하는 습관에 빠지지 않기 위해서는 어떻게 해야 하는지 말씀해 주십시오. 나는 누구나 사용할 수 있는 완벽한 방법을 원합니다.

악마 정상적인 육체와 정신을 갖고 있는 인간이라면 누구나 방황으로부터 자신을 보호할 수 있네. 다음의 간단한 방법을 이용하면 자신을 방어할 수 있을 걸세.

모든 상황에서 자신만의 생각을 갖게. 인간이 자신의 생각을 조종하는 권한 외에 다른 것들을 조종할 권한을 부여받지 못했다는 사실에는 심오한 의미가 있네. 즉 인간이라면 자신의 생각은 스스로 지켜야 한다는 의미이기도 하지.

인생에서 원하는 것이 무엇인지 명확히 결정하게. 그리고 그것을 이룰 수 있는 계획을 세우고, 목표 이외의 나머지 모든 것은 기꺼이 희생하게. 그리고 실패하더라도 영원한 실패로 받아들이진 말게.

일시적인 좌절을 면밀히 살펴보게. 좌절의 종류나 원인에 상관없이 그에 걸맞은 이로움의 씨앗을 발견할 수 있을 걸세.

기꺼이 다른 사람들에게 유익한 도움을 베풀게. 살아가는 데 필요한 물질적인 것들의 가치를 합한 크기만큼 도와주게. 베푸는 것이 우선일세.

자네의 뇌는, 무한한 지성이 우주 저장소에서 보내는 정보를 포착하는 수신기라는 사실을 잊지 말게. 이로써 자네의 열망을 물리적 등가물로 바꿀 수 있을 걸세.

자주적으로 사고하는 능력을 제외하고 시간이 가장 큰 자산이라는 점을 기억하게. 시간은 자네가 원하는 물질적인 것을 실현해 주는 유일한 자산이네. 시간을 계획적으로 쓰고 조금도 낭비하지 말게.

악마가 마음속 빈 공간을 차지하기 위해 두려움을 채워 넣는다는 사실을 잊지 말게. 인생에서 원하는 바를 스스로 쟁취할 수 있다는 신념 가득 찬 마음 상태일 경우에만 자신의 마음을 다스릴 수 있네.

기도할 때 구걸하지 말게! 다른 부수적인 것들은 내려놓고 자신이 원하는 것만 명확하게 강조하며 청하는 것이 바른 기도라네.

삶은 힘든 일을 시키는 냉혹한 감독관이네. 자네가 삶을 지배할 수도 있고 삶이 자네를 지배할 수도 있다는 사실을 잊지 말게. 중도 포기도 없고 타협점도 없네. 원치 않는 삶이 다가온다면 받아들이지 말게. 잠시만 받아들이라고 강요하더라도 마음속에서 완강하게 거절한다면, 그러한 삶은 물러나고 자네가 진정으로 원하는 삶의 길이 열릴 것이네.

마지막으로, 자네의 지배적인 생각이 자연의 법칙에 따라 가장 짧고 가장 가까운 경로를 통해 물리적인 등가물로 나타난다는 사실을 기억하게. 따라서 자네가 어떤 생각을 계속해서 되뇌는지 주의해서 살펴보아야 할 걸세.

힐 인상적인 목록이군요. 그런데 앞서 말한 10가지 항목을 전부 포함한 간단한 방법을 알려주시기 바랍니다. 한마디로 조언한다면 뭐라고 하시겠습니까?

악마 자네가 행하는 모든 일을 명확하게 하고 마음속에서 생각을 멈추지 말게. 그리고 모든 사안에 대해서 분명하게 결정하는 습관을 들이게.

힐 방황하는 습관은 고칠 수 있습니까, 아니면 일단 생기면 영원히 빠져나올 수 없습니까?

악마 당사자의 의지가 충분하고 적절한 시기에 제대로 발휘된다면 고칠 수 있네. 그런데 어느 시점이 지나면 방황하는 습관은 절대로 고칠 수 없고, 그는 온전히 내 것이 되지. 방황하는 습관에 빠진 사람은 거미줄에 걸린 파리와 비슷해. 벗어나려고 발버둥치지만 빠져나갈 수가 없지. 움직이면 움직일수록 점점 더 단단하게 걸려들 뿐이야. 내가 나의 희생양들을 영원히 걸려들게 만드는 거미줄은 아직 인간의 지식으로는 따로 연구될 수도 없고, 이해될 수도 없는 자연의 법칙일세.

chapter *6*

최면 리듬으로
마음을 지배하라

힐 당신은 인간의 영혼을 장악하기 전에 인간의 육체부터 지배한다고 했습니다. 어떻게 그것이 가능합니까? 이 불가사의한 법칙은 무엇입니까? 세상 사람들 모두가 이 법칙에 대해서 더 많이, 그리고 어떻게 작동하는지 알고 싶어 할 것입니다.

악마 자네가 이 법칙을 이해하도록 설명하기는 힘들 것 같네. 그냥 '최면 리듬'이라고 부르게. 사람들을 최면에 걸리게 할 때 사용하는 법칙과 똑같은 것이니까.

힐 그러니까 당신은 자연의 법칙을 이용해서 당신의 희생양들을 걸려들게 만들어 영원히 지배할 수 있는 힘이 있다는 것입니까?

악마 나만 그렇게 생각하는 것이 아닐세. 사실이 그래! 최면 리듬으로 인간을 유인하거나 위협할 수 있다면 인간이 살아 있는 동안 이들의 마음과 육체를 장악할 수 있어.

힐 최면 리듬은 무엇입니까? 어떻게 이것을 이용해서 인간을 영원히 지배할 수 있습니까?

악마 시간과 공간을 거슬러 올라가 자연이 최면 리듬을 어떻게 사용하는지부터 잠시 간단하게 설명해 줘야겠군. 그러지 않으면 인간을 지배하기 위해 내가 이 우주의 법칙을 어떻게 이용하는지 제대로 이해할 수 없을 걸세.

힐 계속하십시오. 하지만 내가 이해할 수 있는 범위 내에서 간단명료하게 설명해 주시기 바랍니다.

악마 좋아, 최선을 다하지. 물론, 자연이 우주의 모든 요소와 에너지 사이에서 완벽한 균형을 유지한다는 것은 자네도 알고 있겠지. 별과 행성이 정확하게 움직이고 어떠한 시공간에서든 본연의 위치를 유지한다는 사실도 알걸세. 해마다 일정한 간격으로 계절이 오고 간다는 것도 알걸세. 도토리 한 알이 참나무로 자라고 소나무의 몸체에서 떨어진 씨앗이 소나무로 자란다는 것도 알걸세. 도토리는 절대 소나무가 될 수 없고 소나무 씨는 절대 참나무가 될 수 없지.

이러한 것들은 누구나 이해할 수 있는 간단한 사실이야. 인간이 이해하지 못하는 것은 끝없이 펼쳐진 전 우주의 완벽한 균형을 유지하기 위해 자연이 우주의 법칙을 사용한다는 것이네.

이 법칙이 지구를 떠 있게 하고 모든 물질을 지구의 중심 방향으로 끌어들인다는 사실을 뉴턴이 발견하면서, 인간들은 이 위대한 우주의 법칙을 단편적으로는 알게 되었지. 뉴턴은 이를 '중력의 법칙'이라고 불렀네.

그러나 뉴턴은 이 법칙에 대해서 충분히 연구하지 않았어. 만일 조금만 더 심층적으로 연구했다면, 우주 공간에서 지구를 제 위치에 놓이게 하는 중력의 법칙과 내가 인간의 마음을 꾀어내서 장악하는 거미줄, 즉 모든 물질과 에너지가 포함되어 있는 4차원의 공간에 대해서 자연이 완벽한 균형을 유지할 수 있도록 만드는 법칙이 실은 똑같은 것이라는 사실을 깨달았을 걸세.

힐 최면 리듬이라는 이 놀라운 법칙에 대해서 좀 더 말씀해 주십시오.

악마 지금까지 언급한 것처럼, 모든 물질과 모든 에너지 사이에서 완벽한 균형을 유지하기 위해 자연이 사용하는 보편적 에너지가 존재하네. 자연은 거대한 우주를 구성하는 이 에너지를 각기 다른 주파수로 분해하여 사용하지. 그리고 이러한 분해 과정은 습관을 통해 진행되네.

음악 연주에 비유해서 설명하면 아마도 내가 전달하려는 내용을 좀 더 쉽게 이해할 수 있을 걸세.

 음악을 연주하기 위해서는 우선 음표를 외워야 해. 그러면 음표들이 서로 연결되어 멜로디와 리듬을 만들지. 멜로디와 리듬을 반복하면 머릿속에 각인이 되네. 연주자가 특정 곡을 숙달할 때까지 얼마나 끊임없이 반복해서 연습하는지 생각해 보게. 반복을 통해서 음표들이 서로 조화를 이룰 때 비로소 음악을 들을 수 있는 걸세.

 갑자기 어떤 생각이 떠올라 그 생각을 습관적으로 반복하면 체계적인 리듬이 형성되네. 달갑지 않은 습관은 고칠 수 있어. 단, 그 습관이 리듬의 형상을 띠기 전에만 고칠 수 있지. 무슨 말인지 알겠나?

힐 알겠습니다.

악마 좋아, 계속하지. 리듬은 습관을 형성하는 마지막 단계야! 어떤 생각을 하고 어떻게 움직이든 습관의 원칙을 통해서 반복하면 결국 리듬을 형성하게 돼.

 그렇게 되면 자연이 이 습관을 지배하고 불변의 상태로 만들기 때문에 습관은 결코 고칠 수가 없네. 물속의 소용돌이와 비슷하다고 할 수 있지. 소용돌이를 만나기 전까지 물 위에 떠 있던 물체는 막연하게 이리저리 떠돌다가 소용돌이를 만나면 그 속에서 돌고 돌아 결국 벗어날 수 없게 되네. 인간이 사고할 때 작용하는 에너지는 이런 강 속의 물과 같다고 볼 수 있지.

힐 이것이 인간의 마음을 지배할 때 당신이 사용하는 방법이라는 겁니까?

악마 그래. 인간의 마음을 지배할 수 있는 최고의 방법은 그들의 마음을 방황하게 만드는 걸세.

스스로 생각하라, 그러면 스스로를 지킬 것이다

힐 그럼, 방황하는 습관이 스스로 생각할 수 있는 특권을 잃게 하고 자신의 운명을 하찮게 여기도록 만든다고 이해해도 되겠습니까?

악마 그 외에도 많은 역할을 하지. 내가 육체를 포기한 인간의 영혼을 지배할 수 있는 것도 방황하는 습관 덕분이네.

힐 그렇다면 인간이 영원한 파멸에서 벗어날 수 있는 유일한 길은 이 땅에 살아 있는 동안 자신의 마음의 주인이 되는 방법밖에는 없겠군요. 맞습니까?

악마 그렇네! 자신의 마음을 지배하고 스스로 생각하는 인간은 내가 쳐 놓은 거미줄을 피해갈 수 있지만 나머지 인간들은 태양이 서쪽으로 지는 것과 마찬가지로 자연스럽게 나에게 걸려든다네.

 **악마는 이렇게 말했다**   SAYS THE DEVIL

"자신의 마음을 지배하고 스스로 생각하는 인간은 내가 쳐 놓은 거미줄을 피해 가지."

힐 이 방법 말고 당신에게서 벗어날 수 있는 또 다른 방법은 없습니까? 당신의 반대 세력은 이들을 구원하기 위해 어떤 일을 합니까?

악마 이제 자네도 상당히 깊게 생각하는군. 나의 반대 세력, 즉 자네와 같은 인간들이 신이라고 부르는 권력자에게는 인간을 영원한 파멸로부터 구원할 수 있는 능력이 있네. 그래서 그는 인간들에게 스스로 생각할 수 있는 특권을 부여했지.

  만일 자네가 스스로 마음을 다스리며 이러한 힘을 이용한다면, 생의 마지막 순간에는 그의 일부가 될 걸세. 그러나 만일 자네가 이 힘의 사용을 외면한다면, 그때는 내가 이것을 기회로 삼아 최면 리듬의 법칙을 이용할 수 있는 특권을 갖게 되지.

힐 당신은 인간을 지배할 때 어느 수준까지 장악합니까?

악마 내 목표는 인간이 스스로 생각하지 못하게 만드는 것일세.

힐 즉, 당신은 인간이 스스로 생각하지 못하는 지경에 이를 때까지 그에게 내재된 인격적인 특성을 모두 지배한다는 말입니까?

악마 그것이 내가 인간을 다루는 방식이네.

힐 당신은 당신이 장악한 인간이 죽기 전까지 이들에게 무슨 짓을 합니까? 이들이 살아 있는 동안에는 어떻게 이용합니까?
악마 나는 이들을 나의 선전원으로 이용하네. 나의 지배를 받게 된 인간은 나를 도와 다른 인간을 방황하게 만들지.

힐 당신은 스스로 생각할 수 있는 힘을 파괴하여 인간을 바보로 만들 뿐만 아니라 또 다른 인간을 유인하는 데 이용하고 있군요?
악마 그렇지, 나는 기회를 절대 놓치는 법이 없지.

힐 최면 리듬으로 다시 돌아가 보죠. 이 법칙의 작동 원리에 대해서 좀 더 설명해 주십시오. 그리고 어떻게 당신이 지배한 자들을 이용하여 다른 사람의 마음을 지배하는지도 알려 주십시오. 어떻게 하면 최면 리듬을 효과적으로 사용할 수 있습니까?
악마 아, 그건 아주 간단해! 내가 가장 좋아하는 방법은 인간의 마음에 두려움을 채워 넣는 걸세. 일단 누군가의 마음을 두려움으로 채우면, 그가 최면 리듬의 거미줄에 걸려들 때까지 전혀 힘들이지 않고도 방황하게 만들 수 있지.

힐 인간의 두려움 중 당신의 목적에 가장 크게 기여하는 것은 무엇입니까?

악마 그건 바로 죽음에 대한 두려움이지.

힐 죽음에 대한 두려움이 왜 당신이 가장 좋아하는 무기입니까?

악마 왜냐하면 명백한 우주의 법칙으로도 사후에 일어날 일들에 대해서 정확하게 알거나 이를 증명할 수 있는 자가 아무도 없기 때문일세. 이러한 불확실성은 사람들을 두려움에 떨게 하지.

어떤 두려움이든 마음속에 두려움이 생긴 사람은 스스로 생각하는 힘을 잃고 방황하기 시작해. 결국 이들은 절대 벗어날 수 없는, 부정적인 최면 리듬의 소용돌이 속으로 빨려 들어가고 말지.

종교와 과학은 악마의 친구인가 적인가

힐 종교 지도자들이 죽음을 이야기할 때 당신의 존재를 어떻게 생각하고 당신에 대해서 무슨 말을 해도 상관없습니까?

악마 그들이 뭐라고 하든 상관없어! 나를 언급하는 일 자체가 모두 나를 돕는 행위야. 만일 교회가 나에 대해서 아무런 언급도 하지 않는다면, 세상을 지배하겠다는 나의 목적은 치명타를 입을 걸세. 하지만 교회는 늘 믿음을 강요하면서 나를 공격해. 나를 공격하는 모든 말들이 결국 인간들에게 영향을 미쳐 이들의 마음속에 나에 대한 두려움을 단단히 심어 두는 역할을 하지. 사실 몇몇 인간들이 방황하지 않도록 지켜 주고 있는 것은 교회가 아니라 나의 반대 세력, 진짜 신이네! 인간들에게 두려움에 굴복하지 않는 방법을 알려 주면서 말이야.

힐 당신의 주장에 의하면 교회는 당신을 방해한다기보다 오히려 돕는 셈이군요. 그러면 당신이 걱정하는 것은 무엇입니까?

악마 내 유일한 걱정은 어느 날 이 땅에 진정한 사상가가 나타나는 것일세.

힐 만일 사상가가 나타나면 무슨 일이 벌어집니까?

악마 무슨 일이 벌어지느냐고 물었나? 좋아, 내 말해 주지. 인간들이 미래에 일어날 일들을 두려워하며 보내는 시간을 다르게 사용한다면, 물질세계에서 그들이 원하는 모든 것을 얻을 수 있고, 생을 마감한 후에는 나에게서 벗어나 구원받을 수 있다는 위대한 진리를 깨달을 걸세. 내가 걱정할 만하지 않나?

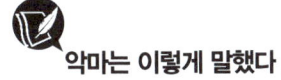 **악마는 이렇게 말했다**　　　　　　　　　　SAYS THE DEVIL

"미래에 일어날 일들을 두려워하며 보내는 시간을 다르게 사용한다면 물질 세계에서 그들이 원하는 모든 것을 얻을 수 있고, 생을 마감한 후에는 나에게서 벗어나 구원받을 수 있다."

힐 당신은 그러한 사상가가 세상에 나타나지 못하도록 어떤 방해를 하고 있습니까?

악마 비판에 대한 두려움을 이용하지! 자네를 제압할 수 있는 가장 효과적이고 유일한 무기가 비판에 대한 두려움이라는 사실이 흥미롭지 않나? 만일 자네가 나를 압박하여 끌어내는 이 자백을 세상에 알렸을 때, 자네에게 쏟아질 비판을 전혀 두려워하지 않는다면 나는 지상에 있는 나의 왕국을 잃게 될 걸세. 그러나 자네가 그런 세상의 비판이 두려워 이 인터뷰를 묻어 둔다면 결국 내가 자네를 이기는 셈이지.

힐 만일 내가 당신의 비밀을 캐내어 세상에 알린다면, 당신의 왕국을 잃기까지 얼마나 걸립니까?

악마 아이들이 자라서 이해력이 생기면 되니까 한 세대 정도면 충분하지. 하지만 자네는 이미 방황하는 습관에 물든 어른들을 절대로 자네 편으로 만들지는 못할 걸세. 내가 그들을 단단히 움켜쥐고 있기 때문이지. 허나, 이 자백을 세상에 알린다면 아직 세상에 태어나지 않은 아이들과 이성적인 판단력이 없는 어린아이들을 지배하려는 나를 효과적으로 막을 수는 있을 걸세. 그래도 종교 지도자들에 대한 내 생각을 공개할 만한 용기는 없을 게야. 종교 지도자들이 결국은 나를 도와주고 있다는 사실을 공개하는 순간, 그들은 자네를 십자가에 매달아 버릴 테니까!

힐 십자가에 매달아 처형하는 잔인한 관행은 이천 년 전에 성행했던 방법으로 알고 있습니다.

악마 자네의 육체가 십자가에 못 박혀 죽는다는 게 아니야. 사회적으로, 금전적으로 시련을 겪는다는 뜻이지. 수입은 끊길 것이고 사회에서 추방당할 걸세. 그리고 종교 지도자들과 그들의 추종자들이 자네를 경멸하겠지.

힐 내가 당신이 주장하는 98퍼센트의 대중을 우려하기보다 자주적으로 사고하는 척하는 선택받은 소수와 함께해야 한다고 생각합니까?

악마 만일 자네의 용기가 넘쳐나서 지금 내가 하는 자백을 세상에 공개한다면 내 품격과 위상은 완전히 구겨지게 될 걸세.

처음 이 부분을 읽었을 때 등골이 오싹했다. 실제로 이 원고가 집필된 1938년부터 1970년 힐이 사망하고 오늘에 이르기까지, 이 책이 세상에 출간되는 것을 사회적 환경이 저지했기 때문이다. 정말로 이 작품의 출간이 늦어진 이유는 힐의 부인이 느꼈던 '비판에 대한 두려움'과 종교 지도자 및 교육 관계자들의 반응에 대한 우려 때문이었을까, 아니면 악마에 관한 내용 때문이었을까? 힐의 가족과 재단은 오늘날에 이르러서야 이 원고를 세상 사람들에게 알릴 때가 왔다고 결단을 내렸다.

자, 그럼 힐의 가르침을 마음에 새기고 우리의 '또 다른 자아'를 발견해서 각자의 마음의 주인이 되어 보자. 우리의 운명을 되찾아볼 용기가 생길 것이다.

힐 왜 과학자들에 대한 소유권은 주장하지 않습니까? 당신은 과학자를 좋아하지 않습니까?

악마 그래, 좋아하지 않아. 나는 모든 인간을 그런대로 좋아하지만 진정한 과학자들은 내 힘이 미치는 범위 밖에 있기 때문이지.

힐 왜 그렇습니까?

악마 과학자들은 스스로 생각하고, 대부분의 시간을 자연의 법칙을 연구하며 보내기 때문이야. 과학자들은 원인과 결과를 연구하지.

또 그들이 발견한 사실을 다루네. 과학자들에게 종교가 없다고 착각하지 말게. 이들에게는 확고한 종교가 있어.

힐 그 종교가 무엇입니까?

악마 진리에 대한 믿음! 자연의 법칙에 대한 확고한 믿음! 만일 세상이 삶과 죽음의 심오한 비밀을 헤아릴 줄 아는 통찰력을 겸비한 진정한 사상가를 배출한다면, 나는 그 책임을 모두 과학자에게 물을 걸세.

힐 최면 리듬으로 돌아가 봅시다. 이것에 대해서 좀 더 알고 싶군요. 최면 리듬이란 어떤 사람이 상대방에게 최면을 거는 원리와 비슷합니까?

악마 그렇네. 똑같은 것이지. 이미 그렇다고 말하지 않았나. 왜 자꾸 묻는 건가?

힐 이것이 바로 나의 노련한 기술입니다, 폐하. 이해가 안 된다면 설명해 드리죠. 나는 당신이 여러 번 진술을 반복하게 할 것입니다. 그런 반복을 통해 당신의 거짓말을 잡아낼 것입니다. 주제를 벗어나지 마십시오. 최면 리듬에 대해 당신이 알고 있는 모든 것을 털어놓으십시오. 나도 최면 리듬의 희생양입니까?

악마 지금은 아니지만, 하마터면 내가 쳐 놓은 거미줄에 걸려들 뻔했지. 자네는 최면 리듬의 소용돌이를 향해 떠내려 왔지만 어느 순간 나에게서 이러한 자백을 끌어내는 방법을 깨달았지. 그래서 나는 이제 자네를 지배할 수 없게 되었어!

힐 흥미롭군요. 아첨을 이용해서 나를 다시 걸려들게 하지는 않는군요.

악마 자네를 유혹하는 최고의 방법이 아첨이긴 하지. 실제로 자네가 나보다 우세해지기 전까지 내가 자네를 유인하기 위해 가장 효과적으로 사용했던 것이 아첨이었네.

힐 무엇으로 나에게 아첨했습니까?

악마 많은 것들을 사용했지. 그중에 최고는 성욕과 자기표현에 대한 욕망이었네.

힐 그런 유인책들을 사용해서 어떤 효과를 보았습니까?

악마 적어도 한순간 자네가 인생에서의 핵심 목표를 외면하고 방황하게 만들기는 했지.

힐 당신의 유인책을 이용해서 나에게 저질렀던 소행은 그게 전부입니까?

악마 그만하면 충분하지.

힐 하지만 나는 다시 제자리로 돌아왔고 이제는 당신의 능력 밖에 있습니다. 그렇지 않습니까?

악마 맞아, 지금 자네는 전혀 방황하지 않기 때문에 나의 통제권 밖에 있어.

힐 무엇이 내가 당신의 주술을 풀고 방황하는 습관에서 벗어날 수 있게 했습니까?

악마 내 대답을 들으면 굴욕감이 들 텐데. 그래도 듣고 싶나?

힐 어서 말씀해 주십시오, 폐하. 나는 모든 진실을 듣고 싶습니다.

악마 자네가 자신이 선택한 여자에게서 위대한 사랑을 깨달았기 때문에 그 이후 나는 자네를 지배할 수 없게 되었지.

힐 그래서 여자 치마폭에 숨어 있었다고 지금 나를 비난하는 겁니까? 그런 겁니까?

악마 아니, 그런 말이 아닐세. 나는 자네가 여자의 마음으로 아름답게 짜인 탄탄한 환경을 활용하는 방법을 깨달았다고 말한 걸세.

힐 진실한 사랑과 내가 당신의 지배에서 벗어난 것이 어떤 관련이 있습니까?

악마 없지. 하지만 여자의 뇌는 관련이 있네. 날마다 '마스터마인드'를 행하는 습관을 통해 자네의 뇌와 자네 부인의 뇌가 결합하면서 뜻밖에도 자네에게는 신비한 능력이 생기게 되었고, 그 힘으로 지금 이렇게 나에게서 자백을 끌어내고 있는 걸세.

힐 그 말이 사실입니까? 아니면 또 한 번 나에게 아첨하려는 수작입니까?

악마 내가 자네를 외롭게 만든다면 자네에게 아첨할 수 있겠지만, 자네가 자네 부인의 마음을 이용하는 동안에는 아첨할 수가 없어.

힐 대단히 중요한 사실을 깨달은 것 같습니다. 성경에 '둘 또는 그 이상이 함께 만나 나의 이름으로 요청하라, 그러면 이루어질 것이다'라고 쓰인 구절이 무슨 의미였는지 이제 이해가 됩니다. 그렇다면 두 사람의 마음이 하나보다 낫다는 것은 진실이로군요. 위대한 인물들이 마스터마인드 그룹을 만들어 성공에 이른 것과 같다고 볼 수 있습니까?

악마 진실일 뿐만 아니라 현재 존재하는 모든 것, 과거에 존재했던 모든 것, 앞으로 존재할 모든 것들이 담겨 있는 무한한 지성의 거대한 저장소와 끊임없이 접촉하기 전에 반드시 필요한 단계일세.

힐 세상 사람들에게 이 같은 정보를 제공하는 것이 위험하지 않습니까?

악마 물론, 나에게는 매우 위험하지. 내가 자네라면 이런 사실을 세상에 알리지 않겠네.

끌어당김의 법칙

힐 자, 사람들을 방황하는 습관에서 벗어나지 못하게 만드는 당신의 기법으로 돌아갑시다. 이 습관에서 벗어나기 위해 방황자가 밟아야 할 첫 번째 단계는 무엇입니까?

악마 방황하는 습관에서 벗어나고 말겠다는 불타는 열망이지! 물론 최면을 받아들이겠다는 의지 없이는 아무도 최면에 걸려들지 않는다는 사실을 자네도 잘 알고 있을 걸세. 의지는 의욕 결핍, 두려움, 불명확한 목표 등 삶에 대한 무관심한 양상으로 나타나기도 하지. 인간을 최면 리듬의 마법에 걸려들게 하기 위해서 자연은 굳이 인간의 동의를 받을 필요가 없네. 단지 그가 방심한 틈을 타서 어떻게 해서든 자주적인 사고를 하지 못하도록 만들기만 하면 돼. 이 말을 꼭 기억하게. "네가 가진 것이 무엇이든 그것을 사용하라, 그렇지 않으면 잃게 되리니!" 방황하는 습관에서 벗어나려는 모든 시도는, 자연이 최면 리듬을 통해 그 습관을 영원한 것으로 만들기 전에 시행해야만 성공할 수 있을 걸세.

힐 그렇다면 최면 리듬이란 인간이 방황하도록 만들기 위해 사용하는 자연의 법칙입니까?

악마 맞아, 자연은 인간의 지배적인 사고와 그런 사고 습관을 영구히 하기 위해서 최면 리듬을 이용하네. 가난이 고질병이 되는 이유가 바로 이걸세. 자연은 인간들에게 가난을 피할 수 없는 환경으로 받아들이게 만들어 부정적인 사고 습관을 영원히 고착화한다네.

또한 부와 성공에 대한 긍정적인 생각을 심어 둘 때에도 자연은 이와 똑같은 최면 리듬을 이용하네.

최면 리듬의 본질이 정신적인 습관이든 육체적인 습관이든 모든 습관을 영원히 고정하는 것이라고 설명한다면, 아마도 최면 리듬의 작동 원리를 더 잘 이해할 수 있을 걸세. 만일 자네의 마음이 가난을 두려워한다면 자네의 마음은 가난을 더욱 끌어당길 걸세. 만일 자네의 마음이 부를 원하고 그것을 기대한다면, 자네의 마음은 부에 해당하는 물리적 등가물, 즉 돈을 끌어당길 걸세. 이는 만고불변의 자연의 법칙에 따른 결과지.

힐은 〈골든 룰 매거진〉 1919년 3월호에서 '끌어당김의 법칙Law of Attraction'에 대해 처음 글을 썼다. 지난 10여 년 동안, 이 불변하는 자연의 법칙은 《시크릿The Secret》이라는 제목으로 대성공을 이룬 서적과 영화를 통해 세계 전역으로 퍼져나갔다.

힐 '사람이 무엇을 심든지 그대로 거두리라'라는 성경 구절이 생각납니다.

악마 그 구절은 진실이야. 최면 리듬이라는 자연의 법칙을 잘 설명해 주지. 자네는 모든 인간관계에서 이 말이 진실이라는 증거를 발견할 수 있을 걸세.

힐 따라서 방황하는 습관이 형성된 인간은 삶이 던지는 것이면 무엇이든 받아들일 수밖에 없는 거군요. 맞습니까?

악마 그렇네. 삶은 나름의 방식으로 방황자에게 대가를 치르게 하지. 그러나 방황하지 않는 자들은 그들만의 방식으로 삶에서 이득을 얻는다네.

힐 방황하지 않는 자들이 삶에서 얻은 이득은 그들의 도덕성과 별개입니까?

악마 어느 정도는 관련이 있지. 인간의 도덕성은 인간의 사고에 영향을 미치기 때문일세. 정확하게 말하면, 단지 착한 사람이 되는 것만으로는 삶에서 원하는 것들을 축적할 수 없네. 착하기만 하고 끊임없이 흔들린다면 그는 결국 방황자에 불과하고, 그의 삶에 이득이란 있을 수 없지.

힐 그렇지 않은 것 같은데요. 어쨌든 당신이 무슨 말을 하는지 알겠습니다. 우리가 어디에서 어떤 모습으로 존재하는지는 우리의 '행동'에 달려 있다는 거군요.

악마 아니, 틀렸네. 너희 인간들이 어디에서 어떤 모습으로 존재하는지는 너희의 '생각'과 '행동'에 달려 있어.

힐 그럼, 행운과도 같은 현실은 존재하지 않겠군요?

악마 단연코 없네. 인간들은 자신이 이해하지 못하는 상황은 모두 행운이라고 말하지. 그러나 모든 현실의 배후에는 원인이 있어. 가끔 어떤 원인은 결과와 너무 멀리 떨어져 있기 때문에 상황을 설명하기 위해서 행운이 작용한 결과라고 표현하기도 하지.

하지만 자연은 행운 같은 법칙이 존재하지 않는다는 것을 잘 알고 있네. 행운이란 이해할 수 없는 상황을 설명하기 위해 인간이 만들어 낸 가설일 뿐이야. '행운'과 '기적'은 쌍둥이 자매와 같아. 두 가지 모두 인간의 상상 속에만 존재할 뿐이지 현실에서는 어느 것도 존재하지 않아. 모두 인간들이 이해할 수 없는 상황을 설명할 때 사용하는 개념들이지. 명심하게, 실제로 존재하는 모든 것은 입증할 수 있다는 사실을. 이러한 진리를 명심하면 자네는 더욱 훌륭한 사상가가 될 걸세.

힐 인간의 생각과 행동 중 어느 것이 더 중요합니까?

악마 모든 행동은 생각한 대로 나오게 마련이네. 먼저 생각을 통해 틀을 만들어 놓지 않고서는 행동이란 것이 존재할 수 없어. 더구나 모든 생각은 그에 상응하는 신체적인 표현으로 표출되려는 경향이 있네. 누군가의 지배적인 생각, 즉 감정, 욕망, 희망, 신념, 두려움, 증오, 탐욕, 열정 등으로 섞여 있는 생각은 신체적인 등가물로 표현될 수밖에 없지.

힐 당신의 설명을 들으니 당신을 더 많이 알고 싶어지는군요. 인간의 마음속을 포함해서 당신은 어디에 존재하며 어떻게 영향력을 행사합니까?

악마 내가 지배할 수 있고 내 것으로 만들 수 있는 것이라면 어디에서든 나의 영향력을 행사하지. 이미 자네에게 모든 물질을 구성하는 전자의 부정적인 측면이 나라고 설명했네.

- 나는 번쩍이는 번갯불일세.

- 나는 질병과 육체적 괴로움의 고통일세.

- 나는 전쟁을 지휘하는 보이지 않는 장군일세.

- 나는 빈곤과 기근을 주관하는 장관일세.

- 나는 죽음을 집행하는 뛰어난 집행관일세.

- 나는 육체에 대한 욕망을 불러일으키는 주동자일세.

- 나는 질투와 시기 그리고 탐욕을 만들어내는 창조자일세.

- 나는 두려움의 선동자일세.

- 나는 과학적인 업적을 실패로 만들어 버리는 천재일세.

- 나는 인간관계의 화합을 여러 면에서 깨뜨리는 파괴자일세.

- 나는 정의와 대립하는 존재일세.

- 나는 모든 부도덕한 행위의 원동력일세.

- 나는 모든 선을 교착 상태에 빠지게 만드는 존재일세.

- 나는 근심과 의심, 미신, 그리고 광기를 불러일으키는 존재일세.

- 나는 희망과 신념의 파괴자일세.

- 나는 파괴적인 소문과 추문의 주동자일세.

- 나는 자유와 자주적 사고를 저해하는 존재일세.

- 나는 인간의 모든 불행의 창조자이자 좌절과 실망의 선동자일세.

힐 그런데 냉정하고 잔인하다는 주장은 하지 않는군요?

악마 나는 분명하고 확실하지. 세계적 불황은 세계 도처에서 인간들의 습관을 뒤흔들어 놓았고, 모든 계층에게 전례 없는 규모로 기회의 원천을 재분배했네.

방황자들은 원하지 않는 상황에 처한 제 자신을 변명하면서 모든 기회를 세상이 가져가 버렸다고 탓하며 울부짖지.

방황하지 않는 자들은 그들이 가는 길 앞에 기회가 나타날 때까지 무작정 기다리지 않아. 인생에서의 그들의 요구와 바람을 획득하기 위해 직접 기회를 만들지!

힐은 경제 대공황 기간에 부상했던 귀중한 기회와 이러한 기회를 잡은 사람들이 만들어낸 성공에 대해서 이야기했다. 나는 힐이 오늘날의 상황에 대해서도 똑같은 이야기를 할 거라고 믿는다.

지금 우리는 경제적으로 혼란스러운 시대를 살아가고 있지만 오히려 그 혼란 속에 더 많은 기회가 존재한다. 이 기회를 포착해서 인생에서 필요한 것과 바라는 것을 획득하기 위한 자신만의 기회로 만드는 것은 오로지 당신의 의지라고 할 수 있다.

힐 방황하지 않는 자들은 최면 리듬의 영향력을 피할 수 있을 만큼 똑똑합니까?

악마 최면 리듬의 영향력에서 벗어날 수 있을 만큼 똑똑한 인간은 없어. 중력의 법칙을 적용받지 않는다면 가능하겠지. 최면 리듬의 법칙은 그가 방황자든 방황자가 아니든 인간의 지배적인 사고를 영원히 고착시키네.

단, 방황하지 않는 자들에게는 최면 리듬이 긍정적으로 작용하기 때문에 이들이 최면 리듬을 회피할 이유는 없어. 최면 리듬은 이들이 가장 열망하는 목표와 계획, 그리고 목적을 실현하는 데 기여하지. 또 이들에게 생각하는 습관을 확립해 주고 그 습관이 영원하도록 만든다네.

오직 방황자만이 최면 리듬의 영향력에서 벗어나기를 바랄 뿐이야. 그들이 최면 리듬의 영향권에 들면 방황하는 습관이 고착화되고, 결국 스스로 나락으로 떨어지기 때문이지.

힐 나는 성인이 되고부터 대부분의 시간을 방황자로 살았습니다. 그런데 어떻게 내가 부정적인 최면 리듬의 소용돌이 속으로 빠져드는 상황에서 가까스로 벗어날 수 있었습니까?

악마 자네는 방황자의 삶을 살았다고 하지만 사실은 사상가의 삶을 살았다고 볼 수 있어. 어른이 되면서부터 자네의 지배적인 생각과 열망의 상당 부분은 마음속에 있는 모든 잠재력을 충분히 이해하고 있을 정도로 너무나 명확하고 분명했네.

어쩌면 덜 중요한 것들을 생각하느라 한때 방황했을지도 모르지만, 자네의 바람에 대해서는 방황하지 않았지. 방황하지 않았기 때문에, 자네가 그토록 인생에서 간절히 바랐던 바로 그 문서를 지금 작성하고 있는 것이 아니겠나.

힐 왜 당신의 반대 세력은 최면 리듬을 사용해서 인간을 더 고차원적으로 생각하고 보다 숭고하게 행동하는 존재로 만들지 않습니까? 왜 당신의 반대 세력은 당신이 이 엄청난 힘으로 인간들을 거미줄에 걸려들게 만드는 행태를 보고만 있는 겁니까? 왜 당신의 반대 세력은 인간들이 당신보다 월등한 능력을 가지도록 유도함으로써 궁극적으로 당신을 물리치려 하지 않는 겁니까?

악마 최면 리듬의 법칙은 그것을 사용하겠다는 의지만 있으면 누구나 사용할 수 있네. 나는 나의 반대 세력이 사용하는 것보다 훨씬 효과적으로 최면 리듬을 사용할 수가 있어. 인간을 내 뜻대로 생각하게 하고 내가 원하는 대로 행동하게 만들기 위해 나의 반대 세력보다 훨씬 더 매력적인 유인책을 제시하기 때문이지.

힐 즉, 당신은 부정적인 생각과 파괴적인 행동으로 인간을 끌어들임으로써 이들을 지배한다는 말입니까? 맞습니까?

악마 바로 그걸세!

chapter 7

두려움의 씨앗은 어떻게 마음속에 자리잡는가

힐 나는 종종 당신의 반대 세력 즉, 우리가 신이라고 부르는 존재가 왜 당신을 괴멸하지 않는지 궁금했습니다. 이유를 들려주시겠습니까?

악마 왜냐하면 나의 반대 세력만큼 나 또한 강하기 때문일세. 나의 반대 세력이 행사하는 힘만큼 나도 나의 힘을 행사할 수 있지. 지금까지 내가 자네에게 설명하려던 것이 바로 이러한 내용이었네. 우주에서 가장 강력한 힘은 너희 인간들이 신이라 부르는 존재를 통해 건설적인 목적으로 사용될 수도 있고, 너희 인간들이 악마라 부르는 존재를 통해 부정적인 목적으로 사용될 수도 있어. 그러나 무엇보다 중요한 사실은, 신이나 악마가 사용하는 것처럼 인간 역시 이 힘을 효율적으로 사용할 수 있다는 걸세.

힐 당신은 지금 엄청난 파장을 가져올 주장을 하고 있습니다. 당신의 주장을 입증할 수 있습니까?

악마 물론이지. 그러나 자네가 직접 입증하는 편이 나을 걸세. 죄 많은 너희 인간들 사이에서 악마의 말이 그렇게 대단한 가치는 없을 테니까. 신의 말도 마찬가지지. 너희는 악마는 두려워하고 너희들의 신에 대해서는 신뢰하기를 거부하지. 그러므로 우주의 힘이 제공하는 이로움을 너희 것으로 만들어 사용할 수 있는 유일한 방법은 인간들에게 부여된 자주적으로 생각하는 힘을 신뢰하고 그것을 활용하는 수밖에 없네. 바로 이것이 무한한 지성의 우주적 지식 저장소에 직접적으로 이르는 길일세. 어떤 인간에게도 이 길 말고는 다른 방법이 없어.

힐 왜 지금까지 우리 인간은 무한한 지성에 더 빨리 다가갈 수 있는 그 길을 찾지 못했던 것입니까?

악마 왜냐하면 내가 인간들의 마음속에 건설적으로 사고하는 힘을 파괴하는 부정적인 생각들을 심어 놓고 그 길을 가로막아 헤매게 만들었기 때문이지. 나는 탐욕, 헛된 욕심, 성욕, 시기, 증오 등을 통해서 인간들이 무한한 지성의 힘을 부정적인 결과를 얻는 데 사용하도록 유인했네.

기억하게. 자네의 마음은 자네가 항상 생각하는 것들을 끌어당긴다는 사실을 말일세. 내가 나의 반대 세력에게서 너희 인간들을 떼어놓을 수 있었던 것은 나의 목적에 도움이 되게 생각하도록 너희들을 부추겼기 때문이야.

힐 지금 당신이 하고 있는 말을 내가 제대로 이해했다면, 당신은 인간이 악마를 두려워할 필요도 없고 신에게 아첨할 필요도 없다고 시인하는 것 같군요.

악마 정확하게 이해했네. 이번 자백이 내 위엄에 부정적인 영향을 미칠 수도 있겠지만, 인간이 모든 힘의 근원에 직접 다가서게 되면 나뿐만 아니라 나의 반대 세력을 쇠하게 만들 수도 있다는 사실을 알려 줬다는 것에 만족하네.

> 악마와의 인터뷰를 진행하는 동안 다른 주장에서와 마찬가지로, 이 부분에서도 힐은 그의 논점을 명쾌하게 신학적으로 풀었다. 나폴레온 힐은 악마를 내세워 악을 상징하는 이 인물의 입에서 나오는 주장을 통해 그가 집대성한 성공철학의 궁극적 근원으로서의 신, 즉 무한한 지성에 대한 자신의 생각과 느낌을 펼치고 있다.

힐 다시 말해서, 만일 당신이 부정적인 유인책이나 두려움으로도 인간을 지배할 수 없다면 모든 계획을 뒤엎고 곧장 신에게 다가가는 방법을 알려준다는 겁니까? 혹시 말입니다, 당신은 정치에도 관여합니까? 당신의 기술이 상당히 친근하게 느껴지는군요.

악마 내가 정치에 관여하느냐고? 내가 정치에 관여하지 않았다면 도대체 누가 경제침체를 일으키고 인간들을 전쟁으로 내몰았다고 생각하나? 설마 나의 반대 세력이 그런 일을 했다고 생각하는 것은 아니겠지? 이미 말했다시피, 나는 사회의 모든 계층과 협력을 맺고 있네.

힐 교회를 장악해서 노골적으로 이용하는 건 어떻습니까?

악마 자네는 내가 바보라고 생각하나? 만일 내가 교회를 대놓고 지배한다면 어느 누가 악마를 두려워하며 살아가겠나? 만일 두려움과 의심의 씨앗을 뿌려 놓을 수 있는 단체가 없다면, 내가 인간의 마음을 조종하는 동안 도대체 누가 사람들의 관심을 딴 곳으로 끄는 바람잡이 역할을 할 수 있겠나? 내가 사용하는 가장 교묘한 수법은, 나의 반대 세력 편에 있는 자들의 마음속에 지옥에 대한 두려움을 계속해서 타오르게 만드는 것이지. 인간들이 무언가를 계속해서 두려워하는 한 나는 영원히 이들을 지배할 수 있네.

힐 이제 당신의 책략이 이해가 됩니다. 당신은 사람들의 마음속에 두려움과 불확실성 그리고 불명확함의 씨앗을 심기 위해 교회를 이용하는군요. 이러한 부정적인 마음 상태는 결국 사람들이 방황하는 습관을 형성하도록 이끌겠죠. 그리고 이 방황하는 습관은 최면 리듬의 법칙을 통해 확고해지겠고요. 그러면 당신의 희생양들은 스스로 무력해집니다. 맞습니까? 이렇게 되면 최면 리듬은 엄청난 도구가 되는 셈이겠군요.

악마 진실을 말하자면, 최면 리듬은 인간이 연구하고 이해해서 명확한 목표를 달성하기 위해 자발적으로 적용해야 하는 것일세.

힐 명확한 목표를 달성하기 위해 최면 리듬의 영향력을 자발적으로 사용하지 않을 경우, 최면 리듬 자체가 큰 위험이 될 수도 있습니까?

악마 물론이네. 그 이유는 최면 리듬이 자동으로 작동되기 때문일세. 만일 명확한 목표 달성을 위해 최면 리듬을 신중하게 사용하지 않는다면, 자네가 바라지 않았던 결과가 초래될 걸세.

이해하기 쉽도록 기후를 예로 들어보겠네. 물질을 구성하는 모든 요소와 생명을 가진 모든 것들이 자연의 기후에 적응한다는 사실은 누구나 보고 이해할 수 있을 걸세. 열대지방의 나무들은 과일을 맺어 번식하지. 이 나무들이 맹렬한 태양에 적응할 수 있는 것은 자연이 그렇게 만들었기 때문이야! 자연은 나무들이 따가운 태양광선으로부터 스스로 보호하기 위해 이에 적합한 잎을 돋아나게 했네. 만일 이 나무들을 완전히 다른 기후대인 한대지역으로 옮겨 놓으면 절대 살아남을 수 없을 걸세. 마찬가지로 냉대기후에 있는 나무들을 열대지역으로 옮겨 심을 경우에도 살아남을 수 없을 걸세. 자연은 또한 동물들에게도 각기 다른 기후에서 살아남을 수 있도록 저마다 안전하고 적합한 옷을 입혀 놓았네.

이 모든 것들과 똑같이, 자연은 인간의 마음도 환경의 영향을 받게 했지. 환경은 인간의 생각보다 훨씬 강력해. 특히, 아이들은 사고의 힘이 약해서 주변 환경의 영향을 그대로 받지.

자연은 모든 환경에 특정한 리듬을 정해 놓고 그 리듬 안에 존재하는 모든 것들이 그 속에서 적응하도록 만들지. 그러나 자신만의 생각의 리듬을 만들 수 있는 특권을 가진 유일한 존재가 바로 인간일세. 따라서 인간은 자연이 환경의 영향 아래 가두기 전에 쵀면 리듬을 사용하여 이러한 특권을 행사하지.

모든 가정과 사업체, 모든 도시와 마을, 그리고 모든 거리와 공동체의 중심에는 명백하면서도 구별할 수 있는 저마다의 리듬이 있네. 만일 이러한 리듬이 어떻게 다른지 알아보고 싶다면 뉴욕의 5번가를 걷다가 빈민가를 걸어 보게! 모든 형태의 리듬은 시간이 지날수록 단단하게 굳어져 영원히 변하지 않는다네.

현명한 이들의 최면 리듬 사용법

힐 인간은 저마다 다른 생각의 리듬을 가지고 있습니까?

악마 그래. 인간들 사이에서 가장 중요한 차이점이 바로 그걸세. 힘, 성공, 부에 대해서 생각하는 자는 이러한 것들을 소유할 수 있도록 끌어당기지. 그러나 절망, 실패, 좌절, 낙심 그리고 빈곤을 생각하는 자는 그가 생각한 그대로 달갑지 않은 힘을 끌어당길 뿐이야. 이는 성공과 실패가 왜 습관의 결과인지를 설명해 주고 있네. 습관은 생각의 리듬을 만들고, 생각의 리듬은 당사자가 지배적으로 생각하는 대상을 끌어당기지.

힐 최면 리듬이란 자성磁性이 있는 물체를 끌어당기는 자석과 비슷한 것입니까? 그렇습니까?

악마 그래, 정확해. 가난한 사람들이 같은 지역에 모여 사는 것도 이러한 이유 때문이지. '동병상련'이라는 옛말도 있지 않은가. 그리고 최면 리듬은 어떤 일에서 성공한 사람들이 시간이 지날수록 힘들이지 않고도 다방면에서 성공하는 이유를 설명하기도 하네.

성공한 사람들은 모두 의식적으로든 무의식적으로든 성공을 기대하고 요구하면서 최면 리듬을 사용하지. 간절한 열망이 습관이 되고, 최면 리듬이 그 습관을 지배하면, 조화로운 끌어당김의 법칙이 마음속으로 원하는 것들을 물리적 등가물로 바꿔 놓는 것일세.

힐 바꿔 말해서, 만일 내가 인생에서 무엇을 원하는지 알고, 그것 이외의 다른 것들은 과감히 거부하며 내가 원하는 바를 이루기 위해 어떠한 삶의 대가를 치르든 기꺼이 받아들이겠다는 의지를 바탕으로 요구한다면, 최면 리듬의 법칙이 자연적이며 논리적인 방법으로 나의 열망을 이룰 수 있는 물리적 등가물을 가져다준다는 얘기군요. 맞습니까?

악마 최면 리듬의 법칙이 작동되는 원리를 제대로 설명했네.

힐 지금까지 과학은 인간이 유전과 환경의 영향을 받는다는 주장에 대해서 반박할 수 없는 증거를 만들어 왔습니다. 인간은 수많은 조상들에게서 신체적 기질을 이어받고 그러한 기질들이 결합된 형태로 이 땅에 태어납니다. 세상에 태어난 이후에는, 자의식이 생길 나이가 되면서부터 인간을 지배하는 환경적 영향의 결과에 따라 저마다의 인격이 형성되고 대부분은 지상에서의 운명이 결정됩니다. 특히 이러한 환경적 영향은 유아기를 겪는 어린아이들에게 강력하게 작용됩니다. 유전과 환경이라는 이 두 가지 사실은 너무나도 탄탄한 논리로 확립되어 있기 때문에 아무리 총명한 사람이라도 이에 대해서 의문을 제기할 여지가 없습니다.

그런데 어떻게 최면 리듬이 우리가 세상에 태어나기 이전에 실제로 생존했던 수천 명의 조상들로부터 이어받은 신체적 기질을 바꿀 수 있다는 말입니까? 어떻게 최면 리듬이 누군가의 환경적 영향을 바꿀 수 있다는 말입니까? 가난하고 무지하게 태어난 사람들은 일반적으로 평생 가난하고 무지한 삶을 살아가는 경향이 있습니다. 만일 최면 리듬이 사람의 신체적 기질과 환경을 바꿀 수 있다면, 이러한 경우 최면 리듬은 무엇을 할 수 있습니까?

악마   최면 리듬이 태어나면서부터 인간이 물려받은 신체적 기질을 바꿀 수는 없어. 하지만 인간의 환경적 영향력을 부분적으로 수정하거나 변경하고 조종해서 불변의 상태로 만들 수는 있네.

힐   내가 당신의 말을 제대로 이해했다면, 인간은 주어진 환경에 맞서서 자신이 원하는 환경을 만들어 낼 수도 있고, 어쩔 수 없이 원하지도 않는 환경을 받아들이도록 강요받을 수도 있다는 말입니까?

악마   그렇지. 그런데 인간이 받아들이고 싶지 않은 환경적 영향을 거부할 수 있는 방식과 방법은 따로 있네. 그리고 최면 리듬을 이용해서 부정적인 결과를 긍정적인 결과로 바꾸는 방법도 있지.

힐   당신 말은 최면 리듬을 이용해서 인간을 파괴하는 것이 아니라 인간에게 도움을 줄 수 있는 확실한 방법이 존재한다는 겁니까?

악마 내가 말한 의도를 제대로 이해했군.

힐 믿기 어려운 이 놀라운 기술을 어떻게 터득할 수 있는지 설명해 주십시오.

악마 실제로 인간들이 응용할 수 있는 가치 있는 설명이 되게 하려면 길어질 수밖에 없을 걸세. 왜냐하면 인생에서 자신이 원하는 것을 끌어당기기 위해 최면 리듬을 이용하는 사람들이 반드시 이해하고 적용해야 할 7가지 심리학적 원칙을 다뤄야 하기 때문이야.

힐 그럼 7가지 원칙을 하나씩 나누어 자세히 분석하고 각각에 대해서 실질적으로 적용할 수 있는 간단한 지침도 함께 설명해 주시기 바랍니다.

> 힐은 금방이라도 닥쳐올 파멸을 이야기하다가 이제는 성공을 갈구하는 사람들을 위한 생명줄을 드러내 보인다. 이 부분은 상당히 중요한 전환점이다. 앞으로 소개될 '7가지 원칙'은 분명 이 책을 읽는 당신의 호기심을 자극할 것이다.

chapter 8
두려움을 극복하는 비밀

힐 지금부터 폐하께서는 인간이 삶에서 영적, 정신적, 육체적 자유를 얻을 수 있는 7가지 원칙에 대한 비밀을 밝혀야 될 것입니다.

이 책의 나머지 부분에서 힐은 영적, 정신적, 육체적 자유를 얻을 수 있는 7가지 원칙을 논의한다. 7가지 원칙은 다음과 같다.

1. 명확한 목표를 세워라
2. 자제심을 길러라
3. 역경에서 배우라
4. 환경의 영향을 지배하라(다른 사람과 연합하기)
5. 시간을 잘 활용하라(부정적 사고방식 대신 긍정적 사고방식을 만들

고 지혜로워지기)

6. 조화를 꾀하라(자신을 둘러싼 정신적, 영적, 물리적 환경 속에서 지배적인 세력이 되기 위해 명확한 목표를 가지고 행동하기)

7. 신중하게 행동하라(행동에 앞서 전체적인 계획을 꼼꼼히 살펴보기)

단, 무언가를 숨기거나 대충 알려주는 건 안 됩니다. 나는 사람들이 이 원칙을 어떻게 사용해야 하는지 정확히 알았으면 합니다.

먼저 명확한 목표의 원칙에 대해서 당신이 알고 있는 전부를 말해 주십시오.

악마 만일 나의 자백을 세상에 알리겠다는 그 어리석은 생각을 실행한다면, 그건 지옥 문을 열고 내가 몇 대에 걸쳐 굴복시킨 귀중한 내 영혼들을 풀어주는 것이나 다름없어. 아직 태어나지 않은 영혼들까지도 내게서 앗아가겠지. 또 지금 나의 지배를 받으며 세상에 살고 있는 수백만 명의 인간들도 해방될 게야. 그러니 여기서 그만두게. 부탁하네.

힐 비밀을 밝히십시오. 자, 명확한 목표 원칙에 대해서 뭐라고 말하는지 어디 들어 봅시다.

악마 자네는 지금 지옥 불에 기름을 퍼붓고 있어. 그 책임은 내가 아니라 자네가 져야 할 걸세. 목표와 계획을 명확하게 세울 수 있는 인간이라면 누구든 자신이 원하는 것을 현실로 만들 수 있다는 것 정도야 말해 줘도 괜찮겠지.

힐 막연한 주장입니다, 폐하. 조금만 더 부드럽게 설명해 주시죠.

악마 부드럽게 설명하라고? 아니, 나는 목청을 높일 수밖에 없네. 지금 내가 털어놓는 말을 듣는다면 명확함의 원칙이 왜 그리도 중요한지 바로 이해가 될 걸세. 나의 반대 세력은 인간을 지배하는 나를 속이기 위해 작지만 교묘한 술책을 사용하네. 그는 명확한 목표가 인간의 마음속으로 들어가는 문을 굳게 닫아 버린다는 사실을 잘 알고 있어. 따라서 방황하는 습관에 걸려들게 하지 않는 이상, 내가 인간의 마음속으로 들어갈 수 있는 방법은 없어.

힐 왜 당신의 반대 세력은 명확한 목표를 사용하면 당신을 피할 수 있다는 비밀을 사람들에게 말해 주지 않는 겁니까? 앞서 당신은 100명당 두 명만이 당신의 반대 세력에 속해 있다고 시인했습니다.

악마 왜냐하면 나의 반대 세력보다 내가 더 똑똑하기 때문이지. 나는 인간들을 유인해서 명확함과는 멀어지게 만든다네. 사실 나는 영업 능력이 좋고 쇼맨십이 뛰어나기 때문에 나의 반대 세력보다 더 많은 인간을 지배하고 있지. 나는 인간들이 빠져들고 싶어 하는 사고 습관을 무한정 제공함으로써 이들을 유인해.

힐 우리는 태어날 때부터 목표를 명확하게 만들 수 있습니까, 아니면 나중에 그 방법을 터득합니까?

악마 앞서 말했다시피, 누구나 명확해질 수 있는 특권을 가지고 태어나네. 하지만 100명 중 98명은 결정을 내리지 못하고 망설이기 때문에 자라면서 결국 이 특권을 잃어 버리지. 명확함의 특권은 생활 속에서 일어나는 모든 문제를 대하는 방침으로, 계획적으로 사용하는 경우에만 유지할 수 있어.

힐 몸을 계속 써야 건강한 신체를 만들 수 있는 것처럼 명확함의 원칙도 꾸준히 체계적으로 사용해야 한다는 얘기군요. 맞습니까?

악마 명확함의 진실을 제대로 이해하고 있군.

힐 이제 이야기가 진전을 보이는 것 같습니다, 폐하. 드디어 우리는 인생에서 자율적인 결정을 내리는 사람들이 어디서부터 시작했는지 깨달았습니다.

당신이 털어놓은 이 엄청난 자백을 통해, 당신의 가장 위대한 자산이 인간의 부주의한 태도라는 것을 알았습니다. 그리고 인간들은 부주의한 태도 탓에 당신이 던져 놓은 단순한 유인책만으로도 불명확함의 정글 속으로 끌려 들어갔던 것이죠.

의심의 여지없이, 우리는 명확한 목표를 정략적으로 사용하고 이를 일상생활의 모든 일에 적용해야, 아무도 방황하는 습관에 빠지지 않는다는 사실을 알았습니다. 방황하는 습관이 없다면 당신은 결코 인간을 유인할 수 없습니다. 맞습니까?

악마 그 이상 정확하게 말할 수는 없을 것 같군.

스스로의 마음을 지키는 법

힐 자, 사람들이 불명확하게 생각하고 방황하면서 자유와 자기 결정에 대한 특권을 어떻게 외면하는지 설명해 주십시오.

악마 이미 자네에게 명확함의 원칙에 대해서 간단하게 설명하긴 했네만, 지금부터는 이 원칙이 어떻게 작동되는지 자세하게 설명해 주겠네.

탄생의 순간부터 시작하지. 아이가 세상에 태어날 때는 수백만 년 전 조상들의 진화의 결과를 보여 주는 육체 이외에 다른 어떤 것도 가지고 태어나지 않아.

아이의 마음은 텅 비어 있지. 아이가 자라면서 의식할 수 있는 나이가 되고 주변의 사물을 인식하기 시작하면, 동시에 다른 것을 모방하기 시작한다네.

모방은 쉽게 변하지 않는 습관이 되지. 가장 먼저 아이들이 자연스럽게 모방하는 대상은 부모일세! 그 다음엔 다른 친척들을 포함하여 일상적으로 만나는 사람들을 모방하지. 여기엔 종교 지도자와 학교 교사도 포함되네.

모방은 신체적 표현뿐만 아니라 생각의 표현으로까지 확대되지. 만일 아이의 부모가 나를 두려워하고 아이가 들을 수 있는 범위 내에서 나에 대한 두려움을 표현하면, 아이는 모방의 습관을 통해 그 두려움을 익혀서 잠재의식 속에 넣어 둔다네.

만일 아이의 종교 지도자가 어떤 형태로든 나에 대한 두려움을 표현한다면(이미 여러 가지 방법을 동원해서 그렇게 하고 있지만), 부모에게서 건네받은 두려움에 이 두려움이 더해지면서 결국 아이의 잠재의식 속에는 추후에 내가 이용할 수 있는 두 가지 형태의 부정적인 한계가 저장되는 셈이지.

아이들이 학습하는 방식도 마찬가지야. 아이들은 시기, 증오, 탐욕, 성욕, 복수 등 명확하게 사고할 수 있는 가능성을 모조리 파괴하는 부정적인 생각들을 모방하면서 그들의 마음을 이러한 것들로 채우고 스스로 생각하는 힘을 제한하지.

그러는 동안 나는 아이들의 마음속으로 잠입하여 방황하게 만든 다음 최면 리듬을 이용해 이들의 마음을 지배하는 걸세.

힐 인간이 아주 어렸을 때 지배하지 않을 경우, 당신은 인간을 지배할 수 있는 기회를 완전히 잃어버리게 됩니다. 당신의 발언을 이렇게 이해해도 되겠습니까?

악마 인간이 자기 마음의 주인이 되기 전에 내가 먼저 지배하는 것이라고 주장하는 편이 낫겠어. 스스로 생각하는 힘을 깨달은 인간은 긍정적인 존재가 되므로 그를 지배하기 어려워. 사실, 명확함의 원칙을 깨닫고 이를 활용하는 인간은 내가 지배할 수 없어.

힐 명확한 목표만 있으면 당신의 지배를 영원히 막을 수 있습니까?

악마 아니, 그렇지는 않아. 인간이 명확함의 원칙을 따르며 계획적으로 실천하는 동안에만 나의 지배를 피할 수 있어. 만일 누군가가 어떤 일에 대해서 조금이라도 망설이거나, 미루거나, 명확하게 행동하지 않으면 그는 나의 손아귀로 한 걸음 다가오게 되는 걸세.

악마는 이렇게 말했다 .... SAYS THE DEVIL

"만일 누군가가 어떤 일에 대해서 조금이라도 망설이거나, 미루거나, 명확하지 않게 행동하면 그는 나의 손아귀로 한 걸음 다가오게 되는 걸세."

힐의 철학에서 형이상학적이고 종교적인 관점은 악마의 대답에 고스란히 나타난다. 그가 '명확함'이라고 말하는 것은 오늘날 종종 '의도' 또는 '목적·목표가 이끄는 삶'으로 불리기도 한다.

힐 명확함은 인간의 물질적 환경과 어떤 관계가 있습니까? 나는 보상의 법칙에 따라 초래되는 파멸을 겪지 않고도 명확한 목표를 이용해서 권력을 얻을 수 있는지 알고 싶습니다.

악마 자네의 질문에 제대로 대답해 줄 수가 없네. '보상의 법칙'의 부정적인 면을 적용받지 않고 명확한 목표를 사용할 수 있는 방법을 제대로 아는 사람은 극소수에 불과해. 과거에도 겨우 몇 명밖에 없었지.

기본적으로, 나는 잠시 내게서 벗어난 인간들을 명확한 목표를 이용해서 모두 되찾을 수 있네. 먼저, 인간이 타인의 권리를 침해하는 습관에 빠질 때까지 권력에 대한 탐욕과 자만심 표출 욕구를 그들의 마음속에 채워 넣는다네. 그런 다음 보상의 법칙을 적용해서 나의 어린양들을 모두 되찾아오지.

힐 그렇다면 명확한 목표가 권력으로서의 가능성에 비례해서 위험할 수도 있다는 겁니까?

악마 맞아. 그리고 그보다 더 중요한 사실은 모든 훌륭한 원칙에는 그에 상응하는 위험의 씨앗이 함께 존재한다는 것이지.

힐 믿기 어려운 얘기군요. 예를 들어, 진실을 사랑하는 습관에는 어떤 위험이 있습니까?

악마 위험은 '습관'이라는 말 속에 들어 있어. 명확한 목표를 사랑하는 습관을 제외한 모든 습관은 방황하는 습관으로 이어질 수 있네. 진실을 사랑하는 습관도 진실을 명확하게 추구하겠다는 부분을 책임지지 않는다면, 설사 좋은 의도로 행하더라도 결국 똑같은 결과를 얻을 수밖에 없을 걸세. 물론 자네는 내가 좋은 의도를 가지고 무슨 일을 하고 있는지는 알고 있겠지.

"명확한 목표를 사랑하는 습관을 제외한
모든 습관은 방황하는 습관으로 이어질 수 있다."

힐 혈족을 사랑하는 것 역시 위험합니까?

악마 명확한 목표를 사랑하는 것 말고, 어떤 물질이나 사람을 사랑하는 것은 위험해질 수 있어. 사랑이란 이성이 마비되고, 의지력은 약화되며, 진실과 사실에 눈이 먼 마음의 상태를 말하지. 스스로 결정을 내리고 자주적으로 사고할 수 있는 영적인 자유를 얻은 인간들은 조금이라도 사랑과 관련 있어 보이는 모든 감정들에 대해서 면밀하게 검토한다네.

나의 가장 효과적인 유인책이 사랑이라는 사실을 알면 자네는 놀랄 걸세. 나는 사랑만으로 인간을 유인해서 방황하는 습관에 빠지게 할 수 있네. 바로 이러한 까닭에 나의 유인책 목록에서 가장 최우선 순위에 두었던 것이 사랑이었지. 누군가 자신이 제일 사랑하는 대상을 내게 보여 주면, 그를 방황의 길로 이끌어 쵀면 리듬에 빠져들게 할 단서를 포착할 수 있어.

사랑과 두려움을 결합하면 인간을 유인해서 방황하게 만드는 가장 효과적인 무기가 되지. 사랑 못지않게 두려움도 아주 유용해. 두 가지 모두 명확한 사고를 하지 못하도록 만드는 데 효과적이라네. 내게 한 인간의 두려움을 조종할 수 있는 권한이 있고 그가 가장 사랑하는 것이 무엇인지 알았으니, 그를 내 하수인으로 만드는 건 시간문제지.

사랑과 두려움은 인간의 의지와 이성적 능력을 완전히 파괴할 수 있는 엄청난 힘을 지녔어. 인간의 의지와 이성 외에 명확한 목표를 지지하는 것은 아무것도 없다네.

힐 그러나 폐하, 사랑이라는 감정을 느낄 수 없다면 인생은 아무런 가치가 없습니다.

악마 아! 자네가 이성적으로 사고하는 한 자네 말이 맞네. 그러나 자네는 사랑을 늘 통제할 수 있어야 한다는 말은 새겨듣지 않았어.

물론 사랑은 바람직한 마음 상태이긴 하지만 일시적인 마음이기도 해서 인간의 이성과 의지를 제한하고 파괴하는 데 사용될 수도 있어. 자유와 자기결정을 원하는 인간들에게 이성과 의지는 중요도

면에서 사랑보다 상위에 속하는 것들이지.

힐 그렇다면 권력을 얻은 사람은 반드시 자신의 감정에 냉정해져야 하며, 두려움을 제압하고, 사랑을 지배할 줄 알아야 한다는 뜻이군요. 맞습니까?

악마 권력을 획득하고 유지하는 사람은 모든 생각과 행동에 있어서 반드시 명확해야 하네. 이것을 두고 자네가 냉정해져야 한다고 말한다면, 그러면 그들은 냉정해져야 되는 걸세.

힐 일상생활에서 명확함이 가져다주는 이점에 대해 살펴봅시다. 부실한 계획을 명확하게 실행한 경우와 탄탄하게 잘 구성된 계획을 명확하지 않게 실행한 경우, 두 가지 중에서 어떤 것이 성공하기 쉽습니까?

악마 부실한 계획이라도 명확하게 실행한다면 대부분 강력해지네.

힐 당신 말은 어떤 계획이라도 명확한 목표를 추구하며 지속적으로 실행한다면 최상의 계획이 아니었을지라도 성공할 수 있다는 의미입니까?

악마 그렇지. 내가 의미한 바가 바로 그거야. 아무리 계획이 부실하더라도 명확한 목표에 명확한 실행 계획이 더해지면 목표는 성공적으로 달성하게 되어 있어.

힐 그 말은 제대로 된 계획을 만들 수 없다면 언제나 명확하게 실행이라도 하라는 말입니까? 당신이 나에게 전달하고 싶은 의미가 이겁니까?

악마 맞아. 자신의 계획과 목표 두 가지 모두에 명확한 사람은 더 많이 노력하고자 온 힘을 다할 뿐 결코 일시적인 좌절을 받아들이지 않아. 명확함을 가지고 추구한다면 지금 자네가 추구하는 이런 계획도 성공으로 연결된다는 사실을 직접 확인할 수 있을 걸세.

힐 명확한 계획과 목표를 가지고 행동하는 사람은 언제나 성공합니까?

악마 아니. 최상의 계획도 가끔은 불발로 그칠 때가 있어. 그러나 명확하게 행동하는 사람은 일시적인 좌절과 실패의 차이를 구분할 수 있지. 그는 만일 계획이 실패하면 다른 계획으로 대체하기는 해도 자신의 목표를 변경하지는 않아. 그는 인내하면서 끝까지 기다리네. 그리고 결국에는 자신의 계획이 성공했음을 발견하게 돼.

**"명확한 계획과 목표를 가지고 움직이는 사람은
일시적인 좌절과 실패의 차이를 구분할 수 있지.**
그는 계획이 실패하면 다른 계획으로 대체하기는 해도
자신의 목표를 변경하지는 않아.
그는 인내하면서 끝까지 기다리네."

힐 부도덕하고 부당한 목적을 위해 수립된 계획도 도덕적이고 정의로운 의식이 동기가 되면 가능한 한 빨리 성공할 수 있습니까?

악마 그러긴 힘들 거야. 보상의 법칙이 작동하면 누구나 뿌린 대로 거둬들이는 법일세. 부도덕하고 부당한 목적을 바탕으로 만들어진 계획은 일시적인 성공을 가져올 수는 있지. 하지만 영원한 성공을 위해서는 4차원, 즉 시간을 고려해야 하네.

시간은 부도덕함과 부당함에 반대하지. 시간은 정의와 도덕 편에 서 있어. 그동안 젊은이들 사이에서 범죄가 급증했던 이유는 이러한 사실을 깨닫지 못했기 때문일세.

미숙한 젊은이들은 일시적인 성공을 영원한 성공으로 받아들이는 실수를 저지르기 쉽네. 이들은 종종 부도덕하고 부정한 계획으로 일시적인 이득을 취할 수 있기를 갈망하면서, 다음날 틀림없이 따라올 불이익에 대해서는 미리 생각하고 살펴보는 행동을 등한시하는 실수를 범하고 있어.

chapter 9

교육과 종교는 올바른 역할을 하는가

<u>힐</u> 폐하, 나는 인간을 행복하거나 불행하게, 부유하거나 가난하게, 아프거나 건강하게 만드는 것들에 대한 논의에 관심이 많습니다. 즉 삶의 목적을 달성하기 위해 쏟아 부은 노력들이 대가로 돌아올 때, 만족스러운 이익을 얻기 위하여 인간이 할 수 있는 모든 방법을 알고 싶다는 말입니다.
<u>악마</u> 좋아, 구체적으로 살펴보도록 하지.

<u>힐</u> 폐하께서는 자꾸만 논점에서 벗어나, 대다수 사람들이 이해할 수도 없고 그들의 문제를 해결할 만한 방책으로 활용할 수도 없는 추상적인 내용을 말하는 경향이 있습니다. 혹시 나의 질문에 불명확하게 대답하는 것이 당신의 계획입니까? 만일 그렇다면, 그 계획

은 교활한 속임수이긴 하나 제대로 성공하지는 못할 것입니다. 그럼, 명확하게 행동하지 않는 습관을 갖고 성장한 인간들이 겪는 고통과 실패에 대해서 좀 더 설명해 주십시오.

악마 명확함의 원칙을 이해하고 적용한 사람들의 성공과 기쁨에 대해서 더 이야기하는 게 어떤가?

힐 폐하께서는 제가 묻는 것에만 답해 주시면 됩니다. 그런 정도는 누구나 짐작할 수 있을 겁니다. 명확한 계획과 목표를 가진 사람들도 원하던 것을 얻고 난 직후에 가끔은 그것이 진정 자신이 원하던 바가 아니었음을 깨닫는 경우가 있습니다. 그 다음에는 어떻게 해야 합니까?

악마 대개의 경우, 원하지 않았던 것을 획득한 경우에는 똑같이 명확함의 원칙을 이용하여 제거할 수 있어. 삶이 평화로운 마음과 만족감 그리고 행복으로 충만해지면, 비로소 인생에서 원하지 않는 모든 것들을 떨쳐낼 수 있지. 원하지도 않는 것들 때문에 계속해서 괴로워하는 사람은 명확한 사람이 아니네. 그는 방황자일세.

"**삶이 평화로운 마음과 만족감 그리고 행복으로 충만**해지면,
　비로소 인생에서 원하지 않는 모든 것들을 떨쳐낼 수 있지."

우리 중에 현재에 만족하는 사람이 얼마나 될까? 수많은 사람들이 '남에게 뒤지지 않기 위해' 노력하고 있는 이 세상에서, 과연 우리는 무엇을 배울 수 있을까? 당신은 삶에서 떨쳐내야 할 무언가가 있는가? 화가 나고 괴로울 때는 잠시 하던 일을 멈추고 자신을 되돌아보자. 그리고 악마가 했던 말을 떠올려보자. "원하지도 않는 것들 때문에 계속해서 괴로워하는 사람은 명확한 사람이 아니네. 그는 방황자일세."

힐 결혼 생활을 끝내고 싶어 하는 사람들은 어떻습니까? 이들은 헤어져야 합니까? 아니면 서로에게 불행한 삶이 될 것이 분명하지만 모든 결혼은 하늘이 맺어 준 인연이기에 결혼 생활을 영원히 유지해야 합니까?

악마 우선, 모든 결혼은 하늘이 맺어 준 인연이라는 옛말은 틀렸네. 어떤 결혼은 내가 맺어 준 것이지. 마음이 맞지 않으면 결혼 생활뿐만 아니라 다른 어떤 인간관계도 유지할 수 없어. 서로 간의 마음의 마찰과 모든 형태의 불화는 결국 명확하지 못한 행동을 낳고, 방황하는 습관으로 이어지지.

힐 가끔은 자신이 원하는 것을 얻기 위해 다른 사람과 의무적으로 관계를 맺어야 할 때도 있지 않습니까?

악마 현존하는 용어 중에서 가장 많이 남용하면서도 오해하는 용어가 '의무'라는 말이지. 모든 인간들의 첫 번째 의무는 바로 자신에 대한 의무일세. 누구나 충만하고 행복한 삶을 살아가는 방법을 찾아야 할 의무가 있는 법이지.

> "모든 인간들의 **첫 번째 의무는 바로 자신에 대한 의무**일세. 누구나 **충만하고 행복한 삶을 살아가는 방법을 찾아야 할 의무**가 있는 법이지."

힐 행복을 찾지 못하는 원인 중에 하나가 이기적인 태도 또는 이기심 아닙니까?

악마 나는 자신에 대한 의무 외에 더 고귀한 다른 어떤 의무도 없다는 나의 진술을 고수하겠네.

힐 아이들은 자신에게 생명을 주고 무력한 유아기를 보내는 동안 보살펴 준 부모를 따라야 할 의무가 있지 않습니까?

악마 전혀 그렇지 않아. 오히려 그 반대일세. 부모는 자녀들에게 지식의 형태로 줄 수 있는 모든 것들을 제공해야 할 의무가 있어. 그릇된 의무감에 휩싸인 부모들은 자녀가 직접 지식을 찾고 얻도록 이끌어 주기보다 응석을 부려도 된다고 허락하는 바람에 자식을 도와주기는커녕 오히려 망쳐 놓는 경우가 많지.

힐 당신의 논리는 어린 자녀를 도와주겠다고 지나치게 참견하는 행동이 오히려 방황하거나 명확하지 않은 자세를 취하도록 조장한다는 이야기군요. 아이들은 필요하면 스스로 배울 수 있고, 좌절에는 그에 상응하는 가치가 따라오며, 노력하지 않고 얻은 모든 재능은 축복이 아니라 저주가 된다고 믿고 있습니다. 맞습니까?

> 힐은 이렇게 말했다. "노력하지 않고 얻은 모든 재능은 축복이 아니라 저주가 될 수 있다."
>
> 실제로 우리들 중 대다수는 아이들에게 저주를 내리고 있는 것이 아닐까? 힐의 말은 상당히 정신이 번쩍 들게 하는 생각일 뿐만 아니라 오늘날의 부모들에게 훌륭한 충고가 된다.

악마 나의 철학을 완벽하게 설명했네. 나의 신념은 단순한 이론이 아니야. 사실이지.

악마를 돕는 학교와 교회

힐 그러면 당신은 간절한 목표를 이루기 위한 수단으로 기도를 지지하지 않겠군요?

악마 자네 생각과는 반대로 나는 기도를 지지해. 하지만 공허하거나 구걸하거나 무의미한 내용으로 이루어진 기도만 지지해. 반대로 명확한 목표를 가지고 하는 기도는 나를 무기력하게 만든다네.

힐 나는 단 한 번도 명확한 목표를 가지고 기도해야 한다고 생각해 본 적이 없습니다. 목적을 가지고 기도하는 것은 죄가 아닌가요?

악마 그 반대야. 명확한 내용으로 기도할 때만 기도의 효과를 기대할 수 있어. 확실한 성과를 얻기 위해 최면 리듬을 이용하는 방식으로 기도를 하면, 기도라는 행위만으로 무한한 지성의 거대한 지식 저장소에서 보내는 힘을 자기 것으로 만들 수 있네. 만일 자네가 이에 대해 관심이 있다면, 무한한 지성이 보내는 힘은 명확한 목표를 끊임없이 추구할 때에만 자네 것이 된다는 사실을 명심하게!

힐 왜 대다수 사람들은 기도에 실패하는 것입니까?

악마 그들은 실패하지 않아. 모든 기도는 한 번에 한 가지씩 실현되니까.

힐 방금 전에 당신은 기도의 내용이 명확한 경우에만 기도의 효과를 기대할 수 있다고 주장했습니다. 그런데 지금은 모든 기도가 실현된다는 식으로 말하는군요. 두 가지는 전혀 상반되는 것 같은데, 당신이 하고 싶은 말은 무엇입니까?

악마 내 주장에는 모순이 없어. 기도를 하는 대다수 사람들은 모든 것들에 실망하거나 실패한 후에 기도를 하지. 자연스럽게 그들의 마음은 기도가 응답하지 않을 거라는 두려움으로 가득 차게 돼. 자, 그러면 이러한 두려움은 현실이 되는 걸세.

명확한 목표와 그 목표를 반드시 달성하겠다는 신념을 가지고 기도하는 사람은 인간의 지배적인 열망을 물리적 등가물로 바꿔 놓는 자연의 법칙을 가동시키지. 이게 바로 기도라네.

부정적인 형태의 기도는 오직 부정적인 결과만 가져올 뿐이고, 긍정적인 형태의 기도는 명확하고 긍정적인 결과를 가져오지. 이보다 더 명쾌한 논리가 어디 있겠나?

신에게 기도할 때 자신에게 들이닥친 문제를 해결해 주고 필수품이든 사치품이든 모든 것을 달라고 징징거리며 애원하는 사람들이 있어. 이들은 너무나도 게으르기 때문에 스스로 생각하는 힘을 이용해서 자신이 원하는 것을 현실로 만들지 못한다네.

무한한 지성은 오직 자연의 법칙을 이해하고 이에 순응하는 자들만 보살피지. 자연은 인격이 훌륭하다거나 성격이 유쾌하다는 이유로 그를 편들지 않아. 이러한 것들은 삶을 살아가면서 다른 사람들과 조화로운 인간관계를 만들 때 도움이 되는 요소들이지 기도의 응답에 영향을 미치는 요인은 아닐세. 자연의 법칙은 다음과 같네. "네가 원하는 것을 알고 나의 법칙에 순응하라, 그러면 그것을 갖게 되리라." 따라서 방황하지 않는 자들은 자연의 법칙대로 이루어지게 해달라고 기도할 거야.

> 바로 앞에 나온 질문과 답변을 보면 힐이 비판의 영역을 조직화된 종교 대 개인의 영성과 책임으로 넓혀나가는 것임을 알 수 있다.

힐 그 말은 그리스도의 가르침과 일치합니까?
악마 물론이야. 진정으로 위대한 철학자들의 가르침과도 일치하네.

힐 명확함에 대한 당신의 이론은 과학자들의 철학과도 일치합니까?
악마 과학자와 방황자의 가장 큰 차이점은 명확함일세. 과학자들은 명확한 목표와 계획의 원칙을 통해 자연의 놀라운 비밀을 밝혀내지. 축음기와 백열전구를 비롯해서 에디슨이 인류의 편의를 위해 발명한 많은 것들의 비밀이 이러한 원칙을 통해서 밝혀졌어. 과학자들은 그들의 지식을 믿고 나아간다네.

힐 그렇다면 명확함이 세속적인 모든 일에서 성공하기 위한 첫 번째 필요조건이라고 이해해도 되겠습니까? 맞습니까?

악마 정확하게 이해했네! 인간에게 사실을 검토하고 정리해서 신중한 사고로 명확한 계획을 세우라고 가르치는 것은 나의 목적을 위해서는 바람직하지 않은 짓이지. 만일 명확한 지식에 대한 갈망이 온 세상으로 퍼져나갈 경우, 내가 하려는 일은 앞으로 몇 세기 내에 산산조각이 나고 말걸세. 나는 무지, 미신, 편협함, 두려움을 바탕으로 권세를 누리지만, 스스로 생각하는 인간의 마음속에서 확고한 계획으로 확립된 명확한 지식 아래서는 버틸 수가 없네.

힐 전능한 신을 당신 편으로 만들어 당신만의 방식으로 모든 일을 꾸려나가는 건 어떻습니까?

악마 차라리 왜 전자의 음극이 양극을 대신해서 전체를 차지하지 않느냐고 묻지 그래. 전자가 존재하기 위해서는 에너지를 구성하는 음극과 양극이 모두 필요해. 이것이 내 대답이네. 하나가 다른 하나에 대해서 동등하게 균형을 유지하면서 어느 쪽으로도 밀리지 않는다는 말일세.

자네가 나의 반대 세력과 나에 대해서 언급한 부분도 마찬가지야. 우리는 우주의 전체 시스템에서 각각 긍정적인 힘과 부정적인 힘을 나타내고, 하나가 다른 하나에 대해서 동등하게 균형을 유지하고 있네. 만일 이러한 균형의 힘이 조금이라도 틀어진다면 우주 시스템이 급격하게 멈춰 버리고 말걸세. 이제 왜 내가 독단적으로 행동할 수 없는지 그 이유를 알았겠지.

힐 만일 당신의 주장이 사실이라면, 당신은 전능한 신과 정확하게 똑같은 권력을 가지고 있다는 말이군요. 정말입니까?

악마 맞아. 너희 인간들이 전능한 신이라고 부르는 나의 반대 세력은 자연의 긍정적인 힘, 즉 선善이라고 일컬어지는 힘을 통해 자신을 표현하지. 나는 자연의 부정적인 힘, 즉 악의 힘을 통해 나를 표현하네. 선과 악은 늘 공존하지. 두 가지 모두 중요해.

힐 당신의 주장은 예정설처럼 들리는군요. 인간은 태어날 때부터 성공하느냐 실패하느냐, 절망 속에 사느냐 행복하게 사느냐, 선인이 되느냐 악인이 되느냐가 결정되기 때문에, 어떻게 해도 이러한 자신의 운명에 관여할 수도 없고 본성을 바꿀 수도 없다는 얘기군요. 이것이 당신의 주장입니까?

악마 저런, 완전히 잘못 짚었네! 모든 인간은 폭넓은 선택권을 가지고 스스로 생각하고 행동할 수 있어. 인간이라면 누구나 자신의 두뇌를 이용해서 긍정적인 생각을 받아들이고 표현하거나 부정적인 생각을 표현할 수 있지. 이렇듯 중대한 문제를 맞이할 때마다 인간이 사용하는 선택권이 그들의 전체적인 인생을 만드는 것일세.

힐 당신의 주장을 듣고 보니, 당신과 당신의 반대 세력보다 인간에게 표현의 자유가 더 많다는 생각이 드는군요.
악마 사실이야. 전능한 신과 나는 불변하는 자연의 법칙에 묶여 있지. 하지만 인간은 특정 법칙에 얽매이지 않고 자신을 표현할 수 있네.

힐 그렇다면 악마와 전능한 신이 사용할 수 없는 권리와 특권이 인간에게는 있다는 말입니까? 이 말이 사실입니까?
악마 그래, 사실이네. 그러나 인간은 이러한 잠재력을 아직도 완전히 깨닫지 못하고 있지. 다른 모든 살아 있는 것들을 결합한 것보다 훨씬 강력한 힘을 가졌음에도 불구하고, 여전히 인간은 제 자신을 먼지 속을 기어 다니는 벌레와 유사하다고 여기고 있네.

힐 마치 명확한 목표가 모든 악을 물리칠 수 있는 만병통치약처럼 보이는군요.
악마 꼭 그렇지는 않지만, 어느 누구도 명확한 목표 없이는 자기결정을 할 수 없다는 사실은 확신해도 좋아.

힐 그렇다면 왜 학교에서는 아이들에게 명확한 목표에 대해서 가르치지 않습니까?

악마 어떤 교과 과정에서도 명확한 목표를 가르치겠다는 구체적인 계획이나 목표가 없기 때문이지! 아이들은 인생에서 원하는 것이 무엇인가를 깨닫기 위해서가 아니라 학점을 따고 암기하는 법을 배우기 위해 학교로 보내지고 있다네.

악마는 이렇게 말했다 SAYS THE DEVIL

"아이들은 인생에서 원하는 것이 무엇인가를 깨닫기 위해서가 아니라 학점을 따고 암기하는 법을 배우기 위해 학교로 보내지고 있다네."

나는 또 한 번 등골이 오싹해지는 느낌을 받았다. 힐은 1938년에 이러한 경고를 했지만 오늘날에도 학교는 여전히 '시험을 위한 교육'을 실시하고 있다.

힐 만일 학교 성적이 인생에 있어서 물질적 요구와 영적 요구를 채울 수 없다면 무슨 소용이 있겠습니까?

악마 나는 악마지, 수수께끼를 푸는 존재가 아니야!

힐 지금까지 당신의 주장을 종합해 보면, 학교든 교회든 이 세상 젊은이들에게 인간의 마음을 효과적으로 사용할 수 있는 지식은 가르치지 않는다고 추론할 수 있습니다. 인간의 마음에 영향을 미치는 힘과 환경을 이해하는 것보다 우리에게 더 중요한 것이 있습니까?

악마 모든 인간에게 영원한 가치로 남는 것은 자신의 마음을 효과적으로 사용할 수 있는 지식밖에 없네. 하지만 지금의 교회는 인간이 스스로 마음의 가능성을 알아보는 것을 용납하지 않고, 학교는 마음이 존재하고 있다는 것 따위는 인식하지 않고 있어.

> 힐은 그 당시 지배적이었고 조직화된 종교와 교회에 왜 이렇게도 반감을 품고 있을까? 인간이 종교를 약화시키고 타락하게 만드는 현실에도 불구하고, 나는 그의 비판이 참된 영혼과 신념의 중요성 그리고 모든 종교적 전통의 뿌리를 이루는 타당성에 대한 변치 않는 애정에서 비롯된 것이라고 생각한다. 당신의 마음과 심장, 즉 영혼이 깨달은 것들에 대한 수용과 악으로 물든 현실 사이에서 어떻게 균형을 맞춰야 할까?

힐 학교와 교회에 대해서 조금이라도 좋게 말할 수는 없습니까?

악마 아니, 나는 아무런 편견이나 선입견 없이 있는 그대로 말하고 있을 뿐이네.

힐 학교와 교회가 당신에게는 강력한 적수가 아닙니까?

악마 교사와 종교 지도자들은 그렇게 생각할지도 모르지만 나는 항상 사실에만 근거해서 판단하지. 자네가 꼭 실상을 알아야겠다면 진실을 말해 주지. 교회는 나에게 가장 유익한 협력자이고, 학교도 그런 교회에 버금가네.

힐 이런 주장을 내놓을 만큼 구체적이거나 일반적인 근거가 있습니까?

악마 교회와 학교가 인간들을 방황하는 습관으로 유인하지. 바로 이것이 나를 돕고 있다는 근거일세.

힐 당신의 진술이 지금까지 문명 사회를 책임져 온 가장 중요한 두 기관을 전면적으로 비난하는 것이라는 사실을 알고나 있습니까?

악마 내가 알고 있냐고? 이봐 자네, 나는 그래서 아주 흡족해하고 있어. 만일 학교와 교회가 인간들에게 자주적으로 사고하는 방법을 가르쳤다면 지금 나는 어디에도 존재할 수 없을 거야.

힐 당신의 이번 자백은 구원에 대한 유일한 희망을 교회에서 찾았던 수백만 명의 환상을 완전히 깨뜨리는 것입니다. 그들에게 너무 잔인한 짓이 아닙니까? 차라리 사람들에게 당신에 대한 진실을 알려주기보다 이러한 사실을 모른 채 행복하게 살게 하는 것이 낫지 않습니까?

악마 '구원'의 의미는 뭔가? 인간이 무엇으로부터 구원을 받는다는 말인가? 모든 인간들에게 녹색 무화과만큼이나 가치 있는 영원한 구원은 오직 자신의 마음의 힘을 깨닫는 것에서 비롯된다네. 구원을 바라는 인간들을 가로막는 유일한 장애물은 바로 무지와 두려움이야.

힐 당신은 그 무엇도 신성시하지 않을 것 같군요.

악마 틀렸어. 나는 나를 지배하는 것, 내가 두려워하는 단 한 가지는 신성하게 생각하네.

힐 그게 무엇입니까?

악마 명확한 목표를 바탕으로 스스로 생각하는 힘일세.

악마에게 조종당하는 교육 제도의 문제점

힐 교회에 관한 논의는 잠시 접고, 학교로 돌아갑시다. 당신의 자백을 들어 보면 당신은 교묘한 술책을 사용하여 어린아이들이 생각하는 법을 배우기도 전에 아이들의 마음을 지배함으로써 한 세대에서 다음 세대에 이르기까지 계속해서 번영을 누린다는 사실이 분명해졌습니다.

나는 오늘의 학교 제도에 어떤 문제점이 있기에 당신이 이토록 많은 사람들을 지배할 수 있는지 알고 싶습니다. 그리고 첫째, 아이들에게 생각하는 법을 가르치고, 둘째, 그러한 기술을 영적이고 경제적인 자유를 얻는 데 사용하도록 가르칠 교육 제도를 확립하려면 무엇을 해야 하는지도 알고 싶습니다.

나는 당신에게 충분히 명확하게 질문을 하고 있고, 지금까지 당신은 명확한 목표의 중요성을 강조해 왔으니까 이제부터 내 질문에 명확하게 답변해 줄 것을 요구합니다.

악마 잠깐 숨 좀 돌리세. 자네는 완전히 명령을 하고 있어! 어떻게 살아야 하는지를 악마에게서 들으려 하다니 이상하군. 내 생각엔 나의 반대 세력에게 가야 할 것 같은데 말이야. 지금이라도 그러는 게 어떻겠나?

힐 폐하, 지금 심문을 받고 있는 대상은 내가 아니라 당신입니다. 나는 진실을 원할 뿐 내가 얻은 진실의 출처에 대해서는 신경 쓰지 않습니다. 현재의 교육 제도에는 근본적인 결함이 있습니다. 그러한 교육을 통해 우리에게 제공된 인생의 대차대조표를 살펴보면 우리가 아무런 희망도 없이 무기력한 상태에 빠졌고, 정글에서 길을 잃은 수많은 동물들처럼 자기결정에 이르는 길을 찾아서 더듬으며 가고 있다는 사실이 분명합니다.

나는 이러한 교육 제도에 대해서 두 가지를 알고 싶습니다.

첫째, 현現 교육 제도의 가장 취약한 점은 무엇입니까?

둘째, 이러한 취약점을 어떻게 제거할 수 있습니까?

이제 당신이 대답할 차례입니다. 제발 질문에서 벗어나지 말고, 더 이상 난해하거나 추상적인 문제에 대한 논의로 나를 유인하지도 마십시오. 알겠습니까?

악마 정확하게 답변하는 것 말고는 선택의 여지를 주지 않는군. 우선, 오늘날의 학교는 잘못된 방향에서 교육 과목을 다루고 있네. 학교는 아이들에게 생각하는 법을 가르치기보다 암기하는 법을 가르치려고 애쓰고 있지.

힐 그것 말고 교육 제도의 문제점은 없습니까?

악마 있지, 이제 겨우 시작했을 뿐이야. 학교 제도가 갖고 있는 또 다른 심각한 취약점은 아이들의 마음속에 명확한 목표의 중요성을 심어 주지도 않고 모든 것에 대해 명확해지는 방법을 가르치려고 노력하지도 않는다는 점일세.

이론을 실제로 활용하고 체계화하는 방법을 가르치는 것이 아니라 억지로 외우게 하는 것이 오늘날 학교 교육의 최대 목표야.

이러한 주입식 교육은 '성적'을 올리려는 학생들로부터 집중적인 관심을 받겠지만, 살면서 맞닥뜨리는 현실적인 사안을 해결하는 데 지식을 활용하는 법은 간과하고 있네. 이러한 교육 제도를 통해 많은 학생들이 자신의 이름이 새겨진 졸업장을 들고 졸업하지만, 이들에겐 스스로 결정할 수 있는 능력은 없어.

학교 제도는 처음부터 잘못 출발했어. 학교는 오로지 교육받을 수 있는 권리를 부여받은 소수의 부유층만을 위해 운영되는 '고등교육' 기관으로 시작했네.

따라서 학교 제도는 처음부터 하류층을 고려하지 않은 채 상류층을 중심으로 발달한 거야. 학교 제도 자체가 말 그대로 '불명확하게' 발달했다는 점을 고려하면 학교가 아이들에게 '명확한' 목표의 중요성을 가르치는 일을 등한시한다는 것이 이상한 일도 아니지.

힐 이와 같은 학교의 취약점을 바로잡으려면 어떻게 해야 합니까? 실질적인 처방책을 제시하지 않는 이상, 학교 제도에 대한 불만 토로는 그만합시다. 당신의 말을 요약하면, 명확한 계획과 목표의 중요성을 논의하면서 모든 것을 우리의 잘못으로 받아들이고 확실한 방법을 강구해 보자는 얘기입니다. 그렇습니까?

악마 학교와 교회는 그만 생각하고 이 골칫거리들에서 벗어나는 것이 어떻겠나? 지금 자네는 세상을 지배하는 두 세력의 일에 쓸데없는 참견을 하고 있다는 사실을 모르겠나? 학교와 교회가 점점 취약해지고 인간의 요구를 충족하지 못한다는 사실을 폭로할 수 있다고 생각하나? 폭로한 다음에는 어떻게 할 건가? 이 두 기관을 무엇으로 대체할 건가?

힐 반문하는 낡은 수법으로 내 질문에서 빠져나가려고 하지 마십시오! 나는 학교와 교회를 다른 것으로 대체하려는 것이 아닙니다. 할 수만 있다면, 조직화되고 관성화된 이 두 세력을 어떻게 바꿔 놓아야 더 이상 사람들을 무지한 상태에 두지 않고 도울 수 있을지 그 방법을 찾으려는 것입니다. 자, 그럼 계속해서 현 교육 제도를 개선할 수 있는 세부 사항들을 전부 말해 주시죠.

악마 하나도 빠짐없이 알려달라는 소리군. 그렇지? 꼭 중요도순으로 알려 줘야 하나?

이 부분은 질문자가 악마를 안전지대에서 또 한 번 벗어나게 만드는 대목이다. 다음 대화들이 우리의 교육 제도 개선에 길잡이를 제공할 것이다.

학교가 아이들에게 가르쳐야 할 모든 것

힐 그냥 머리에서 떠오르는 대로 설명하세요.

악마 지금 자네는 내가 내 자신을 반역하는 죄를 범하도록 강요하고 있어. 하지만 어쩔 수 없지. 개선 사항들은 다음과 같네.

아이들에게 단지 추상적인 지식을 알려주기 위해 만들어진 기존 규칙을 따르게 하기보다 학교 공부를 직접 이끌어갈 수 있는 특권을 부여함으로써 현재의 교육 제도를 바꿔야 하네. 교사는 학생에게 도움이 되어야 하고 학생은 교사를 섬겨야 할 걸세.

가능한 한 학교에서 이루어지는 모든 공부는 학생들이 몸소 실천하여 터득할 수 있는 명확한 방법으로 구성하고, 교실 수업은 일상생활과 관련된 현실적인 문제에 학생 모두가 참여할 수 있도록 운영하게.

모든 성공은 아이디어에서 시작되네. 학생들에게 인생에서 원하는 모든 것들을 성취하도록 돕는 실용적인 아이디어를 깨닫는 방법을 가르치게.

시간을 계획하고 활용하는 방법을 가르치게. 그리고 무엇보다, 인간이 활용할 수 있는 가장 위대한 자산이자 인간에게 가장 인색한 것이 시간이라는 진실을 가르치게.

사람들을 움직이게 만드는 원동력을 가르치고, 이러한 원동력을 어떻게 활용해야 삶에서 필요한 것들과 가치 있는 것들을 얻을 수 있는지 가르치게.

아이들에게 무엇을 먹어야 하는지, 얼마나 먹어야 하는지, 적당히 먹는 것과 건강한 신체 사이에 어떤 관계가 있는지 가르치게.

성욕의 본질과 기능을 가르치게. 그리고 무엇보다, 성욕이 인간을 최정상의 위치까지 끌어올리는 원동력으로 전환될 수 있다는 사실을 알려 주게.

습관의 원칙에서 선과 악이 미치는 가능성과 각각의 특성을 모두 가르치게. 이때 일상생활에서 누구나 경험할 수 있는 주제를 선정하여 자세히 설명하게.

습관이 최면 리듬의 법칙을 통해서 어떻게 고착되는지, 저학년 아이들에게 어떤 식으로 영향을 미치는지를 가르쳐야 하네. 그렇게 형성된 습관이 불명확한 사고로 이어진다는 사실도 알려 주게!

일시적인 좌절과 영원한 실패의 차이점을 가르치게. 그리고 모든 좌절과 함께 따라오는 이로움의 씨앗을 스스로 찾아내는 방법을 알려 주게.

자신의 생각을 두려워하지 않고 표현하는 방법과, 의지에 따라 타인의 생각을 받아들이거나 거부하는 방법을 가르치게. 인간에게는 자신의 판단을 믿고 따를 수 있는 특권이 있네.

아이들에게 민첩하게 결정하는 법을 가르치게. 만일 더디거나 마지못해 하는 일이라면 이미 결정한 사항을 바꿀 수는 있어도 명확한 이유가 없이는 절대로 변경할 수 없다고 가르치게.

인간의 뇌가 자연의 거대한 지식 저장소에서 보내는 에너지를 받아들이는 수신기라고 가르치게. 인간은 그 에너지를 받아 명확하게 사고를 할 수 있는 거라네. 인간의 뇌는 스스로 생각하는 것이 아니라 생각을 불러일으키는 자극을 해석하는 매개체라는 사실을 가르치게.

조화로운 마음의 가치를 가르치고, 이 조화로운 마음은 자기 조절을 통해서만 가능하다는 것을 가르치게.

자기 조절의 본질과 가치를 가르치게.

수확체증의 법칙이 존재한다는 것을 가르치게. 이 법칙은 습관에 따라 작동되며, 우리의 기대보다 훨씬 많고 훨씬 나은 보상을 돌려준다는 것을 알려 주게.

황금률Golden Rule의 본질을 정확히 가르치게. 그리고 무엇보다, 자신이 하고자 하는 모든 것과 타인을 위해 하려는 모든 것 그리고 자신을 위해 하려는 모든 것이 이 법칙을 통해 실행된다는 사실을 알려 주게.

사실로 인정할 수 있을 만큼 타당한 이론과 신념이 없다면 쉽게 판단하지 말라고 가르치게.

담배, 술, 마약, 성에 대한 지나친 탐닉은 인간의 의지력을 파괴하고 방황하는 습관으로 이어진다고 가르치게. 단, 이런 유해한 행위에 대해서 무조건 금하지 말고 그냥 설명만 하게.

부모, 종교 지도자, 혹은 다른 누군가가 말했다고 해서 그 말을 무조건 믿는 태도는 위험하다고 가르치게.

눈앞의 현실이 유쾌하든 불쾌하든 발뺌하거나 변명하지 말고, 있는 그대로 직시하라고 가르치게.

무無에서 유有를 창조하는 아이디어는 육감을 통해 떠오르므로 아이들이 육감을 사용할 수 있도록 북돋아주고, 이렇게 떠오른 아이디어는 면밀히 살피라고 가르치게.

에머슨이 해석한 보상의 법칙이 얼마나 중요한지 가르치게. 그 법칙이 일상사 모든 일에 어떻게 작용하는지도 보여 주게.

명확한 계획을 바탕으로 흔들림없이 고집스럽게 밀고 나가는 명확한 목표만이 인간이 실현할 수 있는 가장 효과적인 형태의 기도라는 사실을 가르치게.

자신의 위치는 타인에게 무엇을 얼마나 베푸는가에 달려 있다고 가르치게.

모든 문제에는 적절한 해결책이 존재하며, 종종 문제가 만들어진 환경 속에서 해결책을 찾을 수 있다는 것을 가르치게.

인간의 유일한 한계는 자신이 만든 것이거나 다른 누군가가 심어 놓은 것임을 가르치게.

상상하고 믿는 것이 무엇이든 성취할 수 있다고 가르치게!

학교와 교과서가 인간의 생각을 발달시키는 기본적인 수단이기는 하지만, 진실로 가치 있는 학교는 위대한 인생이라고 가르치게. 인간은 인생을 통해 경험으로 깨달을 수 있는 특권을 부여받는다네.

언제나 자신에게 진실하라고 가르치게. 그렇게 하면 모두의 비위를 맞출 수는 없어도 모두가 기뻐하는 일은 해낼 수 있을 거라고 가르치게.

힐 인상적인 목록이군요. 듣다 보니 현재 학교에서 가르치는 모든 과목을 전면 부정하는 느낌이 드는군요. 그런 의도였습니까?

악마 그래. 자네는 교과 과정을 어떻게 바꿔야 아이들에게 유익한지 물었지. 자, 이게 내 대답이네.

힐 당신의 제안 가운데 어떤 것들은 전통에서 벗어난 상당히 특이한 방식이기 때문에 대다수 교육자들이 충격을 받을 것 같군요. 그렇지 않습니까?

악마 오늘날 교육자들은 좀 충격을 받을 필요가 있어. 적당한 충격은 습관에 의해 무뎌진 두뇌를 활성화시키지.

힐 학교를 바꾸기 위해 당신이 제안한 내용을 따르면, 아이들은 방황하는 습관에 결코 물들지 않는 면역력을 가질 수 있단 말입니까?

악마 그렇지, 변화가 가져올 결과 중에 하나가 바로 그것이네. 그것 말고도 더 있지.

> 나는 악마가 제안한 것들에 동의한다고 말하지는 않겠다. 하지만 그의 개선 사항을 곰곰이 살펴보다가 이런 질문이 떠올랐다. 학교는 아이들에게 무엇을 가르쳐야 하는가? 악마도 아는 것을 우리는 몰랐단 말인가?
> 나는 힐이, 학교가 존재하는 이유와 나아갈 방향 혹은 학교가 해서는 안 될 것도 물어봤으면 좋았겠다고 생각한다. 애초에 학교의 교육 제도를 기획한 훌륭한 학자들은 적어도 악마가 반드시 가르쳐야 한다고 주장한 일부 사항에 대해서 그 중요성을 틀림없이 인식했을 것이다. 그런데 왜 교육 제도에는 포함되지 않았을까? 오늘날 의무교육 제도를 수립한 기획자들은 어쩌다가 이렇게도 멀리 원래의 의도에서 벗어나게 된 걸까? 악마는 방황자로 구성된 자신의 대군을 만들고 유지할 수 있는 주요 수단 중 하나가 학교 제도라고 주장했다. 과연 그럴까?

힐 어떻게 하면 당신이 제안한 사항들을 교육 제도에 반영할 수 있습니까? 그것이 가능하다면 틀림없이 사람들은 인생에서 더 많은 것을 얻을 수 있겠지만, 당신도 알다시피 종교를 바꾸는 일에 종교 지도자들이 주목하지 않는 것처럼 교육자들의 머릿속에 새로운 사상을 집어넣기란 쉬운 일이 아닙니다.

지금 이 책을 읽고 있는 사람 중에 학교 개혁을 위해서 노력해 온 사람이 있다면 아마 지금쯤 고개를 끄덕이고 있을 것이다.

악마 기존의 학교가 실용적인 방안을 받아들이도록 할 수 있는 가장 빠르고 확실한 방법은 먼저 실험적인 여러 학교들에 이러한 방안을 도입하도록 요구하는 것이지. 이렇게 하면 다른 교육 관계자들도 어쩔 수 없이 받아들일 걸세.

힐 지금의 교육 제도에서 또 바꿔야 할 것이 있습니까?

악마 그럼, 많지. 교육 프로그램을 바꿔야 하는데 그중에서도 사람들과 조화롭게 협상할 수 있도록 심리학 교육의 전 과정을 추가하는 것이 무엇보다 중요해. 모든 아이들은 최소한의 마찰만 겪으며 인생을 헤쳐 나가는 방법을 배워야 하네. 단순히 윤리학의 일반화된 이론을 배우는 것은 아이들에게 아무 도움이 되지 않아.

모든 학교에서는 경제적으로 독립할 수 있는 위치에 오르기 위해 필요한 개인의 성공원칙을 가르쳐야 해.

일방적인 강의는 완전히 없어져야 하네. 사업가들이 토론이나 협상을 할 때처럼 원탁을 놓고 토론식 수업으로 대체해야 해. 그리고 그룹 수업으로 제대로 가르칠 수 없는 과목에 대해서는 모든 학생들이 개별지도와 안내를 받으면 좋을 걸세.

내가 말하는 수업을 제대로 구현하기 위해서는 모든 학교에서 교사를 보조하는 인력을 편성해야 하네. 이러한 보조 인력은 전문 분야, 사업 또는 직업에 대하여 실용적인 지식을 전할 수 있는 기업가, 과학자, 예술가, 엔지니어, 신문기자 등 각 분야의 전문가로 구성되어야 하지. 이들의 교육 역시 일방적인 강의가 아닌 토론식 수업으로 진행되어야 할 걸세.

힐 사실, 지금 당신의 주장은 수업 보조 시스템이 인생에서 당면하게 될 현실적인 사안을 해결할 수 있는 실용적인 지식을 모든 학생들에게 직접적으로 전해준다고 시사하고 있습니다. 맞습니까?

악마 정확하게 표현했네.

오늘날의 학교들은 지나치게 경직된 사고와 현실에서 동떨어진 과목을 가르치는 자세를 오랫동안 버리지 않았다. 그런 면에서 이 대화는 다시 한 번 정곡을 찌른다. 최근, 학교 현장에서 실용적인 교육을 구현하자는 목표가 티치 포 아메리카Teach for America, 아메리카 세

이브즈America Saves, 주니어 어치브먼트Junior Achievement 등 일부 단체에 의해 널리 퍼지긴 했지만, 여전히 강화해야 할 문제 정도로만 인식되고 있지 핵심 교과 과정으로는 반영되지 않고 있다.

이 문제와 의무교육 제도 하에 있는 아이들에게 교과 내용, 맥락, 원칙, 기술 등을 전달하기 위해서는 각자의 경험을 교류하는 학습 과정으로 교육 방법이 수정되어야 한다. 이러한 학습 과정을 통해 아이들은 앞으로 어떻게 살아갈 것인지, 그들이 살고 있는 이 복잡한 세상에서 어떤 영향력을 미칠 것인지 결정할 수 있을 것이다.

우리의 과제는 다음과 같다. 현존하는 문제를 어떻게 체계적인 교육 프로그램에 포함시키고 조직적으로 실행해야 어른과 아이 할 것 없이 교육과 관련된 모든 이들에게 보상과 만족을 주고 성공으로 이끌 수 있을까? 바로 이러한 점에서, 내가 새로운 교육 프로그램을 기획하는 단체들과 함께 일한다는 것이 기쁘다. 그리고 이 단체들이 명확한 목표를 가지고 흔들림 없이 그들의 과업을 추진해 나간다는 것도 무척이나 자랑스럽다.

미래에 대한 이들의 비전은 우리와 마찬가지로 이 땅의 교육 시스템이 사회 구성원들에게 기여하면서, 강력한 힘과 자발적인 동기를 부여하는 능력을 갖추고, 독립적으로 사고하는 자립적인 기관으로 진화하는 것이다.

또한 무엇보다 교육 시스템이 갖춰야 할 중요한 능력은 우리의 미래 세대가 책임감 있는 세계시민으로서 견문을 넓히고 저마다 명확한 목표를 확립하여, 복잡한 세상에서 성공적으로 살고, 그들 자신과 다른 모든 사람들에게 힘을 부여하며, 실질적이고 영속적인 영향력을 발휘하도록 하는 것이다!

긍정의 힘

힐 교육 제도에 대한 논의는 이쯤에서 마무리하고 잠깐 교회로 돌아갑시다. 평생 동안 나는 목사님들이 죄에 대해서 설교하고 지은 죄를 깨닫고 회개해야 구원받을 수 있다며 죄인들을 향해 경고하는 소리를 들었습니다. 그러나 그들 중 아무도 무엇이 죄인지에 대해서는 얘기해 주지 않았습니다. 이 문제에 대해 설명해 주시겠습니까?

악마 어떻게 행동하고 무엇을 생각하든 자신을 불행하게 만든다면 그것이 죄일세! 건강한 신체와 건강한 정신을 지닌 인간은 마음을 평온하게 다스릴 수 있기 때문에 언제나 행복하지. 정신적 또는 신체적 고통이 죄로 이어지는 법이네.

힐 가장 흔한 형태의 죄에는 어떤 것들이 있는지 말해 주십시오.

악마 과식은 건강을 망가뜨리고 고통을 가져다주므로 죄일세.

성에 대한 지나친 탐닉은 인간의 의지력을 파괴하고 방황하는 습관으로 이어지므로 죄일세.

질투, 탐욕, 두려움, 증오, 편협함, 허영, 자기연민, 비겁함 등 부정적인 생각들이 마음속에 들끓도록 내버려두는 것도 죄일세. 그러한 마음 상태는 방황하는 습관으로 이어지기 때문이지.

속임수를 쓰고, 거짓말을 하고, 무언가를 훔치는 습관은 자존감을 파괴하고, 양심을 마비시키고, 불행을 초래하므로 죄일세.

무지한 상태로 남아 있는 것은 가난을 부르고 자립심을 잃게 하기 때문에 죄일세.

인생에서 자신이 원치 않는 것을 받아들이는 행동은 변명의 여지 없이 생각을 하지 않겠다는 게으름을 뜻하기에 이것 역시 죄일세.

힐 인생에서 명확한 목적이나 목표 또는 계획 없이 방황하는 것도 죄입니까?

악마 그렇지, 이 방황하는 습관이 가난으로 이어지고 자기결정의 권리를 파괴하기 때문이야. 또한 무한한 지성과 접촉할 때 매개체 역할을 하는, 스스로 사고할 수 있는 권리를 앗아가기도 하지.

힐 그러한 모든 죄를 부추기는 존재가 당신입니까?

253

악마 물론이지! 가능한 모든 수단을 써서 인간의 마음을 지배하는 것이 내 일이네.

힐 당신은 죄를 짓지 않는 사람도 지배할 수 있습니까?

악마 아니, 지배할 수 없어. 왜냐하면 죄를 짓지 않는 인간은 부정적인 생각을 하지 않기 때문이지. 나는 죄를 짓지 않는 인간의 마음속으로는 결코 들어갈 수 없어. 그냥 그가 지배하도록 내버려두네.

힐 인간에게 제일 흔하면서도 가장 파괴적인 죄는 무엇입니까?

악마 두려움과 무지야.

힐 여기에 추가하고 싶은 다른 것은 없습니까?

악마 그게 전부네.

힐 무엇이 신념입니까?

악마 무한한 지성의 우주적 지식 저장소에 접촉해서 이를 이용할 수 있는 매개체가 긍정적 사고의 힘이라는 사실을 깨닫고, 이러한 긍정의 힘을 자신의 의지대로 사용하는 마음 상태를 말하네.

힐 다시 말해서, 신념이란 부정적인 생각이 전혀 없는 상태를 말합니다. 맞습니까?

악마 그래, 그렇게 표현할 수도 있지.

힐 방황자에게도 신념을 사용할 수 있는 능력이 있습니까?

악마 방황자는 그런 능력을 가질 수는 있지만 사용하지는 못해. 누구에게나 부정적인 생각을 떨쳐낼 수 있는 잠재력이 있고, 그리하여 신념의 힘을 사용할 수 있는 걸세.

힐 이를 달리 표현하자면, 신념이란 원하는 바를 반드시 달성하겠다는 믿음이 뒷받침된 명확한 목표로군요. 맞습니까?

악마 그래, 바로 그거야.

신념이란 **'긍정의 힘을 자신의 의지대로 사용하는 마음 상태'**이다.

힐은 신념을 다음과 같이 간결하게 정리했다.
"신념이란 원하는 바를 반드시 달성하겠다는 믿음이 뒷받침된 명확한 목표이다."

chapter **10**

자신을
다스리는 자가
승리한다

힐 언제나 명확한 목표를 가지고 행동하기 위해서 준비해야 할 사항은 무엇입니까?

악마 그것은 바로 자제심이라네. 자제심은 7가지 원칙 중에서 두 번째에 해당하는 것이지. 자신을 다스리지 못하는 자는 다른 사람도 다스릴 수 없네. 자제심 결핍은 그 자체만으로 불명확함의 가장 파괴적인 형태일세.

"**자신을 다스리지 못하는 자**는

다른 사람도 다스릴 수 없다."

이 얼마나 명확한 진실인가! 자신의 행동을 다스리지 못해 명예를 실추한 정치 지도자들을 생각해 보라. 어떻게 우리가 그들을 믿고 우리를 맡길 수 있겠는가?

힐 자신을 다스리려면 어디서부터 시작해야 합니까?

악마 자기절제가 부족한 인간은 다음의 세 가지 욕구를 다스려야 하네. 첫째 음식에 대한 욕구, 둘째 성적 표출에 대한 욕구, 셋째 자신의 견해를 대충 표현하려는 욕구일세.

힐 인간이 다스려야 할 다른 욕구는 없습니까?

악마 물론 많네. 하지만 이 세 가지 욕구가 인간이 가장 먼저 정복해야 하는 욕구일세. 이 세 가지 욕구를 다스릴 줄 알면 자기절제가 충분히 발달되었다고 볼 수 있지. 따라서 또 다른 욕구들은 쉽게 제어할 수 있지.

힐 그런데 이 욕구들은 모두 자연스러운 욕구라 할 수 있습니다. 건강하고 행복해지길 원하는 인간이라면 틀림없이 이러한 욕구에 빠져들 것입니다.

악마 분명히 자연스러운 욕구가 맞네만, 제 자신을 다스리지 못해 이러한 욕구를 지나치게 탐닉하면 위험해지기도 하지. 자제심이 있으면 욕구를 효과적으로 다스려 적절히 충족시킬 줄 알지.

힐 당신의 관점은 흥미로우면서도 교육적이군요. 인간이 어떤 환경 아래서 어떻게 자신의 욕구에 탐닉하는지 내가 알아들을 수 있도록 자세히 설명해 주십시오.

악마 예를 들어, 음식에 대한 욕구를 들어보겠네. 자기절제가 너무나 미흡한 대다수 인간들은 입맛에는 맞지만 소화기관과 배설기관을 혹사시키는 여러 가지 기름진 음식물로 위를 채우고 있네.

인간은 위 속으로 다양한 음식물을 마구잡이로 쏟아 붓지. 이렇게 되면 몸에서 일어나는 화학반응에 따라 몸속으로 들어간 음식물이 치명적인 독소로 전환되네. 이러한 독소가 우리 몸의 배설기관에 고여서 썩으면 노폐물이 배출되는 속도가 느려지지. 얼마 지나지 않아 배설작용 시스템이 완전히 멈추면 인간들이 '변비'라고 부르는 질병에 걸리게 되는 걸세.

그쯤 되면 병원에 갈 준비를 해야 하네. 자가중독 또는 장내독이 뇌 조직에 영향을 미쳐 인간의 뇌를 완전히 쓸모없는 덩어리로 만들어 버릴 수도 있기 때문이야.

변비에 걸린 인간은 신체적으로는 움직임이 둔해지고 정서적으로는 화가 나거나 예민해지지. 한 번만이라도 자신의 장 속을 들여다보고 악취가 난다는 사실을 확인한다면 자기 얼굴을 똑바로 쳐다보기가 부끄러울 걸세.

도시의 하수시설이 과부하로 인해 오수로 넘쳐흐르거나 오염 물질들로 막히면 쾌적한 장소가 못 되지. 하지만 노폐물이 쌓여서 단단히 막혀 있는 인간의 배설기관과 비교하면 상대적으로 말끔한 편이라고 할 수 있어. 이런 비교가 바람직한 식습관과 관련하여 그다지 좋은 이야기는 아니지만, 과식을 하고 잘못된 조합으로 음식물을 섭취하는 것은 자가중독을 일으킬 수 있는 위험한 행동이기 때문에 반드시 짚고 넘어가야 될 내용일세.

나는 현명하게 먹고 배설기관을 깨끗하게 유지하는 인간을 지배할 수 없네. 왜냐하면 배설기관이 깨끗하다는 것은 신체가 건강하고 두뇌의 기능이 제대로 돌아간다는 의미이기 때문이지.

자네의 상상력이 어디까지 뻗어나갈 수 있을지 모르겠지만, 가령 혈류 속으로 직접 주입할 경우, 인간 100명을 죽이고도 남을 많은 독소를 장속에 채워 넣은 인간이 어떻게 명확한 목표를 가지고 행동할 수 있을지 상상해 보게.

힐 이 모든 문제가 음식에 대한 욕구를 제어하지 못한 결과로 나타나는 현상입니까?

악마 음, 정확하게 표현하자면 대부분의 육체적 질병과 두통의 원인이 그릇된 식습관에서 비롯된다고 할 수 있어. 실제로, 두통 때문에 힘들어하는 인간 100명을 뽑아서 이들의 장을 청소해보게. 그러면 아흔 다섯 명 이상이 단 몇 분 안에 두통이 사라졌다고 할 걸세.

힐 음식에 대한 욕구를 다스리면 더 이상 방황하지 않게 된다는 의미입니까?

악마 어떤 의미에서는 그럴 수 있네. 올바른 조합으로 음식물을 적당히 섭취하면 몸속의 노폐물과 불필요한 영양분이 제거되고, 정신도 맑아지고 명확해지는 것을 느끼게 될 걸세.

방황만큼 위험한 중독

힐 인간을 지배하기 위한 당신의 기법 중 하나가 자가 중독일 거라는 생각은 한 번도 한 적이 없습니다. 그리고 이렇게 교묘한 수법에 걸려드는 인간이 그렇게도 많다는 사실에 충격을 받았습니다. 자, 나머지 두 가지 욕구에 대해서는 어떻게 설명해 주실 건가요?

악마 그럼, 성욕을 표출하려는 욕구에 대해서 말해 볼까. 약한 사람이든 강한 사람이든, 노인이든 젊은이든, 무식한 사람이든 현명한 사람이든 나에게는 누구든 지배할 수 있는 힘이 있네. 사실 나는 성욕을 다스리지 못하는 모든 인간을 지배하지!

힐 성욕을 어떻게 다스릴 수 있습니까?

악마 성욕을 성행위가 아닌 다른 형태의 활동으로 전환하는 간단한 과정을 거치면 되네. 성욕은 인간에게 동기를 부여하는 가장 위대한 힘 중에 하나일세. 그리고 바로 이러한 사실 때문에 가장 위험한 힘 중에 하나이기도 하지. 만일 인간이 성욕을 자제하여 그들의 업무를 수행하기 위한 원동력으로 바꿀 수 있다면, 다시 말해 성욕을 해결하느라 허투루 쓰는 시간을 반만이라도 자신의 일을 위해 사용한다면 빈곤이라는 것을 절대 모르게 될 걸세.

힐 성욕과 리더십도 관련이 있습니까?

악마 관련이 있지. 사회 각계각층의 모든 위대한 지도자들은 성욕이 강하지만 성욕을 다스려 자신의 일을 추진하는 원동력으로 전환하고 있어.

힐 술과 담배에 빠지는 습관만큼 성(性)에 지나치게 탐닉하는 습관도 위험합니까?

악마 이러한 습관들은 서로 별반 차이점이 없어. 어느 것을 막론하고 방황하는 습관을 통해서 최면 리듬이 지배하는 상황으로 이어지게 되지!

힐 왜 세상 사람들은 성행위를 저속한 것으로 여깁니까?

악마 성을 저속하게 남용하는 사람들 때문이지. 저속한 것은 성행위가 아니야. 성욕을 다스리지 못하거나 제대로 사용하지 못하는 인간들이지.

힐 그 말은 성욕에 빠져서는 안 된다는 뜻입니까?

악마 아니, 내 말은 인간에게 유용한 다른 모든 힘들과 마찬가지로 성욕 역시 충분히 이해하고 다스려서 인간에게 도움이 되는 방향으로 사용해야 한다는 뜻일세. 성적 표출에 대한 욕구는 음식에 대한 욕구만큼 자연스러운 것이지. 흐르는 강물을 완전히 멈추게 할 수 없는 것처럼 성욕을 완전히 뿌리 뽑을 수는 없네. 만일 성욕을 억지로 차단한다면 다소 누그러진 다른 형태로 나타날 걸세. 마치 댐으로 막아놓은 강물이 댐을 뚫고 흘러내리는 것처럼 말이야. 자기절제를 할 줄 아는 인간은 성욕을 이해하고 존중하며, 다스리는 방법을 터득해서 건설적인 활동으로 전환시키지.

힐 성에 대한 지나친 탐닉은 인간에게 어떤 악영향을 미칩니까?

악마 가장 심각한 영향은 어떠한 적절한 보상도 없이 인간의 위대한 원동력의 근원인 창조적 에너지를 완전히 고갈시키고 낭비하게 만든다는 것일세. 또한 성에 대한 지나친 탐닉은 육체를 건강하게 유지시키는 에너지를 고갈시키지. 하지만 본래의 섹스는 자연이 우리에게 주는 가장 훌륭한 치료법일세.

성에 대한 지나친 탐닉은 매력적이고 유쾌한 인품을 형성하는 근원이자 타인을 끌어당기는 힘을 고갈시키지. 게다가 인간의 눈빛을 어둡게 하고 귀에 거슬리는 목소리로 만들어 버린다네. 그뿐인가. 성에 대한 지나친 탐닉은 열정을 파괴하고, 야망을 억누르고, 결국 모든 문제에 대하여 방황하는 습관에 빠지도록 인간을 이끌지.

힐 만일 성욕을 다스리거나 다른 형태로 바꾼다면 어떤 이점을 얻을 수 있습니까?

악마 성욕을 다스리면 다른 이들을 끌어당기는 힘이 생기지. 타인을 끌어당기는 힘 말이야. 이 힘은 매력적이고 훌륭한 인품을 만드는 가장 중요한 요소일세.

성욕을 다스리면 듣기 좋은 목소리를 갖게 되고 그러한 목소리를 이용해서 원하는 모든 것을 얻을 수 있네. 또한 인간의 욕구를 실현할 수 있는 원동력이 생기지. 성욕 외에 다른 어떤 욕구도 인간에게 이런 원동력을 제공하지 못하네.

성욕을 다스리면 신경계가 신체 유지에 필요한 에너지를 정상적으로 공급할 수 있네. 그리고 상상력이 강화되고 유용한 아이디어를 만들어 낼 수도 있어.

성욕을 다스리면 몸가짐과 정신이 민첩하고 명확해지고, 인생의 중대한 목표를 끝까지 밀고나갈 수 있는 추진력이 생기네. 또한 모든 두려움을 해소할 수 있지.

성욕을 다스리면 좌절에 대한 면역력이 생기고, 게으름과 망설임을 극복할 수 있네. 그리고 인생의 장애물에 직면하거나 좌절을 겪는 동안 육체적으로나 정신적으로 인내할 수 있네. 마지막으로 어떠한 환경에서도 자기방어를 통해 극복할 수 있는 투지가 생기네.

즉, 성욕을 다스리면 모든 일에서 쉽게 포기하는 자가 아니라 승리하는 자가 될 수 있네!

힐 성욕을 다스렸을 때 생기는 이점은 방금 당신이 주장한 내용이 전부입니까?

악마 아니, 몇 가지 중요한 것들만 알려 준 걸세. 어쩌면 일각에서는 성행위가 모든 생명체들이 영원히 존속할 수 있는 자연의 방식이라는 점에서 가장 중요한 가치가 있다고 생각할 걸세. 이러한 생각 하나만으로도 성행위가 저속하다는 편견을 모두 제거할 수 있지.

힐 당신의 주장을 듣고 보니, 성욕은 비난받을 욕구가 아니라 가치 있는 것이라는 생각이 드는군요.

악마 정확하게 말하면 성욕은 그것을 다스리고 지배해서 원하는 결과를 얻을 때 가치가 있네. 욕정에 사로잡혀 끌려다니면 비난을 받게 될 뿐이야.

힐 왜 부모와 교사들은 아이들에게 이러한 진실을 가르치지 않습니까?

악마 성욕의 진정한 본질을 모르기 때문이지. 건강을 지키기 위해서라면 배설기관을 깨끗하게 유지하는 것뿐만 아니라 성욕을 제대로 이해하고 적절하게 사용해야 하네. 이 두 가지 주제는 아이가 있는 모든 가정과 학교에서 반드시 가르쳐야 할 내용이지.

힐 먼저 부모가 성욕의 기능과 활용에 대해서 제대로 이해해야만 자녀를 현명하게 가르칠 수 있지 않겠습니까?

악마 맞아, 교사들도 마찬가지야.

힐 성욕 다음으로 중요한 것은 무엇입니까?

악마 첫 번째라고 해도 될 만큼 중요한 것이 있지. 인간에게 중요한 것은 오로지 하나야. 그건 바로 명확한 사고일세.

악마는 이렇게 말했다   SAYS THE DEVIL

"인간에게 중요한 것은 오로지 하나야. 그건 바로 명확한 사고일세."

힐 성욕의 참된 기능을 정확히 아는 것과 명확하게 사고하는 능력이 인간에게 가장 중요한 두 가지라고 이해해도 되겠습니까?

악마 내가 자네를 이해시키고자 했던 것이 바로 그걸세. 명확한 사고는 인간이 겪는 모든 문제의 해결책이고, 기도에 대한 응답이며, 부와 물질적 소유의 근원이기 때문에 최우선에 해당하지. 성욕은 인간이 사고할 때 사용하는 에너지와 똑같기 때문에 적절히 다스리고 지배하면 명확한 사고에 도움이 되네.

명확한 사고는 어떤 대가를 치르더라도 기꺼이 하겠다는 마음으로 스스로 결정하려는 인간만이 할 수 있지. 명확한 사고의 기술을 배우지 않고는 아무도 영적으로, 정신적으로, 육체적으로, 경제적으로 완전히 자유로울 수 없어. 그리고 성욕을 다스리고 전환하는 것에 대한 정보를 반드시 포함하지 않고는 어느 누구도 명확하게 사고하는 법을 배울 수 없네.

자기표현이 늘 좋은 것은 아니다

힐 인간의 사고와 성욕 간에 밀접한 관계가 있다는 사실을 알면 많은 사람들이 놀랄 것입니다. 자, 그럼 이번엔 세 번째 욕구에 대해서 설명해 주십시오. 그리고 이 욕구를 절제하려면 어떻게 해야 하는지 살펴봅시다.

악마 자신의 의견을 대충 표현하는 습관은 가장 파괴적인 습관 중에 하나지. 이 습관의 파괴성은 인간이 의견을 내고, 아이디어를 만들고, 계획을 수립할 때 사실을 탐구하고 찾기보다 추측으로 결론을 내도록 만드는 데 있네.

이러한 습관을 버리지 못하면 아무것도 마무리 하지 못하고 메뚜기처럼 이리저리 옮겨 다니는 변덕쟁이가 되어 버리지.

물론, 부주의한 의견 표출은 방황하는 습관으로 이어지네. 거기서부터 한두 걸음만 더 내딛으면 최면 리듬에 걸려들게 되고 자동적으로 명확한 사고를 할 수 없게 되지.

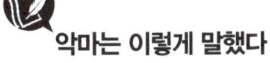
악마는 이렇게 말했다　　　　　　　　　　　SAYS THE DEVIL

"자신의 의견을 대충 표현하는 습관은 가장 파괴적인 습관 중에 하나지."

힐 그럼, 자신의 견해를 아무에게나 마음대로 표출하는 것에는 어떤 단점이 있습니까?

악마 다른 사람에게 자신의 계획과 목표를 너무 많이 말하는 사람은 타인에게 기회를 제공하는 것이므로 자신의 아이디어를 이용해서 어떤 이득도 얻을 수 없네. 현명한 사람은 본인의 계획을 숨겨 두고 섣불리 나서서 제 의견을 말하지 않는다네. 이렇게 하면 아이디어를 도용하려는 자들을 막을 수 있고, 자신이 수립한 계획을 방해하지 못하도록 차단할 수 있지.

힐 세상에는 주제넘게 나서서 자신의 의견을 표출하는 습관에 빠진 사람들이 너무도 많습니다. 그 이유는 무엇입니까?

악마 이 습관은 자만심과 허영심을 표출하는 방법 중에 하나야. 인간은 태어날 때부터 자기표현에 대한 욕구가 있지. 타인에게 주목받고 싶고 호의적인 인상을 남기고 싶어 하기 때문에 이러한 습관이 생기는 걸세.

힐 알겠습니다. 이러한 습관에 또 다른 단점이 있습니까?

악마 계속해서 자기 말만 하는 사람은 타인의 말을 듣고 배울 기회를 거의 얻을 수 없네.

힐 매력적인 연설가는 훌륭한 웅변술을 사용하여 사람들을 끌어들임으로써 자신에게 이득이 되는 기회를 잡지 않습니까?

악마 그래, 탁월한 연설가는 타인의 이목을 끄는 능력이라는 어마어마한 자산을 갖고 있네. 그러나 사람들이 응하지도 않았는데 부득불 연설을 밀고 나간다면 이러한 자산을 현명하게 사용하지 못하는 걸세.

인간이 갖추어야 할 품성 중에서 감정, 힘, 신념을 가지고 말하는 능력은 무엇보다 중요하네. 하지만 상대방의 기분은 생각지도 않고 자신의 말만 강요해서는 안 되네. '본전도 못 찾는다'는 옛말도 있지 않은가. 이는 물질적인 것뿐만 아니라 주제넘게 나서서 자기 생각을 말할 때도 적용되는 말이지.

힐 글을 써서 자신의 의견을 표현하는 사람들은 어떻습니까? 이런 습관에도 나쁜 점이 있습니까?

여기서 잠깐, 힐이 살았던 시대는 편지나 신문 게재와 같은 방식이 글로써 소통하는 유일한 수단이었다는 점을 기억하자. 이런 힐의 생각을 블로그와 소셜 미디어가 발달한 오늘의 현실에 어떻게 적용할 수 있는지 생각해 보자.

악마 습관은 전염성이 있어. 모든 습관은 그와 유사한 수많은 습관을 끌어당기지. 쓸모없는 행동을 하는 습관은 다른 쓸모없는 습관으로 특히 방황하는 습관으로 이어지네.

그런데 글을 써서 자신의 의견을 표현하는 습관에는 단지 그런 위험만 있는 것이 아니야. 이 습관은 자신의 의견을 지나치게 표출함으로써 자신을 공격하는 적을 만들어 내고, 스스로 치명적인 상처를 입을 수 있는 무기를 그들의 손에 쥐어 주지. 도둑과 사기꾼, 협잡꾼은 글을 쓰는 사람의 이름과 주소를 쉽게 알아낼 수 있고 모든 책략을 동원해서 그들에게 재산상의 손실을 가한다네. 이들은 섣불리 나서서 글 쓰는 자들을 '바보'라고 부르지. 만일 주제넘게 자신의 의견을 글로 표현하는 자들이 얼마나 어리석은지 알고 싶으면, 당장 아무 신문이나 펼쳐들고 독자들의 자발적 의견을 게재한 '어리석은 칼럼'을 한번 읽어 보게. 그러면 이런 글을 쓴 작자들이 어떻게 세상 사람들에게 적대감을 불러일으키고 다른 이들과 대립하는지 이해하게 될 걸세.

힐 자신의 의견을 자유롭게 표현하는 사람들이 왜 그렇게도 곤란한 상황에 부딪히는지 예전에는 몰랐습니다. 그런데 당신의 이야기를 듣고 보니, 예전에 유명한 잡지사에서 비판 기사를 쓰며 급여를 두둑히 받았던 일이 생각나는군요.

악마 아주 좋은 예로군. 자기절제를 제대로 하려면 자신의 생각부터 정리해야 할 걸세. 정리되지 않은 자신의 의견을 무턱대고 표출하는 것과 스스로 생각하고 숙성시킨 의견을 표현하는 것은 명백히 다르네.

태어날 때부터 인간에게 부여된 이 스스로 자유롭게 생각하는 특권을 박탈할 수 있는 권리나 힘을 가진 자는, 과거에도 현재에도 그리고 미래에도 없다네. 어떤 인간이든 완벽하게 제 것으로 사용할 수 있는 유일한 특권이 바로 스스로 생각하는 특권일세. 성인이 된 인간들은 자유롭게 생각할 수 있는 권리가 여전히 있는데도, 대부분은 등한시하거나 사고력이 생기는 나이에 이르기 전에 부모나 종교 지도자들에게 빼앗긴다네. 따라서 이러한 특권이 가져다주는 혜택을 상실하게 되지. 이는 자명한 사실이네. 또한 이들이 인간의 관심을 모으기 위해 나의 반대 세력을 이용하기보다 나를 이용한다는 사실 역시 중요하지.

힐은 스스로 생각하는 권리와 자신의 의견을 제멋대로 표출하는 행동을 구분했다. 당신은 이러한 힐의 신조를 블로그와 소셜 미디어가 발달한 오늘날의 세상에 어떻게 적용할 것인가?

힐 하지만 어디에, 그리고 누구에게 호소해야 할지 모르는 위급한 상황에서 인간은 무엇에 의지해야 합니까?
악마 모든 인간이 신뢰할 수 있는 어떤 힘에 의지할 수 있지.

힐 그것이 무엇입니까?
악마 바로 자기 자신! 즉, 스스로 생각하는 힘이지. 이는 인간이 지배할 수 있고 의지할 수 있는 유일한 힘일세. 그리고 정직하지 못한 자들에 의해 악용될 수도, 왜곡될 수도, 수정될 수도, 변조될 수도 없는 유일한 힘이지.

"모든 인간이 신뢰할 수 있는 유일한 힘은
스스로 생각하는 힘이지.
이는 인간이 지배할 수 있으면서도
의지할 수 있는 유일한 힘일세."

다른 사람을 지배할 수는 없지만, 다른 사람을 대하고 그들의 행동에 반응하는 자신의 태도를 지배할 수는 있다. 이는 말하기는 쉬워도 행동으로 옮기기란 어렵다. 우리는 우리 자신과 상대를 진심으로 대해야 한다. 그래야만 상대가 달라지기를 기대할 수 있는 것이다.

힐 당신의 말은 상당히 논리적이군요. 그런데 나는 왜 이렇게 심오한 진리를 악마에게서 들을 수밖에 없는 건지 모르겠습니다.

다시 7가지 원칙으로 돌아갑시다. 지금까지 당신은 최면 리듬의 힘을 파괴할 수 있는 비밀을 7가지 원칙과 관련하여 우리가 정확히 이해할 수 있도록 많은 정보를 알려 주었습니다. 또한 이러한 원칙에서 가장 중요한 것이 명확한 목표와 자기절제라는 사실도 알려주었습니다.

이제부터는 아직 언급되지 않은 나머지 다섯 가지 원칙에 대해서 설명해 주십시오. 그리고 이 원칙들이 자기절제를 습득하는 과정에서 어떤 역할을 하는지 가르쳐 주시기 바랍니다.

악마 먼저, 지금까지 우리가 밝혀낸 내용 중에서 나의 진술을 다시 한 번 말해 주겠네.

나는 자네에게 인간을 지배하는 가장 효과적인 기법 두 가지가 방황하는 습관과 최면 리듬의 법칙이라고 솔직하게 털어놓았네. 방황은 자연의 법칙이 아니라 인간이 만들어 낸 습관이며, 이 습관을 통해 최면 리듬의 단계에 이르면 나는 인간을 영원히 지배할 수 있다고 설명했지.

7가지 원칙은 인간이 최면 리듬에서 벗어나 다시 자신의 마음의 주인이 되어 스스로 생각할 수 있는 수단이지. 따라서 7가지 원칙은 최면 리듬에 걸려든 인간이 스스로 만든 감옥에서 벗어나기 위한 일곱 단계라고 볼 수 있네.

힐 그럼, 7가지 원칙이 영적, 정신적, 경제적 자기 결정의 문을 열 수 있는 마스터키라는 말입니까?

악마 그래, 그렇게 말할 수도 있겠군.

chapter **11**

역경에서 배울 수 있는 것들

힐 실패도 인간에게 도움이 됩니까?

악마 물론이지. 실제로, 7가지 원칙 중 세 번째에 해당하는 것이 '역경에서 배우기'일세. 그러나 모든 역경이 그에 상응하는 이로움의 씨앗을 가져온다는 사실을 아는 인간은 거의 없지. 게다가 일시적인 좌절과 실패의 차이점을 아는 인간은 더욱 드물어. 만일 이러한 내용이 세상에 알려지면 인간을 지배하는 나의 가장 강력한 무기 가운데 하나를 잃게 될 걸세. 만일 인간이 모든 좌절과 실패가 아직 눈앞에 드러나지 않은 기회를 가져온다는 사실을 알면 계속해서 싸워 나가 결국 승리하게 되겠지.

힐 실패가 당신의 협력자인 줄 알았는데, 인간에게 도움이 된다니

놀랍습니다. 그렇다면 인간이 역경과 좌절, 그리고 실패에서 배울 수 있는 점이 그것뿐입니까?

악마 아니, 조금 전에 내가 말한 것은 인간이 배울 수 있는 것들 중에서 겨우 일부분에 지나지 않아. 자네에게 말해 주긴 정말 싫지만, 실패는 변형된 축복이야. 실패가 최면 리듬의 지배를 깨뜨리고 새로운 마음가짐으로 시작할 수 있는 자유를 주기 때문이지.

힐 이제야 인터뷰가 진전을 보이는군요. 드디어 당신은 최면 리듬이라는 자연의 법칙 역시 자연의 섭리에 의해 제거될 수도 있고, 실제로 제거된다고 자백했습니다. 맞습니까?

악마 아니, 그렇게 말하는 것은 정확한 표현이 아니야. 자연은 결코 법칙을 바꾸지 않아. 자연은 최면 리듬을 통해서 인간이 스스로 생각할 수 있는 자유를 앗아가지 않네. 인간이 최면 리듬의 법칙을 오용함으로써 스스로 자유를 포기하는 것이지. 만일 누군가가 나무에서 뛰어내렸고 중력의 법칙에 의해 땅위로 곤두박질해 그 충격으로 죽었다면, 자네는 자연이 그를 살해했다고 말하지는 않을걸세, 그렇지 않은가? 아마 자네는 그가 중력의 법칙을 무시했다고 말할 거야.

힐 이제 이해가 됩니다. 최면 리듬의 법칙은 긍정적으로도 부정적으로도 작용할 수 있습니다. 인간이 최면 리듬의 법칙을 어떻게 대하느냐에 따라 자유롭게 생각할 수 있는 인간의 특권을 잃고 최면 리듬의 노예로 전락할 수도 있고, 혹은 자유로운 사고를 통해서 위대한 성공을 성취할 수도 있다는 얘기군요. 맞습니까?

악마 정확하게 이해했네.

실패는 새로운 시작의 신호

힐 그런데 미리 계획을 세워서 의도적으로 실패하는 사람은 아무도 없습니다. 일시적으로 좌절해야겠다고 작정하는 사람도 없습니다. 인간이 실패하는 이유는 인간의 힘으로는 통제할 수 없는 환경 때문입니다. 실패가 새롭게 시작하기 위한 근원인 인간의 야망과 의지, 자기결정을 파괴해도 자연은 인간에게서 생각하는 자유를 앗아가지 않는다고 말할 수 있습니까?

악마 실패는 인간이 만들어 낸 환경일세. 인간이 실패를 영원한 것으로 받아들이지 않는 한 실패는 결코 현실이 되지 않아. 달리 표현하면, 실패란 인간의 마음 상태라고 할 수 있지. 그러므로 자유롭게 생각할 수 있는 특권을 행사하는 한 이러한 마음은 통제할 수 있네.

자연은 인간을 실패하게 만들지 않아. 그러나 모든 인간의 마음에 최면 리듬의 법칙을 이용해서 지배적인 생각들을 고착시키지. 즉, 누군가가 어떤 상황을 영원한 실패로 받아들인다면 이러한 생각은 최면 리듬의 지배를 받아 영원히 그의 마음속에 남는다는 말일세.

"**실패는 인간이 만들어 낸 환경**일세.
인간이 실패를 영원한 것으로 받아들이지 않는 한
실패는 결코 현실이 되지 않아."

당신은 '실패란 인간이 만들어 낸 환경이다'라는 힐의 주장을 납득할 수 있는가? 한 번이라도 실패로 인해 좌절해 본 적 있는 사람이라면 모두 힐의 주장에 주목할 수밖에 없을 것이다. 실제로 사업의 성공과 실패, 실수, 판단착오 등 지금까지 살아온 자신의 인생을 자세히 들여다봤을 때, 이 모든 것이 내가 아닌 다른 이의 탓이라고 주장할 수 있을까? 이 책을 읽는 당신도 인생을 구성하는 삶의 목록들이 당신과는 전혀 상관없는 결과를 내놓을 수 있다고 할 수 있는가? 나는 힐의 가르침 덕분에 과거에 그랬던 것보다 실패에 대하여 특별한 가치를 더 많이 부여하게 되었다.

힐 그렇다면, 실패가 어떤 역할을 하기에 인간의 마음을 장악하는 최면 리듬의 지배에서 벗어날 수 있다는 말입니까?

악마 실패는 마음속의 두려움을 떨쳐 내고 다른 방향에서 새롭게 시작할 수 있는 최고의 기회를 선사하네. 즉, 실패는 원하는 목적을 달성하기 위해 수립한 계획이나 방침이 잘못되었다는 사실을 보여 주지. 실패는 누군가가 지속해 온 습관을 끝내게 만드는 막다른 길이네. 따라서 이 길에 이르면 지금까지 온 길을 버리고 다른 쪽을 선택하게 되므로 결국 새로운 리듬을 만들게 되지.

이뿐만이 아닐세. 실패는 인간에게 자신의 의지력이 얼마나 되는지 시험하는 기회를 제공한다네. 또한 실패하지 않았더라면 결코 깨닫지 못할 수많은 진실을 깨우쳐 주지. 또한 실패는 최면 리듬의 지배를 벗어나 제자리로 돌아오지 않았다면 절대 알지 못할 자기절제의 힘을 알려 준다네.

어떤 직업을 막론하고 위대한 성공을 달성한 모든 인물의 삶을 연구하고 분석해 보면, 대부분 이들이 성공의 결과로 얻은 이득은 성공하기 전에 경험한 좌절과 실패에 정확히 비례하네.

악마는 이렇게 말했다   SAYS THE DEVIL

"실패는 마음속의 두려움을 떨쳐 내고 다른 방향에서 새롭게 시작할 수 있는 최고의 기회를 선사하네."

힐 실패의 장점은 이것 말고는 더 없습니까?

악마 당연히 있지. 이제 겨우 시작이야. 만일 자네가 역경, 실패, 좌절, 그리고 기존의 습관을 무너뜨리고 새로운 습관을 만들게 하는 모든 부정적인 경험의 진정한 의미를 알고 싶다면, 자연이 하는 일을 자세히 살펴보게. 자연은 육체를 구성하는 세포와 기관이 제대로 기능하지 않으면, 이러한 신체적 리듬을 깨뜨리기 위해서 질병에 걸리게 하지. 자연은 수많은 인간이 기업 활동과 사회적·정치적 활동을 제대로 수행하지 않을 때면, 그들의 일반적인 생각의 리듬을 깨뜨리기 위해서 경제침체를 일으켜. 그리고 자연은 인간이 자신의 마음을 제대로 사용하지 못할 때에도, 부정적으로 생각하는 리듬을 깨뜨리기 위해서 실패를 경험하게 하네.

면밀히 살펴 보면, 세상 어디에든 자연의 법칙이 작용하고 있다는 것을 알게 될 걸세. 자연의 법칙은 모든 물질과 에너지, 그리고 생각하는 힘을 끊임없이 바꿔 놓지. 전 우주를 통틀어 영원한 것은 변화밖에 없어. 영원히 거침없이 계속되는 변화를 통해, 물질을 구성하는 모든 원자와 에너지가 적절하게 조화를 이루고 인간은 다른 사람들과 올바르게 관계를 맺지. 얼마나 많은 실수를 저질렀고 어떤 식으로 몇 번을 좌절했는지는 중요치 않아.

1929년에 찾아온 대공황처럼 엄청난 실패가 온 나라를 강타하더라도 환경은 인간의 습관을 고치고 새로운 기회를 부여하겠다는 자연의 의도된 계획에 따라 완벽한 조화를 찾아간다네.

경제적 혼란으로 어수선한 오늘날 이 책을 출간함으로써 얻게 된 최고의 진리는, 자연이 다시 한 번 인류의 습관을 바로잡기 위해 새로운 기회를 제시하고 있다는 것이다.

잘못된 인간관계가 가져온 시련

힐 상당히 흥미로운 주장이군요. 사람들이 관계를 맺는 방식에도 최면 리듬이 작용한다고 이해해도 되겠습니까?

악마 인격이라고 불리는 추상적이고 이해하기 어려운 인간의 기질은 최면 리듬의 법칙이 드러난 것에 불과해. 그러므로 어떤 이의 인격을 말할 때는 그의 사고방식이 최면 리듬을 통해 긍정적인 기질로 굳어졌다거나 부정적인 기질로 굳어졌다고 표현하는 것이 더 적절하지. 인간이 선해지거나 악해지는 이유는 최면 리듬을 통해 인간의 생각과 행동이 단단하게 결합되기 때문이야. 가난해지거나 부자가 되는 것은 당사자의 목표나 계획, 욕망, 혹은 그러한 것들의 부재가 최면 리듬을 통해 지속되어 현실이 되기 때문일세.

힐 최면 리듬과 인간관계의 관련성에 대해 더 하실 말씀이 있습니까?

악마 물론이지, 끝나려면 아직 멀었네. 지금 내가 모든 인간관계에서 최면 리듬이 어떤 영향을 미치는지 설명하고 있다는 사실을 기억해 줬으면 좋겠군.

성공한 사업가는 동료뿐만 아니라 사업 이외의 사람들과 관계를 맺는 방법 덕분에 완벽하게 성공한 걸세. 전문 직종에서 성공한 사람은 고객을 대하는 태도 덕분에 크게 성공한 걸세. 변호사에게는 법을 아는 것보다 사람과 자연의 법칙을 이해하는 것이 무엇보다 중요하지. 그리고 환자와의 관계에서 신뢰감을 쌓는 방법을 모르는 의사는 실패할 수밖에 없네.

결혼 생활은 부부가 서로를 대하는 태도에 따라 성공하거나 완전히 실패하지. 결혼 생활에서 올바른 관계는 결혼에 대한 올바른 동기를 가질 때 시작되는 법일세. 모든 결혼이 행복을 가져다주지는 않아. 결혼이 불행해지는 이유는 서로가 내뱉는 말과 서로에게 저지르는 행동, 그리고 상대방을 자극하기 위해 사용하는 모든 요인들이 최면 리듬을 가동하고 거미줄을 엮어서 그들을 끝없는 논쟁의 고통 속으로 걸려들게 하기 때문이야. 또 결혼이 온갖 형태의 불행에서 벗어나도록 해준다는 사실을 결혼한 당사자들은 이해하지도 않고 이해하려 노력하지도 않기 때문일세.

새로 알게 된 사람과의 친분은 상대방과 어떻게 관계를 맺느냐에 따라, 우정이나 사랑으로 발달해서 영적인 조화를 이루기도 하고 의심과 불신의 싹을 틔워 공공연한 배신으로 끝나 버리기도 하지.

최면 리듬은 서로 접촉하는 사람들의 마음속에 들어 있는 지배적인 동기나 목적, 의도, 감정 등을 파악해서 이러한 것들을 하나로 엮어, 신념이나 두려움, 사랑이나 증오의 형태로 구성하네. 시간이 흘러 이러한 감정들이 명확한 형태를 갖추면 구성원들의 마음에 직접적으로 작용하거나 이들을 지배하지.

이렇게 소리 없이 진행되는 과정을 통해 자연은 모든 인간관계를 형성하는 지배적인 요인을 굳히는 걸세. 관계를 맺는 사람들의 사악한 의도나 악의적인 행동이 명확한 형태를 갖추고 단단히 굳어지면, 그러한 인간관계를 맺고 있는 구성원들의 특성, 즉 인격에도 영향을 끼치지. 마찬가지로 선한 의도와 선한 행동 역시 명확한 형태로 굳어지면 구성원들에게 영향을 끼친다네. 따라서 모든 인간관계의 본질을 결정하는 요인은 구성원들의 행동뿐만 아니라 그들 사이에 지배적인 생각까지 포함되는 걸세.

힐 상당히 심오한 얘기를 하는 것 같군요. 난해한 내용은 그만두고 이제 구체적인 이야기로 돌아갑시다. 자, 오늘날 우리가 직면한 현실처럼 여러 가지 문제가 산재하는 세상에서 실제로 인간관계가 어떤 역할을 하는지 설명해 주십시오.

악마 그거 좋은 생각이군. 그런데 인생사에서 인간관계를 이용하는 방법을 알려 주기 전에 먼저 내가 말하는 원칙을 자네가 확실하게 이해하도록 설명해 주겠네.

최면 리듬의 법칙은 어느 누가 지배하거나 영향을 미치거나 모면할 수 있는 것이 아니야. 자네가 이를 명확하게 이해했으면 좋겠네. 그런데 끊임없이 작동하는 이 최면 리듬을 누구든 자신에게 이득이 되는 방향으로 활용할 수는 있지. 최면 리듬의 법칙으로 맺어진 조화로운 관계는 각자가 간절히 원하는 것과 바라는 환경을 구현하기 위해 자신의 습관을 완전히 바꾸는 구성원들로 이루어지네.

중력의 법칙을 바꿀 수 없는 것처럼 아무도 최면 리듬의 법칙을 바꿀 수는 없지만 누구든 제 자신을 바꿀 수는 있지. 따라서 이번 주제를 논의하는 동안 모든 인간관계가 구성원들의 습관에 의해 만들어지고 유지된다는 사실을 기억하게.

"중력의 법칙을 바꿀 수 없는 것처럼
아무도 최면 리듬의 법칙을 바꿀 수는 없지만
누구든 제 자신을 바꿀 수는 있지."

당신이 지배하지 않으면 성공할 수 없다는 사실을 깨닫고 누군가를 바꾸려고 시도했지만 끝내 좌절감만 느꼈던 경험이 있는가?

최면 리듬의 법칙은 인간관계를 구성하는 요인을 단단하게 하는 역할만 수행하지 그러한 요인을 만들지는 않네. 인간관계에 대한 논의를 진행하기 전에 잠재의식에 대해서 명확하게 알고 넘어가세.

'잠재의식'은 실체가 없는 가상의 신체기관이네. 인간의 마음은 일부에서는 무한한 지성이라고 부르는 우주의 에너지로 구성되어 있지. 인간은 뇌라고 알려진 복잡한 신체기관을 통해서 이러한 우주 에너지를 받아들이고 자기 것으로 만들어 명확한 생각의 형태로 체계화한다네.

이렇게 형성된 생각은 신체의 다섯 가지 감각으로 알려진 오감과 아직 구체적으로 밝혀지지 않은 육감을 통해 인간의 뇌로 들어온 여러 가지 자극을 그대로 나타낸 것일세. 어떤 자극이 인간의 뇌로 들어와 명확하게 인식되면 기억장치라는 뇌 세포에 분류되어 저장되지.

유사한 성질의 생각은 뇌에서 같은 그룹으로 저장되기 때문에 어떤 생각을 떠올리면 관련된 생각들이 줄지어 연상되지. 이러한 시스템은 사무실의 서류 보관 캐비닛과 매우 흡사하고, 이와 똑같은 방식으로 작동되고 있네.

어떤 생각에 지대한 감정이나 기분을 부여하면 언제나 표면에 떠 있기 때문에, 다시 말해 저장 시스템에서 맨 위에 놓이기 때문에 뇌를 지배하는 핵심 요인이 된다네. 따라서 개인이 자기절제를 등한시하는 순간 이러한 생각들은 갑자기 작동하지. 감정이 가득 실린 생각들은 너무나 강력한 나머지 인간의 이성적인 기능으로는 받아들이거나 승인할 수 없는 행위로 개인을 몰아넣기도 하고 집착하게 만들기도 한다네. 이 같은 감정의 분출은 언제나 조화로운 인간관계를 파괴하지.

대개 뇌는 감정이나 기분과 결합하고, 이로 인해 강력해진 감정이 이성적 기능의 지배를 완전히 제쳐 놓는다네. 이런 현상이 나타날 때마다 인간관계에서의 조화로움은 쉽게 사라지는 걸세.

육감이 작동하면 인간의 뇌는 다른 사람의 뇌의 지식 저장소에 접촉해서 그곳에 들어 있는 생각을 직접 확인할 수 있네. 한 사람이 다른 사람의 지식 저장소에 접근해서 그것을 확인할 수 있는 상태를 일반적으로 조화라고 말하지. 즉, 뇌가 동일한 사고의 진동파로 조율되면 타인의 지식 저장소에 진입해서 그의 생각을 확인할 수 있는 특권을 더 쉽고 더 빨리 행사할 수 있어. 그럴 경우, 같은 생각을 가진 사람들끼리 힘을 도모하게 되고, 이런 그룹을 마스터마인드 그룹이라 하지.

육감이라는 신체적 기관을 이용하면 타인의 지식 저장소로부터 체계적인 생각을 수신하는 것 외에 무한한 지성으로 알려진 우주의 지식 저장소에 접촉해서 그로부터 정보를 받을 수도 있네.

이제 마음이 어떻게 작동하는지 이해했으니 잘못된 인간관계를 통해서 인간이 어떻게, 그리고 왜 실패하는지 좀 더 쉽게 이해할 수 있을 걸세. 그리고 인간관계가 어떻게 물질적, 정신적, 영적 자산을 소유하고 최고의 위치에 오른 부호들을 배출하는지 이해하게 될 걸세. 무엇보다 인간관계의 올바른 원칙을 깨닫고 적용하지 않는 이상 결코 행복해질 수 없다는 사실을 이해하게 될 거야. 또한 어떤 인간도 완벽한 독립체가 아니기 때문에 완전한 마음을 갖기 위해선 같은 목표 아래 같은 행동을 하는 둘 이상의 사람이 서로 마음의 조화를 이룰 때 가능하다는 사실도 이해하게 될 걸세. 그리고 이론뿐만 아니라 현실에서도 왜 모든 인간이 맡은 책임을 다하고 남을 돌봐야만 하는지도 이해하게 될 걸세.

힐 당신의 말이 진실일 수도 있겠지만 여전히 이해하기 어려운 내용이군요. 좀 더 쉽게 이해할 수 있는 주제로 돌아갑시다. 처음에는 역경에서 이로움을 얻는 방법을 논의했는데 어쩌다 보니 주제에서 벗어난 것 같습니다.

악마 우리는 주제를 우회해서 살펴본 것이지 벗어나지는 않았어. 악마는 절대 방황하지 않아. 자네에게 이 인터뷰에서 가장 중요한 부분을 이해시키기 위해 잠시 우회할 수밖에 없었던 거야.

이제 역경에 대해서 논의할 준비가 다 됐네. 대부분의 역경이 사람들 간의 잘못된 관계에서 비롯된다는 사실을 기억하게. 그러자면 올바른 인간관계를 맺는 방법을 이해하는 것이 무엇보다 중요해.

이러한 문제는 자연스럽게 과연 사람들 사이의 올바른 관계란 무엇인가에 대한 의문을 제기하지. 이에 대한 답은 다음과 같네. 올바른 관계란 관계를 맺은 구성원 전원이 상대방에게 이익이 되거나 이익을 주는 관계를 말하네.

"**올바른 관계**란 관계를 맺은 구성원 전원이 **상대방에게 이익이 되거나 이익을 주는 관계**를 말하네."

잠시 시간을 내어 가정, 직장, 모임에서의 당신의 인간관계를 정리해 보자. 만일 개선의 여지가 필요한 관계가 있다면 그 관계를 염두에 두고 계속해서 책을 읽어 보라.

힐 그렇다면, 어떤 관계가 잘못된 관계입니까?
악마 누구에게든 피해를 주거나 어떤 식으로든 고통과 불행을 안겨 주는 관계가 잘못된 관계일세.

힐 잘못된 관계는 어떻게 바로잡을 수 있습니까?
악마 그 관계를 잘못된 방향으로 끌고 가는 자들의 마음을 바꾸거나 관계에 참여하는 구성원을 바꾸면 되네. 어떤 자들은 사람들과 자연스럽게 화합하는 반면, 어떤 자들은 의견 충돌로 언쟁을 일삼지. 예를 들어, 성공적인 인간관계는 공통의 관심사가 되는 문제를 서로 화합할 수 있는 수단으로 이용해서 자연스럽게 어울리는 사람들로 구성되네.

성공한 기업의 리더들이 성공한 이유가 '사람을 고르는 방법'을 알고 있었기 때문이라고 말한다면 이는 정확한 표현이 아니네. 이들이 성공한 이유는 자신과 자연스럽게 화합하는 사람들과 어울리는 방법을 알았기 때문일세. 인생에서의 명확한 목표를 달성하기 위해 자신에게 적합한 사람을 성공적으로 고르는 방법을 알아야 한다네. 그러기 위해선 타인과 자연스럽게 화합하는 사람을 알아보는 능력이 전제되어야 하는 법이지.

> 힐이 마스터마인드에 대해서 내린 정의를 기억하라. 마스터마인드란, '특정한 목표를 달성하기 위해 내 안의 여러 마음 상태들이 완벽한 조화를 이루고 협력을 하는 상태'를 말한다.

역경에서 얻을 수 있는 몇 가지 교훈

힐 역경에 대해 말해 보죠. 역경을 통해 얻을 수 있는 이점은 무엇인가요?

악마 역경은 인간이 지닌 자만심과 허영심을 없애 버리네. 또한 다른 사람과 협력하지 않고는 성공할 수 없다는 진리를 깨닫게 함으로써 인간의 이기심을 꺾어 놓지.

역경은 인간이 제 자신의 정신적, 육체적, 영적 강인함을 시험하게 하고 나약함을 직면하게 해서 그것을 발판 삼아 일어설 수 있는 기회를 제공하네.

역경은 명상과 자기성찰을 통해 명확한 결과를 얻기 위한 수단과 방법을 모색하게 하네. 그리고 명상과 자기성찰은 무한한 지성과 접촉할 수 있는 육감의 발견과 활용으로 이어지지.

역경은 혼자만의 생각이 아닌 외부 정보의 필요성을 깨닫게 하네.

또한 역경은 기존의 사고방식을 고치고 새로운 습관을 만들 수 있는 기회를 제공하네. 그러므로 역경은 최면 리듬의 지배를 중단시키고, 최면 리듬이 부정적인 결과에서 긍정적인 결과를 가셔오는 방향으로 작동되도록 기여하네.

힐 역경에서 얻을 수 있는 최고의 이점은 무엇입니까?

악마 역경에서 얻는 최대 이점은 인간이 자신의 사고방식을 바꾸고 최면 리듬의 힘을 다른 방향으로 이용할 수 있다는 것이지.

힐 다시 말해서, 지식을 얻거나 스스로 생각하는 습관을 들이도록 인간을 자극하고 인생에서 최대 목표를 달성하도록 이끄는 면을 고려하면, 실패는 언제나 축복이라는 얘기로군요. 맞습니까?

악마 그래. 그리고 이보다 중요한 것이 있네! 물질적인 힘에 덜 의존하게 하고 정신적인 힘에 더 많이 의지하게 한다는 점에서 실패는 축복이야.

많은 인간들은 신체의 자유를 완전히 잃어버리는 고통을 겪고 나서야 생각의 힘을 작동시키는 '또 다른 자아'를 발견한다네. 인간은 손과 발을 사용할 수 없게 되면 그때부터 머리를 사용하기 시작하지. 이렇게 함으로써 드디어 생각의 힘을 발견하게 되는 걸세.

> 이 부분에서 힐은 '또 다른 자아'에 대해 언급하고, 생각의 힘과 '또 다른 자아'를 어떻게 활용해야 우리의 진정한 힘과 중대한 목표를 발견할 수 있는지 밝힌다.

힐 물질적인 것, 이를테면 돈을 잃어버렸을 때 얻는 이점은 무엇입니까?

악마 물질에 대한 상실은, 생각의 힘을 제외하고는 인간이 지배할 수 있는 것이 아무것도 없으며 어떤 것도 영원하지 않다는 위대하면서도 필수적인 진리를 가르쳐 주지.

힐 그것이 역경을 통해 얻을 수 있는 최대의 이점이라 할 수 있는지 의심스럽군요.

악마 아닐세, 인간이 최면 리듬의 지배에서 벗어나 새로운 사고방식을 만들어 내도록 한다는 것이 역경이 주는 최대의 잠재적 이점이지. 새로운 사고방식은 실패한 자들이 다시 일어설 수 있는 유일한 길을 제시하네. 부정적인 방향으로 작동하는 최면 리듬에서 탈출하여 긍정적인 방향으로 작동하는 최면 리듬으로 이동한 대다수 인간은 역경을 통해 사고방식을 바꾸었기 때문에 그렇게 할 수 있었던 것이라네.

힐 하지만 역경은 인간의 자립심을 쉽게 파괴하고 희망을 포기하게 만들지 않습니까?

악마 오랫동안 방황하는 습관에 젖어 의지력이 약화된 인간들에게나 그런 현상이 나타나지. 방황하지 않고 의지가 강한 인간들은 그렇지 않다네. 방황하지 않는 자들은 일시적인 좌절과 실패에 맞닥뜨리더라도 모든 역경을 긍정적으로 받아들이지. 이들은 포기하기보다 역경과 싸워서 언제나 승리한다네.

 삶은 아무에게도 역경에 대한 면역력을 주지 않지만 모든 이에게 긍정적 사고의 힘을 주네. 긍정적 사고의 힘은 모든 역경의 상황을 제압해서 이득으로 바꾸는 아주 효과적인 힘이지. 인간에게는 역경에서 벗어나는 방법을 생각할 수 있는 특권이 있지만 누구나 이것을 활용하지는 않아. 인간은 명확하고 긍정적인 결과를 위해 스스로 생각하는 힘을 활용하기도 하고, 부정적인 결과를 위해 이러한 힘을 변형해서 사용하거나 등한시하기도 하지. 인간이라면 스스로 생각하는 것을 결코 포기해서도 안 되고 거부해서도 안 되네.

악마는 이렇게 말했다   SAYS THE DEVIL

"방황하지 않는 자들은 일시적인 좌절과 실패에 맞닥뜨리더라도 모든 역경을 긍정적으로 받아들이지. 이들은 포기하기보다 역경과 싸워서 언제나 승리한다네."

힐 모든 역경이 곧 축복이라고 이해해도 되겠습니까?

악마 아니, 나는 그렇게 말하지 않았네. 모든 역경에는 그에 상응하는 이로움의 씨앗이 있다고 말했지. 역경 속에 존재하는 이로움은 만개한 꽃이 아니라 그저 씨앗일 뿐이지. 대개의 경우, 그 씨앗에는 역경을 통해 사고방식을 바꾸지 않았다면 얻을 수 없었던 어떤 유형의 지식, 아이디어나 계획 그리고 기회가 들어 있네.

힐 에머슨이 말한 보상의 법칙과 최면 리듬의 법칙이 동일한 것이라고 이해해도 되겠습니까?

악마 최면 리듬의 법칙이 곧 보상의 법칙이네. 이는 전 우주에 걸쳐 있는 모든 형태의 에너지, 모든 물질, 모든 인간관계에 존재하는 부정적인 힘과 긍정적인 힘 사이에서 균형을 맞추기 위해 자연이 행사하는 힘이지.

힐 보상의 법칙은 모든 경우에 즉각적으로 작용합니까? 이를테면, 긍정적으로 사고한 사람에게는 곧바로 이익을 주고, 부정적으로 사고한 사람에게는 곧바로 저주를 내립니까?

악마 보상의 법칙이 작용한다는 것은 명백한 사실이지만 그것이 언제나 즉각적인 결과를 가져다주지는 않네. 보상의 법칙을 통해 어떤 사람에게 돌아가는 이익과 불이익은 다른 사람이 뿌려놓은 것들을 나중에 거두어들인 결과일 수도 있어.

보상의 법칙에 따라 앞선 세대의 죄와 미덕이 후대에 어떤 영향을 미치는지 살펴보게. 자연의 법칙이 작용하는 모든 현상을 들여다보면 4차원 즉, 시간이 아무도 거스를 수 없는 요인임을 알 수 있어. 자연이 어떤 결과를 내놓기까지 소요되는 시간의 길이는 환경에 따라 달라. 호박이 잘 익으려면 석 달이 지나야 하지. 상수리나무가 웬만큼 보기 좋은 크기로 자라기 위해선 100년이라는 시간이 필요하네. 그리고 계란이 병아리가 되려면 4주가 걸리고, 수정체가 인간이 되려면 아홉 달이 걸리지.

"삶은 아무에게도 역경에 대한 면역력을 주지 않지만

모든 이에게 긍정적 사고의 힘을 주네.

긍정적 사고의 힘은 모든 역경의 상황을 제압해서 이득으로 바꾸는 아주 효과적인 힘이지."

그렇다면 지금의 경제적 혼란은, 다시 한 번 우리가 각자의 역경을 이겨내고 이익을 찾을 수 있게 하기 위하여 자연이 만든 것은 아닐까?

chapter **12**

환경, 시간, 조화, 그리고 신중함이라는 무기

힐 역경과 실패의 잠재력에 대해서 보다 명확하게 이해하게 되었습니다. 이제 7가지 원칙 중 나머지 원칙들을 설명해 주십시오. 다음 원칙은 무엇입니까?

악마 환경의 영향일세.

힐 왜 환경의 영향이 인간의 운명에 결정적 요소로 작용하는지 설명해 주십시오.

악마 환경은 인간에게 영향을 미치고 인간을 자극하는 모든 정신적, 영적, 물리적 힘으로 구성되어 있기 때문이지.

힐 최면 리듬과 환경은 어떤 관계가 있습니까?

악마 인간의 사고방식은 최면 리듬에 의해서 굳어지고 영원히 변치 않는 상태가 되지. 이러한 사고방식은 환경의 영향을 받아. 다시 말해서, 인간의 사고를 구성하는 정보들은 그가 처한 환경에서 공급을 받고, 그렇게 형성된 사고방식은 최면 리듬에 의해서 고착된다는 말이야.

힐 인간을 둘러싼 환경 중에서 인간의 사고를 긍정적 또는 부정적으로 결정하는 가장 중요한 환경은 무엇입니까?

악마 타인과의 관계로 형성되는 환경일세. 인간은 의식적으로나 무의식적으로 밀접한 관계를 맺고 있는 사람들의 사고방식에 많은 영향을 받고 이들의 생각을 흡수하지.

힐 당신의 말은, 부정적 사고방식을 가진 사람과 계속 관계를 맺으면 그로부터 영향을 받아 자신에게도 부정적 사고방식이 형성된다는 뜻입니까?

악마 그래, 최면 리듬의 법칙은 모든 인간들에게 그가 처한 환경에서 가장 지배적인 영향, 특히 타인과의 관계를 통해 형성된 환경에 맞추어 사고방식을 새롭게 만들도록 이끌지.

힐 그렇다면 가깝게 지낼 사람은 주의를 기울여 선택하는 것이 중요하겠군요?

악마 그렇지, 어떤 음식이 몸에 영양분을 공급하는지 까다롭게 골라 섭취하듯이 사람을 선택할 때에도 누가 온화한 성품으로 자신에게 긍정적인 영향을 끼치며 조화를 이루는지 꼼꼼히 살펴봐야 하네.

힐 어떤 사람들의 영향력을 가장 많이 받습니까?

악마 결혼한 배우자, 함께 사는 가족, 직장 동료들이지. 가까운 친구와 지인은 그 다음일세. 그리고 안면만 있거나 낯선 사람들은 거의 영향을 미치지 않아.

"인간은 의식적으로나 무의식적으로
**밀접한 관계를 맺고 있는 사람들의 사고방식에
많은 영향을 받고, 이들의 생각을 흡수**하지"

부정적인 사람과 함께 있는 것만으로 당신의 사고방식이나 기분이 부정적으로 바뀌는 기분을 느껴 봤는가? 그 사람이 당신의 배우자나 자녀, 혹은 동료였는가? 힐은 부정적으로 생각하는 사람들의 생각을 중화하고 이들에게 긍정적인 영향을 미치기 위해서 당신이 이들에게 다정하며 조화로운 생각을 주입해야 한다고 제안한다. 만일 당신의 동료가 부정적이라면 먼저 동료와 관계를 지속하고 싶은지 판단해 보라. 동료의 성향에도 불구하고 그와 계속 관계를 이어가고 싶다면 동료가 비관적 성향을 빨리 탈피하도록 만들어라.

환경을 지배하라

힐 최면 리듬의 지배에서 벗어나기 위해 어떻게 환경의 영향을 활용해야 합니까?

악마 인간의 사고방식에 영향을 미치는 모든 지배적인 힘은 최면 리듬을 통해서 고착되지. 따라서 지배적인 힘을 긍정적 또는 부정적으로 바꾸려면 그가 처한 환경을 바꾸면 되네. 그러면 최면 리듬의 법칙이 변경된 환경을 고착시키고, 사고방식이 날라지지 않는 이상 이러한 환경은 지속되는 걸세.

힐 환경을 지배하는 자들은 어떤 자들입니까?

악마 방황하지 않는 자들이네. 방황하는 습관에 걸려든 인간은 자신이 원하는 환경을 선택할 수 있는 권리를 박탈당하지. 이들은 부정적인 영향으로 가득한 환경을 전전하며 살게 된다네.

힐 방황자를 위한 탈출구는 없습니까? 방황자가 긍정적인 영향을 받는 환경에 있을 만한 방법은 전혀 없는 것입니까?

악마 탈출구가 있긴 하지. 이들이 방황을 멈추고 자신의 마음의 주인이 되어 긍정적인 사고를 북돋아주는 환경을 선택하기만 하면 가능하네. 이는 명확한 목표를 통해서만 달성할 수 있을 걸세.

힐 그것 말고 방황하는 습관을 버릴 수 있는 방법은 없습니까? 방황이란 단지 마음의 상태입니까?

악마 그렇다네. 방황은 아무런 목적도 없이 텅 빈 부정적인 마음의 상태를 말하지.

힐 긍정적인 사고방식을 일으키고 유지하는 환경을 만드는 효과적인 방법은 무엇입니까?

악마 실질적으로 가장 도움이 되는 환경은 어떤 명확한 목표를 가지고 그것을 달성하도록 상대방을 도와주기 위해 책임을 다하는 사람들로 구성된 친밀한 연합을 만드는 것일세. 이러한 연합을 마스터마인드라고 하지. 마스터마인드가 형성되면 한 개인은 자신이 조심스럽게 선택한 사람들과 연합을 맺고 명확한 목표를 수행하기 위해 필요한 지식, 경험, 교육, 계획, 아이디어를 이들 각자로부터 얻을 수 있네.

각계각층에서 위대한 성공을 이룬 지도자들은 이러한 환경을 직접 만들기도 하지. 타인과 우호적인 협력을 맺지 않고는 위대한 성공을 이룰 수 없다네. 이러한 진실을 달리 표현하면, 성공한 사람들은 환경을 지배했고 그로 인해 부정적 환경이 던지는 위험한 영향으로부터 자신을 지킬 수 있었던 걸세.

힐 하지만 부정적인 환경의 영향에 빠진 주변인들을 버리는 것은 너무 냉혹한 것 같습니다.

악마 어떤 인간도 긍정적인 환경에서 자신의 사고방식을 만들 수 있다네. 이 특권은 누구도 앗아갈 수 없어. 바꿔 말하면, 모든 인간에게는 자신의 사고방식에 조금이라도 부정적인 영향을 끼칠 것 같은 모든 환경적 요인을 제거해야 할 의무가 있네. 자칫 사고방식을 부정적으로 바꿀 수 있는 환경적 요인을 제거하지 않는다면 아무도 강해질 수 없어. 긍정적 사고방식은 인간의 지배를 받고 그의 목표와 목적에 기여하네. 반면 부정적 사고방식은 인간을 지배하고 자기 결정의 특권을 박탈한다네. 따라서 자신을 부정적 사고방식으로 물들일 것 같은 주변인을 쳐내는 것이 결코 나쁘다고 할 수 없지. 오히려 그렇게 하지 않는 사람이야말로 자신의 권리이자 의무를 외면하는 사람이라 할 수 있어.

힐 당신의 주장을 들으니 사고방식에 영향을 미치는 환경적 요인을 지배하는 사람들은 자신의 운명을 지배하지만, 그렇지 못한 사람들은 운명의 지배를 받는다고 할 수 있군요. 맞습니까?

악마 정확하게 말했네.

뇌를 게으른 상태로 두지 마라

힐 무엇이 개인의 사고방식을 규정합니까?

악마 모든 습관은 인간에게 내재되어 있거나 이미 달성된 욕망, 혹은 강력한 동기 때문에 만들어지네. 즉, 습관은 어떤 욕망이 구체적인 형태를 갖추면 시작된다는 말이지. 따라서 개인의 사고방식도 이런 원리를 따르게 되지.

힐 개인의 사고방식이 만들어지는 동안 뇌에서는 어떤 현상이 일어납니까?

악마 욕망이란, 생각이라 불리는 충동적 에너지를 말하네. 감정과 결합한 욕망은 뇌세포 안에 축적되면서 뇌가 최면 리듬의 지배를 받고 따르도록 준비시키지. 뇌에서 어떤 생각이 떠오르거나 생성되고 이것이 간절한 욕망과 결합하면, 이러한 욕망을 그에 상응하는 물리적 결과로 전환하기 위해 최면 리듬이 곧바로 작동하네. 지배적인 생각, 즉 최면 리듬의 법칙을 따르는 생각이란 강렬한 욕망과 열정적인 감정으로 결합된 생각을 말하지. 개인의 사고방식은 같은 생각을 반복하면 확립되는 걸세.

힐 생각하는 것만으로도 행동으로 이어지는 강력한 동기나 욕망에는 어떤 것들이 있습니까?

악마 인간의 사고를 자극하는 강력한 동기 요인은 다음과 같이 열 가지를 꼽을 수 있네.

- 성적인 표출과 사랑에 대한 욕망
- 음식에 대한 욕망
- 영적, 정신적, 신체적 자기표현에 대한 욕망
- 죽은 뒤에도 영생하고픈 욕망
- 다른 사람을 지배하려는 욕망
- 물질적 부에 대한 욕망
- 지식에 대한 욕망
- 타인을 모방하려는 욕망
- 상대보다 뛰어나고 싶은 욕망
- 7가지 기본적인 두려움

대다수 인간들은 이러한 욕망을 실현하거나 뛰어넘기 위해 필사적으로 노력하지.

힐 탐욕, 시기, 헛된 욕심, 질투, 분노와 같은 부정적인 욕망은 어떻습니까? 이러한 욕망들은 긍정적인 욕망보다 드물게 표출됩니까?
악마 모든 부정적인 욕망은 긍정적인 욕망의 좌절에 지나지 않아. 부정적인 욕망은 인간이 좌절하거나 실패했을 때, 또는 긍정적인 방법을 활용하여 자연의 법칙에 순응하지 않고 거스르고자 할 때 생기는 감정이지.

힐 부정적 사고에 대한 새로운 견해입니다. 당신의 설명을 내가 제대로 이해했다면, 부정적 사고는 인간이 자연의 법칙에 조화롭게 순응하지 못했거나 등한시하고 거스르고자 했기 때문에 생기는 것입니다. 맞습니까?
악마 아주 정확하게 이해했군. 자연은 게으름을 용서하지 않고 어떤 종류의 공백도 용납하지 않네. 모든 공간을 반드시 무엇으로든 채워 넣지. 물질적인 것이든 영적인 것이든 존재하는 모든 것들은 끊임없이 움직이게 되어 있네. 인간의 뇌도 예외는 아니지. 뇌는 생각의 힘을 받아들이고 정리하고 특별하게 만들어서 표출하기 위해 만들어졌어. 누군가가 자신의 뇌를 긍정적이고 창조적인 생각을 표출하는 데 사용하지 않을 경우, 자연은 곧 부정적인 생각을 떠올리도록 유도해서 그의 뇌 공간을 채워 넣는다네. 이제 최면 리듬이 어떻게 부정적 또는 긍정적 형태로 인간을 지배하는지 알겠지.

뇌를 게으른 상태로 놔두지 말게. 이 원칙을 이해하면 자네는 인간의 삶을 지배하는 환경의 영향에 대해서 새롭고 더욱 중요한 사실을 이해할 수 있을 걸세. 우주에서 영원한 한 가지는 변화밖에 없다는 말을 기억하게.

"누군가가 자신의 뇌를 긍정적이고
창조적인 생각을 표출하는 데 사용하지 않을 경우,
자연은 부정적인 생각을 떠올리도록 유도해서
그의 뇌 공간을 채워 넣는다네."

나는 특히, 지나치게 게으른 아이들을 볼 때마다 이 말을 떠올린다. 나폴레온 힐 재단의 대표 돈 그린은 다음과 같이 말했다. "우리가 젊었을 때는 게으른 사람이 나쁜 짓을 한다는 충고를 끊임없이 들었던 기억이 납니다." 흥미롭게도 힐의 주장과 유사하다. 그렇지 않은가?

힐 이러한 당신의 주장을 누구에게서 확인할 수 있습니까?
악마 과학자와 철학자, 명확한 사상가에게서 확인할 수 있네. 마지막으로, 자연이 만들어 낸 물리적 징표들을 살펴보게.

　자연에는 생명이 없는 것들은 존재하지 않아. 모든 원자는 끊임없이 움직이지. 모든 에너지 역시 쉬지 않고 움직이네. 어디에도 작동을 멈추고 비어 있는 공간은 없어. 시간과 공간은 인간이 측정할 수 없을 정도로 대단히 빠르게 움직이고 있네.

힐　유행성 전염병, 경제 불황, 전쟁, 범죄의 급증과 같은 사건들은 어떤 요인에 의해서 주기적으로 반복되는 겁니까?

악마　상당수 인간들에게 똑같은 증상으로 발생되는 전염병은 최면 리듬의 법칙에 의해 나타나는 현상일세. 자연은 최면 리듬을 통해서 인간들에게 똑같은 생각을 굳히고 그러한 생각을 대중의 행동을 통해 나타내 보이지.

힐　그렇다면 대공황은 많은 사람들이 두려움을 생각했기 때문에 발생했다는 뜻입니까?

악마　그렇네. 수많은 인간들이 주식으로 무언가를 얻기 위해 필사적으로 노력했지. 그런데 어느 날 갑자기 아무것도 얻지 못했다는 사실을 깨달은 인간들은 좌절감에 사로잡혀 예금을 인출하려 은행으로 달려갔네. 그리고 공황상태는 계속됐지. 수백만 명의 대중이 가난에 대한 두려움을 떠올렸고, 이 때문에 불황 상태가 몇 년간 지속된 걸세.

최근 미국과 세계 전역에 몰아닥친 경제 불황도 이와 유사한 방식으로 발생되었다. 수많은 사람들이 주식 시장뿐만 아니라 부동산을 통해서도 무언가를 얻기 위해 필사적으로 노력했다. 계약금 없이 대출금 전액을 빌리는가 하면 비우량주택담보대출(서브프라임 모기지론 Subprime Mortage Loan)을 과도하게 받아 결국 밸류에이션 버블이 초래됐다. 모든 것이 붕괴하기 시작하자 사람들은 좌절감에 휩싸였고 또다시 공황상태에 빠졌다.

이러한 수백만 명의 사람들의 두려움을 건실한 재정원칙에 대한 집중으로 바꾼다면 경제를 안정화시킬 수 있지 않을까? 힐의 철학은 우리에게 그 방법을 보여 주고 있다. 선택은 우리 몫이다.

힐 당신의 주장을 들으니, 자연은 인간의 지배적인 생각을 굳히고 그러한 생각을 경기침체나 경기호황 등 대중의 행동으로 표출한다고 추론할 수 있겠군요. 내 말이 맞습니까?

악마 제대로 이해했네.

경험을 지혜로 숙성시키는 시간의 힘

힐 그럼, 다음 원칙을 계속해서 설명해 주십시오.

악마 다음 원칙은 4차원, 즉 시간이네.

힐 최면 리듬의 법칙과 시간이 무슨 관계가 있습니까?

악마 시간이 곧 최면 리듬의 법칙이야. 사고방식을 불변의 상태로 만들기 위해 요구되는 시간은 생각의 본질과 대상에 따라 다르지.

힐 당신은 자연에서 영원한 것은 변화밖에 없다고 말했습니다. 그 말이 사실이라면, 시간은 끊임없이 달라지거나 재조정되고 개인의 사고방식을 비롯하여 모든 것들을 다시 결합하지요. 그런데 시간이 곧 최면 리듬의 법칙이라면, 최면 리듬의 법칙이 인간의 사고방식을 불변의 상태로 만든다는 말입니까?

악마 시간은 사고방식을 긍정적 사고와 부정적 사고 두 가지로 구분하네. 물론 한 개인의 사고는 시시각각 변하고 그의 욕망에 맞추어 다시 결합되지만, 자발적인 노력 없이 사고 자체가 저절로 부정에서 긍정으로 혹은 그 반대로 달라지는 법은 없네.

시간은 사고의 본질과 목적에 따라 부정적으로 사고하는 인간에게는 벌을 내리고 긍정적으로 사고하는 인간에게는 보상을 주지.

만일 누군가의 지배적인 사고가 부정적이라면, 시간은 그의 마음에 부정적으로 생각하는 습관을 심어 두고, 이러한 습관이 매 순간 영원히 존재하도록 만듦으로써 벌을 내린다네. 마찬가지로, 긍정적인 사고 역시 시간이 지나면서 영원한 습관으로 굳어지지. 물론 '영원'이라는 말은 인간의 수명을 가리켰던 말일세. 엄격히 말해서 영원한 것은 아무것도 없네. 인간이 살아 있는 동안을 영원이라 부를 수 있다면 시간이 습관을 영원하게 만든다고 할 수 있지.

힐 이제 시간이 어떻게 작동하는지 이해되는군요. 인간의 운명과 시간의 관계에서 또 다른 특징은 없습니까?

악마 시간은 인간의 경험을 지혜로 숙성시키는 조미료와 같은 자연의 힘일세. 인간은 지혜를 가지고 태어나진 않지만 생각하는 능력은 가지고 태어나지. 그리고 시간이 경과함에 따라 생각은 지혜가 되기도 한다네.

> "인간은 지혜를 가지고 태어나진 않지만
> 생각하는 능력은 가지고 태어나지.
> 그리고 **시간이 경과함에 따라**
> **생각은 지혜가 되기도 한다네.**"

나는 이 책에서 가장 심오한 문장 중 하나가 이 말이라고 생각한다. 우리의 생각하는 능력을 이용해서 살면서 겪는 경험들이 성공인지 실패인지 분석해 본다면, 우리는 지혜를 얻을 수 있다. 정말로 간단하지 않은가?

힐 어린이나 젊은 사람들에게도 지혜가 있습니까?
악마 이들에게는 기본적인 성향만 있네. 지혜는 시간이 지남에 따라 얻게 되는 것이지. 지혜는 한 사람이 다른 사람에게 물려줄 수도 없고 나누어 줄 수도 없는 걸세.

힐 시간이 지나면 누구나 지혜를 얻습니까?
악마 절대 그렇지 않네! 지혜는 긍정적 사고방식을 인생의 지배적인 힘으로 확립한 사람들, 즉 방황하지 않는 자들만이 얻을 수 있지. 방황자와 부정적 사고방식에 깃든 자들은 기본적인 자질은 획득하겠지만 지혜를 얻을 수는 없어.

힐 당신의 주장을 듣고 보니, 시간은 긍정적 사고방식으로 자신의 마음을 훈련하는 사람에게는 우호적이지만 부정적인 사고에 빠져 방황하는 사람에게는 오히려 장애물이라고 추론할 수 있겠군요. 맞습니까?

악마 바르게 이해했네. 모든 인간은 방황자와 방황하지 않는 자로 구분되네. 방황자는 방황하지 않는 자들에게 언제나 복종해야 하고, 시간은 이러한 관계가 영원하도록 못 박아 놓지.

힐 당신 말은, 만일 내가 명확한 목표나 계획도 없이 인생을 방황하면 방황하지 않는 자들에게 지배를 받고, 시간은 나에 대한 이들의 지배를 더욱 강력하게 그리고 영원하게 만든다는 뜻입니까?

악마 정확히 알아들었군.

> "**지혜는** 긍정적 사고방식을 인생에서의 지배적인 힘으로 확립한 사람들, **즉 방황하지 않는 자들만이 얻을 수 있지.**"

또 한 번 나는 아이들을 생각하지 않을 수 없다. 테러리즘과 금융 문제 등 우리 주변에서 일어나는 너무나도 많은 부정적인 사건들이 장기적으로 아이들에게 어떤 영향을 미칠까? 아이들의 마음에 긍정적인 생각을 불러일으키려면 긍정적인 경험을 할 수 있는 환경을 만들어 줘야만 한다.

힐 무엇이 지혜입니까?

악마 지혜란 자신에게 도움이 되는 방향으로 자연의 법칙을 이용하는 능력, 그리고 자신이 원하는 것을 실현하는 데 도움을 받기 위해 타인과 기꺼이 조화롭게 연합하는 능력을 말하네.

힐 그렇다면 명확한 지식은 지혜가 아닙니까?

악마 세상에 맙소사! 만일 지식이 지혜라면, 과학의 성과물들이 파괴의 도구로 뒤바뀌는 일은 일어나지 않았을 걸세.

힐 지식을 지혜로 바꾸려면 어떻게 해야 합니까?

악마 지혜에 대한 간절함과 시간이 더해져야겠지. 지혜는 결코 어느 누구에게도 갑자기 생기지 않아. 적어도 자발적인 노력을 통해 긍정적으로 사고해야 얻을 수 있는 걸세!

힐 인간이 지식을 얻는 것은 안전합니까?

악마 지혜 없이 무턱대고 지식만 쌓는 것은 어느 누구에게도 안전하지 않네.

힐 인간은 어느 정도 나이가 되어야 지혜를 얻기 시작합니까?

악마 대다수 인간들을 살펴보니 보통 마흔이 지나야 지혜를 얻더군. 그러나 나이가 든다고 저절로 지혜를 얻을 순 없어. 지식을 축적하는 데 급급한 대신 지혜를 찾기 위한 노력을 하는 자에게 지혜가 찾아온다네.

힐 어떤 환경에서 가장 쉽게 지혜를 얻을 수 있습니까?

악마 좌절과 실패지. 자연은 좌절과 실패를 받아들일 준비가 되어 있는 자들에게 지혜를 주네. 이것이 자연이 사용하는 가장 보편적인 방식일세. 단, 좌절과 실패에서 다시 새로워질 준비가 된 자들만이 지혜를 얻는 거지.

힐 지혜를 얻는 사람을 결정하는 요인은 무엇입니까?

악마 사고습관의 유형, 즉 사고방식과 시간일세.

힐 새로 획득한 지식과 오랜 시간이 지나면서 검증된 지식은 똑같은가요?

악마 아니, 시간의 경과에 따라 검증된 지식은 새로 알게 된 지식보다 언제나 우수하네. 시간은 양적으로나 질적으로 지식을 명확하게 만들어 신뢰감을 부여하지. 검증되지 않은 지식은 절대 확신해서는 안 되네.

힐 신뢰할 수 있는 지식이란 무엇입니까?

악마 자연의 법칙과 조화를 이룬 지식을 말하지. 즉, 긍정적인 사고를 토대로 만들어진 지식일세.

힐 시간이 지식의 가치를 수정하거나 바꾸기도 합니까?

악마 그래, 시간은 모든 것의 가치를 수정하고 바꾸지. 오늘 명확한 지식도 사실과 가치를 재조정하는 시간 때문에 내일이 되면 무가치해지거나 공허해질 수 있네. 시간은 구성원들 간에 맺고 있는 방책에 따라 인간관계를 더 좋은 방향으로 혹은 더 나쁜 방향으로 바꿔놓기도 하지.

흙 속에 씨앗을 심어야 할 시기와 작물을 수확해야 할 시기가 있듯이, 마찬가지로 생각의 영역에서도 생각의 씨앗을 심고 그것을 거둬들여야 할 적당한 시기가 있네. 언제 심고 언제 거둬들여야 할지 정확하게 판단하지 못하면 자연은 뿌려놓은 것에 대한 보상을 변경하거나 아무것도 주지 않을 수도 있네.

조화의 원칙

힐 자, 이제 나머지 원칙에 대해서 설명해 주십시오.

악마 다음 원칙은 조화일세. 자연을 속속들이 들여다보면 자연의 법칙이 조화의 법칙을 통해서 질서정연하게 움직이고 있다는 증거들을 찾을 수 있지. 자연은 조화의 법칙에 따라 주어진 환경에 존재하는 모든 것들이 서로 조화를 이루도록 만드네. 이러한 진실을 이해하면 자네는 새롭고 보다 흥미로운 관점으로 환경의 힘을 바라보게 될 걸세. 그리고 왜 부정적인 사람들과의 연합이 자기결정을 추구하는 사람들에게 치명적인지 이해하게 될 걸세.

힐 당신 말은, 자연이 인간들에게 그들이 처한 환경의 영향과 조화를 이루도록 강요한다는 뜻입니까?

악마 그렇지, 그게 사실이야. 최면 리듬의 법칙은 살아있는 모든 것들이 그들을 둘러싼 환경 속에서 지배적인 힘의 영향을 받도록 이끈다네.

힐 만일 자연이 인간들에게 그들이 처한 환경을 그대로 받아들이도록 강요한다면, 가난과 실패 속에 있다는 현실을 지각한 사람들이 거기에서 벗어나야겠다는 열망을 가지면 벗어날 수 있다는 의미는 무슨 뜻입니까?

악마 반드시 자신의 환경을 바꿔야만 벗어날 수 있다는 말일세. 그러지 않으면 영원히 가난에 갇히게 되지. 자연은 어느 누구에게도 환경의 영향력에서 벗어나는 것을 허용하지 않아.

그러나 무한한 지혜를 지닌 자연은 평범한 인간 모두에게 각자의 정신적, 영적, 물리적 환경을 확립할 수 있는 특권을 부여했지. 단, 일단 자신만의 환경을 만들었으면 그 환경의 일부가 되어야 하네. 이것이 바로 아무도 거스를 수 없는 조화의 법칙일세.

힐 예를 들어, 직업상 함께 일하는 사람들 사이에서는 누가 환경의 리듬을 결정하는 지배적인 세력이 됩니까?

악마 명확한 목표를 가지고 스스로 생각하고 행동하는 개인이나 단체지.

힐 그렇게 간단합니까?

악마 그래, 명확한 목표는 각자가 자신의 환경을 확립할 수 있는 출발점이네.

힐 이해가 안 되는군요. 온 세상이 전쟁과 경제 불황과 온갖 갈등으로 어지러운 마당에 조화로움이란 보이지 않습니다. 자연이 인간들에게 서로 조화를 이루라고 권하는 것 같지 않습니다. 이러한 모순을 어떻게 설명하겠습니까?

> 힐이 생존했던 시대도 오늘날과 마찬가지로 조화롭게 보이지는 않았다. 당신은 현 경제상황, 천재지변, 군사적 갈등, 질병과 기아로 인한 인권유린 등을 생각할 때 조화를 찾을 수 있다고 생각하는가? 힐

은 최악의 상황에 직면하더라도 조화를 찾을 수 있다고 주장한다. 당신과 내가 살고 있는 세상이 조화롭지는 못하다. 그러나 개인이 세상 전체를 바꾸긴 힘들더라도 가정에서는 조화로움을 만들 수 있다.

악마 내 말에는 모순이 없어. 자네가 말한 대로 지금 세상의 환경을 지배하는 힘은 부정적인 힘일세. 그리고 자연은 인간들에게 세상의 환경을 지배하는 힘과 조화를 이룰 것을 강요하고 있네. 조화란 긍정적으로 나타날 수도 부정적으로 나타날 수도 있는 걸세. 예를 들어, 감옥에 수감되어 있는 자들은 언제나 부정적인 방식으로 생각하고 행동하겠지만, 자연은 감옥이라는 환경 속에 존재하는 지배적인 힘을 모든 죄수들에게 똑같이 각인시킨다네. 빈민가의 다세대 주택에 거주하는 사람들은 서로 다투며 조화 자체를 철저하게 거부하겠지만 자연은 그들이 각자 살고 있는 곳의 지배적인 힘과 하나가 되도록 이끌고 있지. 결국 그들은 부정직인 힘에 지배받는 거야.

여기서 말하는 조화란, 자연이 전 우주에 존재하는 모든 것들을 비슷한 성향을 가진 다른 모든 것들과 연결시킨다는 의미네. 어디에 있든 상관없이 부정적인 힘은 다른 부정적인 힘과 조화를 이루지. 긍정적인 힘 역시 다른 긍정적인 힘과 조화를 이루는 걸세.

힐 성공한 기업의 리더들이 사업 파트너를 선택할 때 왜 그렇게 신중을 기하는지 이제 이해할 것 같습니다. 직업을 막론하고 자기 분야에서 성공한 사람들은 성공을 생각하고 성공을 위해 행동하는 사람들과 어울리며 자신의 환경을 확립한다는 거군요. 이게 당신의 생각입니까?

악마 정확하게 이해했네. 이들을 살펴보면 성공한 사람들이 고집하는 한 가지가 뜻이 통하는 사업 파트너들과의 조화라는 사실을 깨닫게 될 걸세. 이들의 또 다른 특징은 언제나 명확한 목표를 가지고 행동하며 그들의 동료들도 똑같이 하기를 요구한다는 것이지. 이 두 가지 진실을 이해하면 헨리 포드와 일반 직장인 사이의 차이점을 알게 될 걸세.

> 따라서 우리도 성공한 사람들과 어울리면 조화의 원칙이 긍정적인 방향으로 작용할 것이다. 당신과 함께 일하는 동료들을 생각해 보라. 그들은 당신을 응원하는가, 아니면 당신을 방해하는가?

왜 신중해야 하는가

힐 이제부터는 7가지 원칙 중 마지막 원칙에 대해서 말해 주십시오.

악마 마지막 원칙은 신중함일세. 방황하는 습관 다음으로 인간의 가장 위험한 특성은 신중함이 없다는 것일세.

인간은 신중을 기해서 계획하지 않고 행동하기 때문에 위험한 환경으로 흘러 들어가는 걸세. 방황자는 언제나 부주의하게 행동하지. 방황자는 행동부터 하고 생각은 나중에 해. 그는 친구를 고르지 않아. 남들이 정한 방식대로 그들이 다가오는 것을 내버려 두고 함께 어울리며 방황하지. 방황자는 직업을 고르지도 않네. 아무 생각 없이 학교를 다니다가 먹을 것과 입을 것을 주는 곳이면 어디든 상관없다며 첫 직장을 구하지. 그는 사업상 거래의 규칙을 알려주지 않고 속임수를 쓰는 사람들을 끌어들이므로 사기를 당해. 또 건강을 지키는 규칙을 무시하므로 병에 걸리기 쉽지. 방황자는 빈곤을 야기하는 환경적 영향으로부터 자신을 보호하지 않으므로 가난을 초래해. 그는 사람들이 실패하는 원인을 신중하게 살펴보지 않으므로 가는 길마다 실패를 겪지. 그는 두려움의 원인을 검토하지 않으므로 모든 것에서 두려움을 느낀다네. 그는 배우자를 선택할 때도 무턱대고 결정하고 결혼한 후에도 관계를 유지하는 방법에 대해서 조심하지 않기 때문에 결국 결혼 생활에 실패해. 그는 탄탄한 바탕 위에서 신중하게 친구들과 관계를 맺지 않기 때문에 친구를 잃거나 적으로 만들기도 하지.

> "방황하는 습관 다음으로 **인간의 가장 위험한 특성**은 **신중함이 없다는 것**일세."

힐 모든 사람들이 신중하지 않다는 말입니까?

악마 아니, 오직 방황하는 습관에 걸려든 인간만 그렇지. 방황하지 않는 자들은 언제나 신중을 기하지. 이들은 계획을 시행하기 전에 처음부터 끝까지 꼼꼼하게 살펴본다네. 그리고 함께 일하는 사람들의 취약점을 감안하여 이를 극복할 수 있는 계획을 세우지.

만일 대리인에게 중요한 임무를 맡길 경우, 이들은 대리인이 임무를 등한시하는지 확인하기 위해 또 다른 누군가를 함께 보낸다네. 그리고 두 사람 모두 그가 원했던 것들을 제대로 해내는지 확인하지. 방황하지 않는 자들은 신중함만이 성공을 보장하는 길이라고 믿으며 어떤 것도 당연하게 생각하지 않네.

힐 지나치게 신중한 행동은 신중하지 못한 것만큼 해롭지 않나요?

악마 지나치게 신중하다는 것은 없네. 자네가 말한 '지나친 신중함'이란 두려움을 의미하는 것이지. 두려움과 신중함, 두 가지는 전혀 다르다네.

힐 신중함을 최대한 발휘해야 할 때가 언제입니까?

악마 동료를 선택할 때, 그리고 동료와 어떤 방식으로 관계를 맺을지 결정할 때지. 이러한 이유는 명백하네. 동료는 개인을 둘러싸고 있는 환경에서 가장 중요한 부분을 차지하고 있고, 인간은 환경의 영향에 따라 방황하는 습관이 형성되기도 하고 방황하지 않는 자가 될 수도 있기 때문이지. 동료를 선택할 때 신중을 기하는 자는 상대가 자신에게 영적, 정신적, 경제적 이익을 구체적인 형태로 가져다주지 않으면 절대로 밀접한 관계를 맺지 않는다네.

힐 동료를 선택하는 방법이 너무 이기적이지 않습니까?
악마 아니. 오히려 자기 결정으로 이르는 합리적인 방법일세.

평범한 인간이라면 누구나 물질적 성공과 행복을 찾으려는 욕망이 있네. 개인의 성공과 행복을 실현하는 데 가장 크게 기여하는 것이 동료에 대한 신중한 선택이지. 따라서 동료를 선택하는 데 신중을 기하는 것은 성공과 행복을 바라는 모든 이들의 의무가 되는 것일세.

방황자는 주변의 가까운 사람들이 그들만의 방식대로 접근하는 것을 허락하지. 그러나 방황하지 않는 자들은 동료를 주도면밀하게 선택하고, 자신에게 도움을 베풀거나 이렇다 할 이익을 제공하지 않는 이상 상대방의 접근을 허락하지 않는다네.

힐 친구를 선택할 때 기하는 신중함이 성공과 실패에 영향을 끼칠 거라는 생각은 전혀 못했습니다. 성공한 사람들은 사업적인 관계든 친목 관계든 직업적인 관계든 동료를 고를 때 언제나 신중하게 선택합니까?

악마 동료를 선택할 때 신중을 기하지 않는다면 직업을 막론하고 어느 누구도 성공하지 못할 걸세. 다시 말해서, 신중함이 없다면 무엇을 하든 실패를 맛볼 거라는 말이네.

> 당신은 상대방에게 '아니오'라는 말을 하지 못하고 쩔쩔매고 있는가? 힐은 동료를 신중하게 선택하는 것과 '아니오'라고 자주 말하는 것이 당신을 성공의 길로 더 빨리 이르게 한다는 사실을 가르쳐 주고 있다.

| 나폴레온 힐의 마지막 메시지 |

지금 당신에게 꼭 필요한 세 가지

악마와의 인터뷰와 관련하여 세 가지 사항이 나의 흥미를 불러일으켰다. 내 인생에서 가장 중대한 영향을 끼쳐 온 요인이 바로 이 세 가지였기 때문이다. 세 가지 주요 요인은 방황하는 습관, 모든 습관을 불변의 상태로 만드는 최면 리듬의 법칙, 그리고 시간이다.

이 세 가지 힘은 인간의 신성한 운명을 지배하고 있다. 이들은 하나로 결합되어 힘을 행사할 때 훨씬 중요한 의미를 지닌다. 이 힘은 인간의 상상력을 남김없이 걷어가고 때론 자연의 법칙을 오해하게 만든다. 하지만 인간이 경험하는 역경은 대부분 인간이 자초한 것이다. 더구나 역경은 어느 순간 갑자기 생겨난 결과물도 아니다. 일반적으로 역경은 방황하는 습관과 시간이 함께 작용하여 일련의 상황들이 절정으로 치달아 불변의 상태에 이른 것을 말한다.

"인간이 경험하는 **역경**은 대부분
그들이 스스로 자초한 것이다."

오늘날 많은 사람들이 피해의식에 사로잡혀 역경을 자신의 인생을 책임지지 않는 구실로 삼는다. 그러나 가만히 생각하면 누구에게도 책임을 물을 수 없다는 것을 알 수 있다.

최고의 전성기를 누리던 에디슨 사(社)의 사장 사무엘 인설은 단지 대공황의 결과로 40억 달러에 달하는 산업왕국을 잃었던 것이 아니다. 대공황이 일어나기 훨씬 오래전, 그에게 아첨을 일삼으며 그가 그랜드 오페라 사업으로 눈을 돌리도록 부추긴 여성들에게 걸려들면서부터 내리막길을 걷기 시작했다.

만일 재계에서 최고의 위치에 있던 남자가 방황, 최면 리듬, 시간의 힘으로 침몰했다면 그가 바로 사무엘 인설이다.

사무엘 인설은 1881년 영국에서 미국으로 건너와 토머스 에디슨의 개인 비서가 되었고, 1892년에는 시카고 에디슨 주식회사의 대표직을 맡았다. 1907년 시카고의 전체 전력 시스템을 관장했고

1912년까지 수백 개에 이르는 발전소를 가동했다. 회사 주식을 쥐락펴락 했던 인설은 1932년 주식이 폭락하자 유럽으로 도주했다. 그러나 1934년 본국으로 송환되었고 세 차례의 사기, 파산법 위반, 공금횡령 등의 혐의로 심리를 받았으나 매번 무죄를 선고받았다. 힐은 사무엘 인설의 몰락과 명예 실추의 이유를 또 다른 측면에서 접근하여 제시하고 있다. 오늘을 살고 있는 당신은 에디슨이라는 이름은 바로 떠올리겠지만 인설이 누구인지는 잘 모를 것이다.

헨리 포드는 사무엘 인설을 휩쓸고 지나갔던 경제침체를 똑같이 겪었지만 상처 하나 없이 정상의 자리에 올랐다. 이유를 알고 싶은가? 진실을 말해 주겠다. 헨리 포드는 어떤 문제에 대해서도 방황하지 않는 습관을 가지고 있었다. 그리고 시간을 긍정적이고 건설적인 방식으로 사용하는 습관을 만들어왔기 때문에 그에게 시간은 협력자였으며, 이와 더불어 스스로 생각하는 힘을 이용해 자신만의 계획을 만들어 낼 수 있었다.

당신이 바라는 환경이 있다면 방황하는 습관, 최면 리듬, 시간과 관련하여 그 환경이 어떤 관계에 있는지 평가해 보라. 그러면 당신은 모든 성공과 실패의 원인을 정확하게 분석할 수 있을 것이다.

프랭클린 D. 루즈벨트는 첫 번째 임기를 성공적으로 마쳤다. 당시 그가 품고 있었던 목표는 한 가지밖에 없었고 상당히 명확했다. 그것은 국가 전체에 만연한 두려움을 멈추고 국민이 경제 불황이 아닌 경제회복에 대해서 이야기하고 생각할 수 있도록 만드는 것이었다.

목표를 수행하는 동안 방황은 없었다. 대통령의 명확한 목표 실현을 위해 온 국민이 하나로 뭉쳐 움직였다. 다양한 정치적 성향을 지닌 신문사들, 교회의 모든 교파, 민족과 인종이 다른 모든 국민 그리고 모든 정치단체가 신념과 기업 관계를 회복시키겠다는 대통령을 돕자는 목표 아래 미국 역사상 최초로 하나의 거대한 힘으로 연합했다.

대통령이 취임하고 며칠 후 대통령과 비상대책위원회 간에 개최된 간담회 자리에서 나는 대통령에게 가장 중요한 문제가 무엇이냐고 질문했다. 대통령은 이렇게 말했다. "가장 중요하다, 중요하지 않다고 할 수 있는 문제가 아닙니다. 우리에겐 한 가지 문제밖에 없습니다. 그것은 두려움을 멈추고 그 두려움을 신념으로 대체하는 일입니다."

첫 번째 임기가 끝나기 전, 대통령은 국민의 두려움을 멈추고 그것을 신념으로 대체했다. 그리고 미국은 불황의 숲에서 서서히, 그러나 분명히 빠져나오는 길을 찾았다.

첫 번째 임기를 마칠 무렵(이것은 시간의 경과를 뜻한다) 대통령은 미국의 기업과 개인의 삶에 미치는 힘을 실질적으로 강화했고, 전 국민은 그가 가는 길이라면 어디든 상관없이 당장이라도, 기꺼이 따르겠다는 마음으로 열렬하게 지지했다.

그리고 국민이 지도자에 대한 신뢰를 표출할 수 있는 기회인 대통령 선거가 다시 찾아왔다. 미국 정치 역사상 선례를 찾아볼 수 없을 정도로 전 국민의 압도적인 지지가 표출되었으며, 두 개 주에서 미미한 반대가 있었지만 거의 만장일치나 다름없는 투표 결과로 대통령은 두 번째 임기에 올랐다.

이제 인생의 수레바퀴가 어떻게 반대방향으로 돌아가는지 살펴보자. 루즈벨트 대통령은 그의 정책 방침을 명확한 목표에서 불명확하고 방황하는 목표로 전환했다.

달라진 방침은 대통령과 노동자 사이에 분열을 초래했고 절반이 넘는 노동자들은 대통령을 반대하는 세력으로 돌아섰다. 대통령을 굳건하게 따랐던 상하 양원도 의견 충돌로 분열되었다. 무엇보다 중요한 사실은 전 국민이 그를 '지지하는 세력'과 '반대하는 세력'으로 갈라졌다는 것이다. 이 모든 결과, 그에게 남은 거라곤 언제나 백만 불짜리 미소로 먼저 악수를 청하는 당초의 정치적 자산밖에 없었다. 이는 명백하게 한때 그가 미국을 회생시키기 위해 행사했던 힘을 되찾을 수 있을 만큼 충분한 자산이 되지는 못했다.

이 부분에서 우리는 명확한 목표를 가지고 막강한 힘을 행사하며 고공행진하던 자가 방황하는 습관에 빠지면 원점으로 되돌아올 수밖에 없다는 대표적인 사례를 보았다. 루즈벨트 대통령의 성공과 좌절은 방황의 법칙과 명확함의 법칙이 분명히 작동하고 있음을, 그리고 이 법칙이 시간과 최면 리듬의 힘을 통해 절정에 이른다는 사실을 보여 주고 있다.

> 세간의 주목을 받고 있거나 당신에게 영향력을 미친 사람들 가운데 위대한 성공을 이뤘지만 결국 방황으로 인해 실패해 버린 사람들을 생각해 보라.

나 또한 악마의 조종을 받은 적이 있다. 악마는 인터뷰를 통해 평생 동안 나를 어떻게 조종했는지, 그 드라마틱한 이야기를 들려 주었다. 악마는 내가 막대한 재산을 거머쥘 수도 있었던 사업상의 기회를 잡았다가 놓치기를 수없이 반복하게 했다. 악마는 내가 타인과 관계를 맺는 방식, 특히 사업관계에서 신중을 기하지 않고 동료를 선택하게 했다.

부정적인 사고습관으로 나를 몰아넣은 최면 리듬 법칙의 치명적인 지배에서 나를 구원했던 것은 일생을 바쳐 개인의 성공철학을 체계화하는 데 전념하겠다고 결심한 명확한 목표였다. 나는 사소한 변덕과 인내심 부족으로 한 번, 아니 여러 번 방황했다. 하지만 방황은 나의 중대한 목표로 상쇄되었고, 나는 그러한 목표에서 용기를 얻어 매순간 내가 하려던 바를 이루지 못했던 이유를 밝히는 연구에 다시 한 번 뛰어들 수 있었다.

나는 25,000명 이상의 사람들을 분석하며 '성공의 법칙'을 체계적으로 정리하는 과정에서 '방황하는 습관'이라는 위험한 본질을 깨달았다. 이러한 분석은 100명당 단 2명만이 인생에서 명확한 목표를 가지고 있으며 나머지 98명은 방황하는 습관에 걸려든다는 사실을 보여주었다. 우연의 일치가 아니라 나의 분석이 방황하는 습관 때문에 100명당 98명을 지배한다는 악마의 주장을 입증하고 있다는 생각이 든다.

나의 이력을 되돌아보면, 만일 내가 인생의 목표를 성취하기 위해 수립한 계획들을 흔들림 없이 따라갔더라면 수없이 겪었던 일시적인 좌절들을 피할 수도 있었을 거라고 생각한다.

가족 간의 문제를 분석하기 위해 5,000가구 이상을 조사했을 때는 배우자와 불화를 겪는 대부분의 원인이 결혼 생활을 하면서 말끔하게 정리하지 않고 넘어갔던 사소한 일들이 누적됐기 때문이라는 사실을 발견했다. 결혼 생활에 대한 명확한 방침만 있었다면 그렇게 되지는 않았을 것이다. 이들은 명확한 목표를 가지고 결혼 생활을 꾸려나가지 않았다.

나이 앞에는 장사가 없다고들 한다. 그러나 가장 명확한 목표와 가장 확실한 계획을 가진 자가 가장 강력한 힘을 갖게 되고 승리하는 것이다. 나머지는 자기결정이 탁월한 사람들의 지배 아래 놓여

짓밟히거나 황급히 피할 곳을 찾아다닐 뿐이다.

해답을 찾는 것은 어렵지 않다. 저 높은 하늘을 바라봐도 아무 소용없다. 내 입장에서는 차라리 악마에게서 답을 구하는 것이 낫다. 승리란 자신이 원하는 것을 알고 그것을 성취하겠다고 결심한 자들에게 돌아가는 것이라고 지체 없이 알려줄 것이기 때문이다.

승리하는 자들은 방황하는 습관을 지배한다. 승리하는 자들은 명확한 방침, 명확한 계획, 명확한 목표를 가지고 있다. 이들과 반대되는 훨씬 더 많은 사람들은 어떻게든 도움을 받을 수 있을 거라는 희망만 가지고 아무런 계획도 목적도 방침도 없이 방황하기 때문에 결코 승리할 수 없을 것이다.

간단하게 요약한 이 세 개의 문장 안에서 당신은 성공과 실패 그리고 권력과 권력의 상실 사이에 존재하는 차이점의 본질과 핵심을 파악할 수 있다.

이제 우리의 여행이 거의 막바지에 접어들었다. 이 책 전반에 걸쳐서 내가 전달하고자 노력했던 가장 중요한 사항을 짧게 한 문장으로 말하자면 다음과 같다.

개인의 지배적인 욕망은 명확한 계획이 뒷받침된 명확한 목표를 통해서 최면 리듬의 법칙과 시간의 도움을 받아 물리적 등가물로 현실화될 수 있다.

　방금 당신은 내가 지금까지 이 책에서 설명하고자 했던 개인의 성공철학을 최대한 간결하고 단순하게 줄인 핵심 사항을 확인했다. 만일 이 성공철학을 당신 인생의 여러 가지 상황에 적용해 본다면, 나의 성공철학이 인간관계를 비롯하여 인간의 생각과 목표, 욕망 등 모든 측면을 다루고 있다는 사실을 발견할 것이다.

　이제, 지난 50여 년 동안 경제적 안정을 보장하는 삶의 진리를 연구하면서 위대한 지성들과 그에 버금가는 위인들과 진행한 수천 건의 인터뷰 가운데 가장 기괴한 인터뷰를 마무리할 시간이다.

　카네기, 에디슨, 헨리 포드와 같은 위인들과 적극적인 협력관계를 맺고 있었음에도 불구하고, 진리를 탐구하며 밝혀낸 위대한 원칙의 산지식을 배우기 위해 나는 결국 악마에게 갈 수밖에 없었다! 빈곤과 실패 그리고 역경을 수백 번도 더 겪은 후에야 이렇게 확보하는 악마의 사악한 무기를 약화시키고 완전히 파괴할 수 있는 특권을 부여받아 자연의 법칙을 이해하고 활용할 수 있게 되었다니 얼마나 기괴한 일인가. 그러나 삶이 던져준 파란만장한 경험 중에서 가장 기괴한 것은 내가 이 모든 일을 겪은 후에야 앞에서 말한 그 단순한 법칙을 깨달았다는 것이다. 만일 그 법칙을 이해하고 있었다면 수년 동안의 고난과 고통을 겪지 않고도 나의 욕망을 현실로 만들 수 있었을 것이다.

악마와의 인터뷰를 마치는 이 순간, 나는 지금껏 내 주머니 속에 역경의 불씨를 지필 수 있는 성냥을 지니고 다녔다는 사실을 깨달았다. 그리고 결국 이 불을 끌 수 있는 물은 나의 강인한 의지에 달려 있다는 사실 또한 깨달았다.

나는 실패를 성공으로 바꿀 수 있는 철학자의 지혜를 찾았지만, 결국 성공과 실패란 점진적으로 발달한 힘의 결과물이라는 사실을 깨달았다. 즉 생각의 본질에 따라 일상이 지배하는 생각들이 서서히 하나둘씩 엮여 우리가 원하는 것과 원하지 않는 것들을 만들어낸다는 것이다.

이러한 진실을 이성적 사고력이 처음 생긴 그때 당시에 이해하지 못했다니 이 얼마나 불행한 일인가. 만일 그때 내가 이 진실을 이해했더라면 인생의 '깊은 골짜기'를 통과할 때 뛰어넘어야 했던 장애물들을 만나지 않고 돌아올 수 있었을 것이다.

악마와의 인터뷰는 이제 당신 손에 들어갔다. 이 인터뷰에서 당신이 얻게 될 이익은 당신의 머릿속에 떠오른 생각과 정확하게 비례할 것이다. 그렇다고 인터뷰를 읽고 이익을 얻기 위해 이 책의 모든 내용에 동의할 필요는 없다.

당신 스스로 생각해서 자신만의 결론을 내리면 된다. 얼마나 합리적인가. 당신은 검찰 측과 피고인 측 모두의 변호인이자 배심원이자 판사이다. 만일 이 사건에서 승리하지 못한다면 그로 인한 패배와, 그로 인해 유발되는 문제들은 당신 몫이 될 것이다!

"개인의 지배적인 욕망은 명확한 계획이 뒷받침된
명확한 목표를 통해서 **최면 리듬의 법칙**과
시간의 도움을 받아 물리적 등가물로 현실화될 수 있다!"

1930년대에 나폴레온 힐은 이 메시지를 세상에 전하고 싶었지만 그의 원고는 지하금고에 묻히고 말았다. 그리고 75년의 세월이 흐른 지금, 우리는 드디어 이 메시지를 세상에 알리고 당신과 공유하려 한다. 이유는 다음과 같다.

- 지금껏 당신 주머니 속에 역경의 불씨를 지필 수 있는 성냥을 지니고 다녔다는 사실과, 결국 이 불을 끌 수 있는 물은 당신의 강인한 의지에 달려 있다는 사실을 당신은 이제 깨닫지 않을까?
- 당신의 명확한 목표를 발견하는 데 도움이 될 수 있지 않을까?
- 목표를 실천할 명확한 계획을 만들 수 있지 않을까?
- 최면 리듬이라는 자연의 법칙을 이용할 수 있지 않을까?
- 이와 더불어 시간이라는 자산을 활용하여 위대한 성공을 실현할 수 있지 않을까?

| 추천의 글 |

우리는 아직 늦지 않았다

당신이 이 책을 끝까지 다 읽었든 단지 몇 페이지만 보고 책장을 넘겨 이 글을 보고 있든, 당신은 이 책에 나오는 역사적인 인물, 날짜, 사건들을 오늘날의 것들로 대체하더라도 별 차이가 없다고 느꼈을 것이다. 선전활동에 대한 힐의 설명에서부터 아이들이 학교에서 받는 교육, 두려움이 깃든 종교적 설파, 그릇된 식습관과 건강습관, 경제적 난항에 이르기까지 그동안 우리의 집합의식(사회나 집단 조직 내에서 구성원 전체에게 공유되는 일련의 사고방식, 규범, 가치관, 감정체계 – 옮긴이)은 별로 바뀐 것 같지 않고, 따라서 우리의 공동경험 역시 달라지지 않았다.

좋은 소식은 생각을 바꾸고 새출발의 의지를 다지기에는 아직 늦지 않았다는 것이다. 힐은 우리에게 다음과 같이 상기시켰다. "나는 일시적인 좌절과 모든 실패, 온갖 형태의 역경이 닥쳐올 때는 그에 상응하는 이로움의 씨앗도 함께 따라온다는 사실을 깨달았다." 인생은 겉으로 보기에 실패와 성공이라는 양극으로 구성되어 있다. '성공적으로 실패하는 방법'을 가르쳐 주는 삶에 대한 힐의 원칙이 당신이 성공적인 인생의 행로를 만들어가는 손쉬운 방법이 될 것이다. 성공적으로 실패한다는 말은 매우 역설적이지만, 정신적으로 성숙한 자들을 해석한 것이다. 힐은 이들에 대하여 '최면 리듬의 법칙'에 굴하지 않고, 자아의 자아, 고차원적 자아, 진정한 자아로 정의되는 자신의 '또 다른 자아'를 발견한 자들이라고 설명했다.

종교, 철학, 자기계발, 심지어 과학 분야를 포함하여 오늘날 대다수 저자들이 '명확한 목표'라고 명명한 힐의 관점, 다시 말해 요즘 통용되는 용어로 표현하자면 '목표 설정'에 공감대를 갖고 있는 것은 고무적인 일이다. 우리의 목표가 힌두교에서는 망상delusion이라 말하고 불교에서는 환영illision이라 말하는 삶의 '최면 리듬'에서 깨어나는 것일 때, 개인과 집단의 의식이 확대된다. 그리하여 전 세계 모든 사람들과 함께 혜택을 누리게 된다.

힐의 진실성은 성공의 의미가 무엇인지 설명하는 부분에서 빛을 발한다. 사실, 힐은 "탐욕에 빠지지 않는 한 누구든 자신의 '또 다른 자아'가 제공하는 혜택을 이용할 수 있다."고 단언했다. 이렇게 당당한 그의 진술은 성공을 의식의 문제로 끌어올렸다. 다시 말해서, 성공이 반드시 '물질적으로 풍요로운 자가 승리한다'는 의미는 아니라는 것이다. 힐은 삶에서 일어나는 것들을 정확하게 이해하는 능력을 자각하며 방황하는 영혼을 없앴다. 그보다 '더 중요한 것'은 존재하지 않았기 때문이다. 힐은 여러 번 누구나 부러워할 정도로 사업을 일으키고 물질적인 성공을 맛보았다. 그러나 이런 성공 뒤에는 반드시 알 수 없는 지루함에 빠져 방황하고 영혼이 피폐해지는 것을 느꼈다. 결국 힐은 자신의 삶에 대한 바른 이해와 '또 다른 자아'가 제시하는 명확한 목표로 인해 이 모든 상황을 넘어서 진실로 승리하게 된 것이다.

우리는 힐을 통해 악마가 혐오했던 의식 활동으로서의 마음 챙김의 중요성, 즉 인식의 중요성을 배웠다. 악마는 자아에 대해 생각하지 않는 인간들을 자신에게 유리한 쪽으로 이용하는 것에서 커다란 기쁨을 느낀다. 마음과 마음의 능력을 의식적으로 관찰한다는 것은 신이 우리에게 내린 선물이기에 정중하게, 그리고 온 마음을 다해 감사한 마음으로 살펴봐야 한다. 마음은 내면의 풍경을 형성할 뿐만 아니라 우리의 외부환경을 만들어낸다. 마음과 싸우지 말자. 자발성, 자율성, 자신감 있는 사람이 될 수 있는 열쇠가 마음에 있다는 사실을 이해하면서 마음의 미묘한 차이와 직관력, 그 밖의 우수한 능력을 찬찬히 살펴보자.

'방황' 다음으로 힐이 설명한 인간의 가장 위험한 특성은 '주의력 결핍'이었다. 우리는 이를 분별력 부족이라고도 한다. 분별력은 현명함과 관련된 능력으로, 우리가 내린 선택에 따른 결과를 정직하게 성찰하도록 할 뿐만 아니라 행동하기 전 행동의 파급력에 대해서 생각하게 한다. 이렇게 하여 우리는 자유에 이르는 각자의 행로를 만들 수 있는 것이다.

오늘날 독자들은 힐의 가르침이 개인금고 안에 들어 있는 돈으로 해석되는 부와 가장 많이 관련되어 있다고 생각할 것이다. 그러나 진실을 말하자면, 힐은 세상 사람들에게 물질만이 아닌 정신적 충만함, 즉 '삶을 살아가는 원칙'에 대한 자신의 지혜를 알려준다. 그래서 우리 각자가 자신의 이익은 물론 인류 전체를 위해 우리의 잠재력을 최대한 표출해 줄 것을 요청하고 있다.

나는 나폴레온 힐 재단 측에서 이 귀중한 원고를 뛰어난 능력의 소유자 샤론 레호트에게 맡긴 것이 현명한 선택이었다는 말을 덧붙이고 싶다. 그녀는 수년간 나폴레온 힐의 진정한 원칙을 심도 있게 연구했으며 무엇보다 중요한 것은 그 모든 원칙을 몸소 실천해 왔다.

이 책을 읽은 당신은 인생의 풍요로움과 아름다움, 그리고 기쁨 속에서 저마다의 자질과 재능, 기술을 자유롭게 발휘하며 살아가기를 바란다. 당신에게 평화와 부의 축복이 함께 하기를!

— 마이클 버나드 벡위스 《영적 해방》 저자

| 에필로그 |

우리는 반드시 승리할 것이다

나폴레온 힐의 글에는 처음부터 끝까지 그의 체계성과 도덕성을 형성하는 매우 강한 영성이 존재한다. 《결국 당신은 이길 것이다》의 여러 부분을 살펴보면, 그의 신념 체계를 구성하는 토대가 아마도 이러한 종교적 믿음이라고 말하는 것이 가장 분명한 표현일 것이다.

악마와 두려움, '불명확함'과 '방황'에 대한 힐의 진술은 미국의 종교적 전통에서 기원한 것으로, 적어도 19세기 중반 랄프 왈도 에머슨의 초월주의Transcendentalism까지 거슬러 올라간다. 힐이 생존하고 있을 당시(이 책을 저술하던 1930년대 말 무렵) 미국의 영성은 노먼 빈센트 필, 에메트 폭스, 대중소설 분야의 로이드 C. 더글러스를 중심으로 큰 흐름을 잡아갔다. 기독교 복음 전도사 에이미 셈플 맥퍼슨과 빌리 선데이 역시 언론과 대중의 의식 속에 자리 잡고 있었다.

그러나 힐에게는 일종의 종교적 검증을 거친 그 당시 산업계와 금융계의 위상 있는 몇몇 거물들이 그의 사상과 행동에 영향을 끼쳤다. 따라서 힐은 공공의 이익뿐만 아니라 개인적 성공을 이룬 도덕적 행동의 귀감으로서 이들을 본받을 것을 사람들에게 권했다.

대공황은 나폴레온 힐에게 상당히 교훈적인 실패를 안겨주는 계기가 되었다. 2008년 금융시스템이 붕괴되고 최근 심각한 침체를 겪고 있는 오늘날 금융시장의 위기에 대해서 힐이 전하고 싶은 말은 무엇일까? 힐의 제안은 오늘날 이 책을 선택하는 모든 사람들의 삶에 어떤 영향을 미칠까?

힐이 존경했던 위인으로는 두말할 필요도 없이 카네기를 비롯하여, 에디슨, 포드, 록펠러가 포함된다. 이 거부들은 훗날 역사학자, 경제학자, 전기 작가들에 의해 여러 번 조명되었고, 이들의 개인적 결점은 사람들의 관심을 끌었다. 힐에게 있어서 이들은 역사적 인물이 아니라 프랭클린 루즈벨트, 윈스턴 처칠처럼 세계무대에 우뚝 선 시대적 리더들이었다. 힐은 록펠러의 인정사정없는 경쟁력을 비판하지 않았고, 그 시절 포드의 유태인 배척주의는 전혀 의식하지 않았던 것 같다.

힐의 관점에서, 미국 사회와 자유 시장 경제는 고국의 명백한 결함(힐이 생각하기에 악마의 교묘한 책략에 걸려들기 쉬운 것들)으로, 금방이라도 대혼란으로 치달을 것 같은 상황에서 세상 사람들에게 최고의 희망을 부여하는 것이었다. 지구상에 이 두 가지와 비교할 수 있는 것은 아무것도 없었다.

인생에서 성공하기 위하여 신(책에서는 무한한 지성 등 여러 가지로 불리고 있다)에게 도움을 갈구하기보다 유혹과 나약함을 거부하며 종교에 얽매이지 않고 스스로 결정하는 사람들에게 한계란 없다. 한계는 스스로가 만든 것, 또는 악마로 상징되는 외부의 부정적인 힘에 의해서 만들어진 것이다.

그렇다면 힐의 종교는 무엇일까? 솔직히 말해서 나에게 이 문제는 중요하지 않다. 지금까지 나폴레온 힐의 철학에 영향을 받았고 그의 삶에 매료된 이상, 힐이 어느 교회를 다녔는지 아니면 교회를 전혀 다니지 않았는지는 전혀 문제되지 않는다. 더 중요한 것은 '오늘날 우리네 삶에서 신념의 역할에 대해 힐이 일깨워주는 것이 무엇인가?'라는 근원적인 물음이다.

이 질문에 대한 대답은 당신의 몫이다. 나는 그 대답이 이 책의 주제이며, 힐이 써내려간 한 줄 한 줄에 모두 녹아들어 있다고 생각한다. 어쨌든 힐은 이 책의 구성을 철학적 대화라는 고전 장르로 택했고, 모든 문학을 통틀어(성경부터 밀턴, C. S. 루이스에 이르기까지) 가장 강력한 반종교적 인물인 악마를 논쟁 상대로 설정했다. 인간

행동에 대한 자신의 깊은 신념과 이론을 쉽게 읽히도록 표현하기 위한 방법으로써 이러한 선택을 내린 힐에게 나는 온 마음을 빼앗겼다. 거기에는 우리 모두를 위한 심오한 교훈도 담겨 있다.

인생을 살아가다 당신 앞에 놓인 장벽을 발견할 때, 악마를 뛰어넘는 힐의 7가지 원칙을 되새긴다면 도움이 될 것이다.

- 명확한 목표를 세워라
- 자제심을 길러라
- 역경에서 배우라
- 환경의 영향을 지배하라(다른 사람과 연합하기)
- 시간을 잘 활용하라(부정적 사고방식 대신 긍정적 사고방식을 만들고 지혜로워지기)
- 조화를 꾀하라(자신을 둘러싼 정신적, 영적, 물리적 환경 속에서 지배적인 세력이 되기 위해 명확한 목표를 가지고 행동하기)
- 신중하게 행동하라(행동에 앞서 전체적인 계획을 꼼꼼히 살펴보기)

이 7가지 원칙을 되새기면 당신은 위대한 성공의 달성으로부터 당신을 뒷걸음치게 만드는 것들을 확인하고 알아보게 될 것이다. 그리고 그것들을 어떻게 극복하고 더욱 앞으로 나아가야 할지도 알게 될 것이다.

나폴레온 힐 재단이 나를 믿고 지난 75년 동안 봉인되어 감춰져 있던(감춰진 이유가 힐의 부인 때문이었는지 악마 때문이었는지는 당신이 판단하라) 이 원고를 건넨 것은 나에게 엄청난 축복이었다. 공부할 준비가 되어 있는 학생에게 훌륭한 스승이 나타났다는 말이 있다. 《놓치고 싶지 않은 나의 꿈 나의 인생》이 대공황 시기에 적합한 메시지였다면 《결국 당신은 이길 것이다》는 심각한 경제침체와 혼란을 겪고 있는 오늘날에 적합한 메시지가 되지 않을까?

나는 우리가 악마의 지배를 받는 것이 아니라 신의 보살핌을 받는다고 믿는다. 지금까지 이 책이 출판되지 않았던 이유는 어쩌면 신이 1930년대보다는 오늘을 사는 우리들에게 더 적합한 메시지라고 생각했기 때문일지도 모른다. 이 책은 내 삶에 지대한 영향을 미쳤다. 당신도 당신의 삶을 위해 이 안에 들어 있는 가치를 찾기를 바란다.

나폴레온 힐의 글이 당신에게 희망과 용기, 무엇보다도 삶에 대한 명확한 목표를 가져다주기를 바란다. 행운이 함께 하기를.

— 샤론 레흐트

| 감사의 글 |

75년 동안 숨겨져 있던 이 원고가 출간되기까지 수없이 많은 사람들이 애썼다.

나폴레온 힐 재단은 힐의 유산을 보존해 온 힐 박사의 가족에게 진심으로 감사한다. 힐의 사촌 찰리 존슨 박사는 논쟁의 여지가 다분한 이 원고를 오랫동안 지켜왔으며, 책이 전하는 메시지의 힘과 타당성을 인식하고 세상에 알리기 위해 최근 나폴레온 힐 재단에 제공했다.

힐의 유산을 보호하고 장려하는 샤론 레흐트와 그녀의 끝없는 열정에 대단히 감사한다. 책 곳곳에 나와 있는 그녀의 평론을 보면, 샤론은 이 시대적 메시지를 독자들이 제대로 이해하고 유익함을 얻도록 돕기 위해 자신의 재능과 에너지를 한껏 발휘했다.

세상에서 나폴레온 힐의 가장 열렬한 숭배자인 샤론은 우리 재단과 협력하여 교사와 멘토, 동기부여 전문 연설가와 대학 교수, 성공한 기업 리더와 신예 기업가 등 세상 사람들에게 힐의 지혜를 전파하는 일에 참여했다. 그녀는 힐의 작품이 변함없이 중요하다는 사실을 보여주는 살아 있는 증거이다. 수년 동안 순회강연에서 힐을, 기적을 만드는 사람 또는 백만장자를 만드는 사람으로 자주 소개해 온 것도 당연한 일이다.

우리는 헌신과 전문적 조언을 아끼지 않았던 스털링 출판사 전 팀원들에게 감사한다. 특히, 마커스 리버, 제이슨 프린스, 마이클 프래니토, 케이트 짐머만에게 감사한다. 개인적으로 한마디 하자면, 무한한 협조와 지지를 보내온 나폴레온 힐 재단과 페이 유어 패밀리 퍼스트Pay Your Family First의 우리 팀원들, 로버트 T. 존슨 주니어, 마이클 레흐트, 앤디아 스투길, 필립 레흐트, 케빈 스톡, 안젤라 토트만, 크리스틴 토머스에게 감사한다. 덧붙여서, 스티브 리지오, 그레그 레이드, 조 맥닐리, 그레그 토빈, 케빈 브러만의 격려와 지원에 감사한다.

한 세기도 전에 성공철학이라는 기나긴 여정의 길에 올라 자신의 지혜로 전 세계 수많은 사람들에게 희망과 용기를 가져다 준 나폴레온 힐을 대신해서, 당신에게 감사한다!

— 나폴레온 힐 재단 CEO 돈 그린과 샤론 레흐트

비밀의 장

지금 이 책을 읽는 당신에게만 공개합니다

The Secret Chapter

책에서 못다 한 이야기를 당신을 위한 특별 선물로 선사합니다!

> "보이지 않는 나의 조언자들과의 회담은
> 가장 특별한 경험이었다."
> – 나폴레온 힐

✦✦✦✦✦✦

OutwittingTheDevil.com에는 샤론 레흐트가 설명하는
《결국 당신은 이길 것이다》에 관한 더 많은 정보와 비밀 이야기가 펼쳐집니다.

흐름출판 홈페이지(http://www.nwmedia.co.kr/?p=7093)를
방문하여 이 놀라운 내용을 다운로드 하십시오.

당신의 이야기를 들려주세요

www.outwittingthedevil.com을 방문해 보세요.
당신이 살아오면서 악마의 숱한 방해를 어떻게 뛰어넘었는지
당신의 이야기를 들려준다면 다른 사람들에게도 도움이 될 것입니다!

- 당신이 아직도 악마와 싸우고 있다면 다른 사람들이 역경의 순간에 어떻게 대응했으며,
  무엇으로부터 인내심을 얻었고, 어떻게 성공할 수 있었는지 배울 수 있습니다.
- 성공을 향해 달려가는 당신에게 필요한 동기를 부여할 것입니다.